豳风论丛 第二号

农耕文明与陇东民俗文化产业开发研究中心

甘肃省高校人文社科重点研究基地

主编 张多勇

中国社会科学出版社

图书在版编目（CIP）数据

豳风论丛. 第2辑 / 张多勇主编. —北京：中国社会科学出版社，2016.11
ISBN 978-7-5161-8721-0

Ⅰ.①豳… Ⅱ.①张… Ⅲ.①地方文化—传统文化—研究—陕西省
Ⅳ.①G127.41

中国版本图书馆CIP数据核字（2016）第182780号

出 版 人	赵剑英
责任编辑	喻 苗
特约编辑	英岁香
责任校对	胡新芳
责任印制	王 超

出　　版	中国社会科学出版社
社　　址	北京鼓楼西大街甲158号
邮　　编	100720
网　　址	http://www.csspw.cn
发 行 部	010-84083685
门 市 部	010-84029450
经　　销	新华书店及其他书店
印　　刷	北京君升印刷有限公司
装　　订	廊坊市广阳区广增装订厂
版　　次	2016年11月第1版
印　　次	2016年11月第1次印刷
开　　本	787×1092　1/16
印　　张	19.75
插　　页	2
字　　数	299千字
定　　价	75.00元

凡购买中国社会科学出版社图书，如有质量问题请与本社营销中心联系调换
电话：010-84083683
版权所有　侵权必究

《豳风论丛》编委会

主　　任：许尔忠
副 主 任：张多勇　刘治立
委　　员：（以姓氏笔画为序）
　　　　　马步升　马启昕　马登峰　刘治立　曲　涛
　　　　　朱士光　朱世广　张多勇　杨海波　吴怀仁
　　　　　武国荣　徐克瑜　徐治堂　温金童　谭治琪
　　　　　戴春森

目 录

【区域研究】

近百年来黄河中上游水沙变化趋势及其启示 …………… 朱士光（1）

关于陕甘边苏区区域空间结构演变的历史分析
　　——以习仲勋南梁苏维埃政府地方治理思想形成为例 …… 陈占彪（10）

区域历史研究的路径与方法 …………………………… 鲁西奇（23）

陕甘宁蒙毗邻地区区域共同体研究 …………………… 张多勇（29）

【岐黄文化】

黄帝冢陵庙传说钩沉及其相关问题 …………………… 李仲立（51）

论延安时期中医药食疗的倡导与实践 ………………… 温金童（67）

【农耕文化与民俗文化】

甘肃口头文学遗产概述 ………………………………… 彭金山（83）

庆阳农耕文化研究四题 ………………………………… 刘治立（99）

庆阳民俗文化生存现状及保护与开发关系探讨 ………… 吴怀仁（120）

明清时期陇东地区社会信仰及相关问题 ……………… 雷兴鹤（129）

庆阳香包产业现状分析与对策研究 ………… 黄亨通、李景波（148）

【红色文化研究】

抗战时期的苏联援华与甘肃在当时的
　　地位和作用 ……………………………… 胡金野、齐磊（170）
群众路线与陕甘宁边区文化建设 ……………… 王东仓（197）
陕甘边苏维埃政府成立大会旧址"荔原堡"
　　名称辨误 ………………………………… 杨洋、张多勇（221）

【丝绸之路研究】

汉代丝绸之路上的安定道 ……………………… 马智全（232）
丝绸之路如何经过陇东地区？
　　——张多勇丝绸之路陇山以东走向研究评介 ………… 刘正平（241）

【作品研究】

王符《潜夫论》的文本审美风格 ……………… 徐克瑜（247）
《柳湖书院志》《重修柳湖碑记》二误 ……… 张连举（257）

【豳地文学】

陪一碗酒坐到春天（诗歌）…………………… 陈　默（260）
黄土高原十二咏 ………………………………… 石　松（277）
大原长歌（诗）………………………………… 赵玉发（281）
豳风庆阳（组诗）……………………………… 申万仓（285）
驿马关（散文）………………………………… 第广龙（290）
无法分辨（小说）……………………………… 杨永康（301）

【区域研究】

近百年来黄河中上游水沙变化趋势及其启示

朱士光[*]

(陕西师范大学西北历史环境与经济社会发展研究院 陕西西安 710062)

摘　要：文章就近百年来黄河中上游水沙状况变化的基本趋向、主要特点及其原因进行分析，特别提出共和国成立后前30年（1949—1979）的年侵蚀量达到历史时期最严重程度。文章探讨了导致黄河中上游水沙状况变化的成因，自然因素，即气候、地形、植被、土壤、河流水文等要素有着一定的影响，然而更主要的还是人为活动因素的取向与强度起决定性的作用。文章针对自20世纪80年代中期以来黄河中上游来水来沙量大幅减少而年均径流量也大幅度减少的事实，分析其原因主要是上中游地区能源开发、工矿建设、城镇发展等用水量增大，提示人们，黄河中上游区域的经济社会发展规划要注意从节水型角度与生态型城镇理念进行设计与建设。文章还建议组织研究团队，全面开展黄河中上游地区水土运动与变化问题的攻关研究，推动"水土运动学"的建立与发展，也促进黄河、长江等众多大小河流水沙变化研究，为保护流域生态环境，对江河进行综合治理开发发挥其作为基础学科的积极作用。

关键词：百年；黄河中上游；水沙变化；趋势

---

[*] 朱士光（1939—），男，湖北武汉人，陕西师范大学教授，博士生导师，陕西省文史研究馆馆员。

一 黄河中上游水沙状况及其变化是关系黄河流域安危的症结所在

黄河是我中华民族的母亲河。她自我国青藏高原巴颜喀拉山北麓卡日曲发源后,上中游流经世界上最为广阔的黄土高原。黄土高原上黄土深厚疏松,加上人类历史时期人们长期不当地开荒垦种及对林草植被的毁坏,导致水土流失日益严重;在暴雨击溅与洪水冲刷下,大量表层泥土被径流挟带进入下游平原地区。这一现象既造成了黄河中上游黄土高原地区沟壑纵横,地形破碎,植被稀疏,土壤贫瘠,水旱灾害频繁,农林牧业生产难以发展,也造成其下游华北平原地区黄河河道不断因泥沙停潴淤积而大幅增高,有些河段甚至成为河床底部高于两岸平地的"地上河"(又称"悬河"),以致每逢汛期洪峰来袭,往往堤防溃决,洪水漫溢,甚至河道改徙,造成重大灾害。据水利史学家郑肇经先生在他撰著的《中国水利史》①中所作统计,黄河下游自夏代迄止于中华民国25年,即约自公元前21世纪至1936年抗日战争全面爆发前,在长4000多年时间里,总共发生溢、决、徙1575次。其中又以唐代(618—907年)以后至1936年的1300余年间水灾愈演愈烈,溢、决、徙达到1546次(内中溢404次,决1100次,徙42次),②平均每年超过一次,且呈现"三年两决口"的严重态势。而这一历史时期后期所出现的上述严重发展态势,很明显正与历史时期唐代以后黄土高原上人类农垦活动日益加剧,导致森林、草原面积大幅缩减,水土流失剧烈有直接关系。水土流失本是地质大循环中的一个组成部分,自第四纪初期黄土高原地区黄土开始堆积以来,在一定的气候、地貌、植被、水文等自然因素的作用下,即有了水土流失现象。只不过那纯粹是一种自然界地质演变过程。进入近1万年以来的全新世后,黄土高原的水土流失现象,在遵循自然规律继续进行的基础上,又叠加了人类活动的影响,使之呈现加速发展的特点。

---

① 郑肇经:《中国水利史》("中国文化史丛书"),商务印书馆1939年版,后由上海书店于1984年复印重版。

② 郑肇经:《中国水利史》,商务印书馆1939年版,后由上海书店于1984年复印重版,第102—104页;又见拙文《历史上陕北黄土高原农牧业发展概况及其对自然环境的影响》,载《农史研究》第4辑,农业出版社1984年版,第22—33页。

据一些科技专家研究测定，唐以前基本仍属自然侵蚀，唐以后人类活动影响加剧，使侵蚀过程复杂化，并使侵蚀程度加剧。如全新世中期（距今6000—3000年），年侵蚀量大约是10.75亿吨。全新世晚期之前段（公元前1020—1194年，即自西周初年至南宋光宗绍熙五年），为11.6亿吨，较前一时期约增加7.9%，是为自然加速侵蚀率。1494—1855年，即自明孝宗弘治七年至清文宗咸丰五年，为13.3亿吨，较前一时期增加14.6%，去掉自然加速侵蚀率7.9%，人类加速侵蚀率为6.7%。1919—1949年为16.8亿吨，较前一时期增加26.3%，去掉自然加速侵蚀率7.9%，人类加速侵蚀率达到18.4%。而共和国成立后之前30年，即自1949—1979年，年侵蚀量更达到22.33亿吨，比前一时期增加32.9%，扣除自然加速侵蚀率7.9%，人类加速侵蚀率进一步增加到25%。[①] 上述人类历史时期截至1979年期间黄土高原年侵蚀量与人类加速侵蚀率增长状况，正好和黄土高原地区广大的丘陵与塬区先秦以渔猎游牧为主—秦与西汉经移民屯垦农业始有所发展—西汉末至隋又变为以牧为主—唐以后农业垦殖持续发展乱垦滥伐日渐加剧这一经济社会发展历程相契合。[②]

综上所述，可以明确看到，人类历史时期黄河中上游黄土高原地区水土流失状况是决定黄土高原本身生态环境优劣与经济社会发展盛衰以及黄河下游安危的决定性因素；而其水土流失状况，即其水沙状况又主要受到人类活动强度，特别是人类活动的经营活动方向与方式方法的制约。因而可以论定，黄河中上游之水沙状况及其变化是关系黄河流域安危的关键问题与症结所在。

二　近百年来黄河中上游水沙状况变化的基本趋向、主要特点及其原因

前文已述及，我国黄土高原地区自唐代以来迄于共和国成立后的前30年，土壤侵蚀量逐阶段明显增加，侵蚀率也与之相应逐阶段不断提升。共和国成立后前30年，即1949—1979年，尽管中央与黄土高原地

[①] 景可、陈永宗：《黄土高原侵蚀环境与侵蚀速率的初步研究》，《地理研究》1983年第2期，第1—11页。
[②] 详见拙文《历史时期黄土高原自然环境变迁及其对人类活动之影响》，《干旱地区农业研究》1985年第1期，第76—89页。

区各级政府均开展了水土保持工作，但因同时又推行了"以粮为纲"政策，群众为解决口粮问题，常毁林毁草开荒；加之水土保持工作又是以修建梯田、坝地等工程措施为主，造林种草等生物措施处于次要地位；更由于在史无前例的"文化大革命"期间地方工作处于无政府状态，所以水土保持工作实际成效不大，不少地区水土流失依然处于加剧状态，因而造成新中国成立后前30年的年侵蚀量达到历史最严重程度这一史实。然而自20世纪80年代改革开放以来，特别是自1998年中央在黄土高原地区大力推行退耕还林还草政策以来，黄河水沙状况发生了明显的逆向变化，均大幅度减少。这一现象很快引起国内外科技界，特别是水利学界的极大关注。近年来水利部黄河水利委员会联合中国水利水电科学研究院在进行大量实地考察研究的基础上，对1919年以来黄河流域潼关以上的中上游地区，主要是黄土高原地区的水沙变化状况、水沙变化原因及今后的变化趋势进行了分析，于2014年夏秋间提交了《黄河水沙变化研究》报告。鉴于该项研究工作对科学治理开发黄河意义重大，为做好对该研究报告的审查工作，水利部会同中国科学院、中国工程院于2014年6月20日特地成立了"黄河水沙变化研究"项目审查专家委员会，该委员会由水利部1位副部长、15位两院院士、中国科学院相关研究单位4位研究员、中央相关部委的8位教授级高工以及北京林业大学、北京师范大学、北京大学、陕西师范大学4位教授组成。笔者有幸成为该专家委员会成员之一，并于2014年8月15—21日参加了赴内蒙古、宁夏实地审查活动，又于当年11月15日提交了对该研究报告的书面审查意见。正是因为笔者参加了近年来这项由国家组织的大型黄河水沙变化研究成果的审议活动，因此对近百年来黄河中上游水沙变化问题有了更为全面深入的认识，也由此形成了一些个人的见解。

（一）近百年来黄河中上游水沙变化的基本趋向

前文述及的《黄河水沙变化研究》报告，根据黄河水沙主要来自于中上游地区以及潼关水文站控制黄河流域面积的90%、径流量的90%、泥沙量的近100%这一状况，引用该站自1919年以来的实测数据，具体反映了近百年来黄河中上游的水沙变化趋势。现摘引其中几个时段之年均径流量与年均输沙量列于表1。

表1　　黄河潼关水文站近百年来相关时段年均径流量与年均输沙量统计

时段	年均径流量（亿立方米）	年均输沙量（亿吨）
1919—1959	426.1	15.92
1960—1969	456.2	14.37
1970—1979	353.9	13.02
1980—1989	374.3	7.86
1990—1999	241.5	7.87
2000—2012	231.2	2.76

从表1数据可以明显看出，黄河中上游近百年来水沙变化的基本趋向。

第一，年径流量在1919—1969年的前50年中在高位有小幅度变化；1970年以来的后50年开始变小，特别是自20世纪90年代以来变小幅度增大，且还在持续减小的过程中。2000—2012年的年均径流量较之1960—1969年的年均径流量减少225亿立方米，减少幅度达49.3%，几近一半。

第二，年输沙量在1919—1959年也达到其历史上的高值，1960—1979年虽有所减少，也仍在高位起伏。但自1980年起，开始明显减少，特别是进入21世纪以来的十余年间，年均输沙量减为2.76亿吨，较之1919—1959年的年均输沙量15.92亿吨减少13.16亿吨，减幅高达82.7%。这一现象已引发相关科技界的高度关注。

（二）近百年来黄河中上游水沙变化的几个主要特点

据前文述及的《黄河水沙变化研究》所提供的黄河中上游潼关、龙门、头道拐（在内蒙古自治区托克托县）、兰州等水文站近百年有关年径流量、年输沙量的观测数据以及所作的相关分析，可以看出近百年来黄河水沙变化所呈现的下述几个主要特点。

其一，在20世纪80年代中期以后黄河中上游来水来沙量均显著减少这一总的态势下，如前所述，进入21世纪后，年均输沙量减少幅度高达82.7%，年均径流量减少幅度则为49.3%，表明径流量减少幅度明显小于输沙量之减少幅度。

其二，近年来黄河中上游来水来沙量减少程度在空间上差异明显。黄河径流量减少显著的区域主要在头道拐以上，即黄河上游地区；而泥沙量减少主要集中在头道拐至龙门区间，即黄河中游黄土高原地区。

其三，水沙年内分配及过程也发生显著变化。主要表现为输沙期（即汛期，每年7—10月）径流量占年径流量的比例减少，非汛期径流量占年径流量比例增加；同时汛期中日均流量大于2000立方米/秒的出现天数及所占汛期水量的比例自1987年以来均明显减少。

（三）近百年来黄河中上游水沙变化的原因分析

前文述及的《黄河水沙变化研究》报告曾对近百年来，特别是21世纪以来黄河中上游来水来沙状况发生显著变化的原因做出详尽具体的分析。该报告将影响黄河水沙变化的主要因素分为气候、水利工程（主要指干支流水库）、生态建设工程（包括水土保持综合治理、退耕还林还草、生态移民与修复等）、经济社会发展（主要包括工矿业、农林牧业、城镇建设等）四类；且指出前述四类影响因素中，除气候因素属自然因素外，其余三类均为人类活动因素。在将黄河中上游流域划分为兰州以上、兰州—头道拐、头道拐—龙门区间陕西北片与陕西南片以及晋西片、龙门—潼关区间等六个片区，逐个片区进行了分析论述后，主要得出了以下几个结论。

第一，2000年以来，径流量的进一步减少，能源开发、工矿建设、城镇发展等经济社会因素影响最大，年均减水156.24亿立方米，占年均径流减少量的80%；梯田、淤地坝与林草等生态建设工程其贡献率不足20%。

第二，近年来年均降水量，尤其是汛期降水量虽较之前时期有明显减少，使流域内产沙量有所减少；但与基准期相比，降水减少对泥沙减少的贡献率仅占年均输沙量减少量的17%，各项人类活动对泥沙减少的贡献率却高达83%。

第三，在人类活动导致的输沙量减少部分中，水库与淤地坝两项占比最大，达47%；林草措施其次，占27%以上；梯田再次，占17%。

上述有关近年来黄河中上游地区来水来沙量明显减少的成因分析，

因系经实地调查与科学分析论证得出的结论，令人信服。

三　近百年来黄河中上游水沙变化的启示

从本文前所论及的近百年来黄河中上游水沙状况变化的基本趋向、主要特点及其原因中，可以获得以下几点重要的启示。

第一，从导致黄河中上游水沙状况变化的成因中，我们可以明显看到，不论是其长时段的即整个历史时期土壤侵蚀量，也即河水输沙量的不断增加，还是从20世纪80年代中期以来，来水来沙量的大幅度减少，固然自然因素即气候、地形、植被、土壤、河流水文等要素有着一定的影响，更主要的还是人为活动因素的取向与强度起了决定性的作用。这完全符合历史地理学的人地关系理论。我国现代历史地理学主要创建者之一的侯仁之院士，在他于50多年前发表的《历史地理学刍议》一文中就曾明确阐及，历史地理学"其主要研究对象是人类历史时期地理环境的变化，这种变化主要是由于人的活动和影响而产生的"[1]。笔者作为仁之师"文化大革命"前的一名弟子，秉承师教，也曾在阐述历史地理学的基本理论问题时多次论及，人类历史时期的地理环境不论是自然地理环境，还是人文地理环境都是处在不断变化发展之中。而这种变化发展，是在自然要素变化发展基础上，叠加了人为活动的作用共同造成的。[2] 这一启示不仅揭明，黄河中上游的水沙变化，不论是数千年来长时段的，还是自20世纪80年代中期以来短时段的，都完全与黄河中上游的自然环境变迁史、经济社会发展史相契合，符合各自的发展规律与学科原理；而且还告诫人们，对待黄河这样一条中上游来沙量巨大而下游河道易淤易决易徙的多灾多难的河流，今后只要遵循人地关系理论，拟制科学完善的经济社会发展计划与治理规划，即可使其水清浪稳，有利无害。近百年的变化史实与历史地理学科理论证实这是完全可以做到的。

第二，自20世纪80年代中期以来，特别是进入21世纪以来，黄河

---

[1] 侯仁之：《历史地理学刍议》，《北京大学学报》（自然科学版）1962年第1期，第73—80页。
[2] 详见笔者论文集《黄土高原地区环境变迁及其治理》之《自序》，黄河水利出版社1999年版，第1—6页。

中上游来水来沙量大幅减少，特别是输沙量减少幅度大于径流量减少幅度，这固然是一大喜讯，然而2000—2012年的年均径流量较之1960—1969年的年均径流量减少幅度也达49.3%却并非佳音。导致这一时段年均径流量如此大幅减少的原因，已如前述主要在上中游地区的能源开发、工矿建设、城镇发展等经济社会发展因素。这就提示人们，今后在拟制与掌控黄河中上游区域的经济社会发展规划时，要注重针对这一区域大部分处于半湿润与半干旱、干旱地带，年均降雨量大多在600毫米以下这一实际状况安排项目，确立规模，并尽可能从节水型角度与生态型城镇理念进行设计与建设。

除此之外，为了切实提高涵蓄水源与防治土壤侵蚀，还应进一步推进退耕还林还草工作，加大造林种草规模。从20世纪80年代中央开展三北防护林建设工程以及1998年推行退耕还林还草措施以来，黄河中上游地区林草面积确有明显增加，也发挥了一定的减沙增流作用。但总体看，在减少泥沙方面不及水库、淤地坝等水利工程措施；在涵养水源与调节汛期、非汛期径流量上尚有待进一步发挥作用。尽管国家有关部门已安排在黄河流域，特别是中上游地区扩大造林种草面积，但要将造林种草计划落在实处，并让林草植被措施的综合效益稳定发挥出来，还需切实做出努力。包括管理养护上学习国外一些国家的有效经验，在保持一定面积与规模的公有林的同时，扶持并保护一定量的私有林地。

第三，为了深入并持续地开展黄河流域水沙变化研究，还当在研究方法与理论上着力。前文已论及，黄河中上游水沙状况及其变化是关系黄河流域安危的关键所在。面对近百年来，特别是改革开放以来黄河水沙状况出现如此明显的变化，相关科技界的一批有识之士迅即做出反应，开展考察研究，取得了值得称道的成果，对今后更好地治理与开发黄河将会发挥积极的作用。然而黄河水沙变化研究，影响因素多样，变化机制复杂，而且随着今后国家建设与经济社会的不断发展，还会出现新的情况。为了应对这一发展形势，更好地开展研究，发挥其科学指导治理与建设实践的作用，必须采取多学科协作的方式，探寻新的研究方法与理论。为此，笔者曾于2014年8月19日，作为水利部与中国科学院、中国工程院联合成立的黄河水沙变化研究项目审查专家委员会成员之一，参加了该委员会组织的赴内蒙古、宁夏实地审查。在内蒙古自治区磴口县三盛公水利枢纽处举行的座谈会上，笔者提出了一个具体的建议，即吁请水利部与中国科学院、中国工程院，采纳我国已故著名水利学家陶述曾先生（1896—1993）生前倡导的"水土运动学"理念，组织研究团队，全面开展黄河中上游地区之水土运动与变化问题的攻关研究，既推动水土运动学的建立与发展，也促进我国黄河、长江等众多大小河流水沙变化研究，为保护流域生态环境，有效地兴利除害，综合进行江河开发治理发挥其作为基础学科的积极作用。

附记：本文在撰写过程中，参阅并引用了水利部黄河水利委员会、中国水利水电科学研究院课题组完成的《黄河水沙变化研究》（2014年10月）中的一些数据与论点，特此说明，并致谢意！

（责任编辑：张多勇）

关于陕甘边苏区区域空间结构演变的历史分析

——以习仲勋南梁苏维埃政府地方治理思想形成为例

陈占彪[*]

(上海市民政局 上海 200000)

摘 要：应用区域结构理论研究国共两党是如何实现中心与边缘之间的秩序变动的。这虽然不是一个新课题，却是一个新的研究视野。这对研究我党目前和未来在现代世界区域结构秩序变动中如何适应新发展也有启发意义。本文尝试应用区域结构理论的相关视角，把陕甘边苏区放在我国现代区域结构秩序变动的总体格局中加以分析，并从陕甘边区域结构的要素分析入手，对习仲勋地方治理中的阶级基础变动、统一战线策略与空间治理思想等方面加以讨论，并对其地方治理思想的形成及影响做初步探讨。

关键词：陕甘边；区域空间结构；习仲勋；地方治理

我国近现代民主革命的过程，就是一个从边缘争取到中心的过程。对中国共产党取得执政权而言，从农村包围城市的过程，既是一个取得胜利的过程，也是一个从边缘到中心的过程；对于当时的国民党政府而言，既是一个走向失利的过程，也是一个从中心到边缘的过程。因此，探究多元主体力量之间在中心—边缘的两极结构之间如何实现转变的博弈过程，实际上是一个非常深刻且富有重大价值的课题。本文拟以区域结构变动的视角，尽量把陕甘边革命根据地放置在当时我国区域空间结

---

[*] 陈占彪（1967—），男，甘肃华池县人，文学博士，地理学博士后，研究员，陇东学院兼职教授，现任上海市民政局文明办常务副主任。主要从事中国现当代文学文化、区域文化产业、行政区经济与行政区划以及中国区域学研究。

构的总体格局中，考察和分析其创建过程中所体现的区域历史空间结构的主要特点。具体地说，就是从区域结构的要素、系统与功能分析入手，对陕甘边革命根据地区域结构加以分析，这不仅为深化陕甘边革命根据地的研究提供了一个重要思路，也对整体上揭示和把握当时全国革命根据地之间形成的区域结构关系具有重要意义。

一 区域结构理论：研究中国近现代民主革命道路的新视角

所谓区域结构是指在区域经济、区域政治、区域文化相互作用生成的区域社会的基础上形成的一种宏观区域综合运行系统。任何一个区域结构的形成与建构，都是自然区域、经济区域、政治区域、文化区域和社会区域相互叠加、转化、分离、消解的区域空间运动过程，是各种区域主体、范围、特征、关系、动力等要素的量的积累与结构排列相互作用最终达到质变的结果。

一般而言，区域单位有三个基本特征：一是任何区域单位都有其特定的类型、层次、结构、边界；二是在各自所界定的区域单位中，每个区域单位都有其特定的主体、范围、关系、特征；三是作为区域单位构成的基本参照都是以人类活动为原点，以时间、空间为纵横轴的坐标系。按照区域单位构成的这一基本特征，区域结构包括三个主要方面，即要素结构、系统结构和功能结构。要素结构可分为要素的数量结构和排列结构。根据马克思主义的基本原理，任何事物发生质变，一是由要素数量的积累引起的质变，二是由要素排列结构的改变引起的质变。系统结构可分为内结构、外结构与间性结构。在一个区域单位范围内，由若干个更小一级的区域单位所构成，则若干个更小一级的区域单位相对于更高一级区域单位来说就是区域关系的内结构，反之则是外结构，而若干个更小一级区域单位之间则构成了区域之间的间性结构。功能结构则包括过程结构和现状结构。过程结构指向区域的时间轴，表示的是区域发展的纵向结构；现状结构指向区域的空间轴，表示的是区域发展的横向结构。过程结构说明现状结构，现状结构则说明未来走向。当然，并不是从所有的区域中都能看出历史演变、现实格局与未来走向，"只有历史发展过程具有特殊性、连续性与完整性的空间范围才是自我说明问题的单位，才是区域史研究的对象即区域。所以历史过程也应该是不容忽视的识别区域的基准之一"。可以说，要素结构是分析区域结构的基础，系统结构是揭示区域结构秩序变动的关键，功能结构是解释区域结构秩序何以变动和具体作用。在这个意义上，无论是哪个层面上的区域结构关系，任何一个核心区域与另一个核心区域之间的关系都必然构成一种战略关系，这种战略关系导致区域空间的占有与争夺显得非常激烈。谁主导了占有与争夺区域结构的有利位置，谁就赢得了胜利。当然，区域结构特性又决定了这种区域空间的占有与争夺不是一劳永逸的，而是随时会被复制与改进的，这又进一步加剧了区域空间占有与争夺的策略性与智慧性。[1]

近年来，有学者开始试图从国共两党两个政治主体在特定历史时期的特定关系出发，以区域中心—边缘的互动关系结构为核心，提出当代中国全国性的政治体系"是以中国客观社会环境和中国共产党的革命历史实践活动为基础，经由了一个从城市到农村、从中心地区向边远地区辐射，转向用农村包围城市、从边缘地区向中心地区拓展、从边缘政治体系向中心政治体系演进的历史过程，并且是伴随着边缘政治体系的建立及其波浪式的发展态势同步展开的。与此相适应的是，当代中国政治体系构建的实践路径经由了边缘政治体系的产生、巩固、突破、历史性转折直至新型的全国性中心政治体系的最终确立之演进历程"[2]。这说明区域结构理论对中国近现代以来新民主主义革命的演进历程，具有很强的阐释力量，值得深入研究。

其实，早在我国近现代民主革命的实践中，我党的领导人在分析工农武装割据和农村包围城市道路的形成时，就已经能看到区域结构分析理论的雏形。1928年，在中共湘赣边界会议形成的决议中，毛泽东就提出："一国之内，在四周白色政权的包围中，有一小块或若干小块红色政权的区域长期地存在，这是世界各国从来没有的事。这种奇事的发生，有其独特的原因。而其存在和发展，亦必有相当的条件。""因为有了白色政权间

---

[1] 陈占彪：《行政组织与空间结构的耦合》，东南大学出版社2009年版，第232—234页。
[2] 唐亚林：《从边缘到中心：当代中国政治体系建构之路》，华东理工大学出版社2006年版，第185—186页。

的长期的分裂和战争,便给了一种条件,使一小块或若干小块的共产党领导的红色区域,能够在四周白色政权包围的中间发生和坚持下来。""我们只须知道中国白色政权的分裂和战争是继续不断的,则红色政权的发生、存在并且日益发展,便是无疑的了。"① 1929年3月,以毛泽东为首的红四军前委在给中央和福建省委的报告中,第一次向党中央提出了党的工作重心应放在农村"红军及小区域苏维埃之创立"上的建议。及至后来,毛泽东在分析为什么要走农村包围城市的道路时,更进一步地解释说:"今天中国城市乡村问题,与资本主义外国的城市有性质上的区别,城市之头一断,乡村之四肢就不能生存。"而中国之所以不同,是因为中国具备三位一体性的条件:"第一是半殖民地条件。在半殖民地,城市虽带有领导性质,但不能完全控制乡村,因为城市太小,乡村太大,广大的人力、物力不在城市。第二是大国的条件,失去一部,还有一部,敌以少兵临大国,加以我之坚决抵抗……第三是今日的条件。……今天主要的是中国进步了,有了新的政党、军队和人民,这是胜敌的基本力量。"正是"由于上述三位一体的条件,虽然有很多困难,但经过长期斗争,'乡村能够最后战胜城市'"②。而毛泽东在1938年5月所发表的著名的《论持久战》中,更是系统地论述了"内线与外线"、"有后方与无后方"、"包围与反包围"、"大块与小块"之间的"犬牙交错的战争形态",更体现出一种深刻的区域结构理性分析视野。③ 他把这种区域争夺不仅形象地比喻为"大体上好似下围棋一样,敌对于我我对于敌之战役和战斗的作战,好似吃子,敌的据点(例如太原)和我之游击根据地(例如五台山),好似做眼",而且还扩展到当时第二次世界大战"侵略阵线与和平阵线"的世界性棋局中。毛泽东强调:"完整的区域当然是重要的,应集大力去经营,不但政治、军事、经济等方面,文化方面也要紧。敌人已将我们的文化中心变为文化落后区域,而我们则将过去的文化落后区域变为文化中心。"④ 这些看法不仅思想是极为深刻的,而且视野也是很广博的。因此,以区域结构理论关照我国现当代政治体系演进的历史进程,或者说以区域结构理论研究我国近现代

---

① 《毛泽东选集》(合订一卷本),人民出版社1964年版,第48—49页。
② 毛泽东:《新阶段论》(1938年10月),载钟日兴《红旗下的乡村——中央苏区政权建设与乡村社会动员》,中国社会科学出版社2009年版,第41页。
③ 《毛泽东选集》(合订一卷本),人民出版社1964年版,第439—441页。
④ 同上书,第440—441页。

民主革命的相关研究，不仅是一个新的课题，而且也对我国目前和未来以及我国与世界区域结构秩序变动的特点、原因与发展趋势等具有重大现实意义。

二　区域结构的现代转型：国共两党区域结构演变的内在规定性

一般而言，区域结构变动受时代目标任务的制约，而时代目标任务的确立又必然遵循区域结构宏观演进的基本规律。因此，从区域结构秩序的变动与时代任务目标形成的互动中，进一步深刻认识在持续的历史过程中区域中心与边缘之间的互动结构和方式，就成为探索历史发展规律的重要视角。

1927年大革命失败后，国共两党开始在确定各自的时代任务目标方面分道扬镳，并逐渐形成各自不同的区域核心结构演变轨迹。有学者说："中国共产党在民主革命阶段先后建立了三个政权形态，即中央苏区政权形态、陕甘宁边区政权形态与中华人民共和国政权形态，在这三个政权形态中，陕甘宁边区形态无疑居于承上启下的中间环节，它的'来龙'是中央苏区政权形态，'去脉'是中华人民共和国政权形态。"中央苏区是"后两个政权形态的'来龙'或'根'，而后两个政权形态又是它必然的'去脉'与'果'"①。从宏观的方面看，这个看法是合理的。但实际上，如果以中华人民共和国成立以前为界，一般认为，我国民主革命有三次局部执政的实践，即第二次土地革命时期在江西瑞金建立的中华苏维埃临时中央政府，抗日战争时期在陕西延安建立的陕甘宁革命根据地和解放战争时期在河北西柏坡领导建立的华北人民政府等，并实际上形成了以瑞金—延安—西柏坡为顶点的三角形核心区域结构。这个核心区域结构正是我党最终取得革命胜利，并在全国建立政权的区域历史结构。

从国民党方面来说，虽然在1912年1月1日，孙中山在南京就任中华民国第一任临时大总统，但辛亥革命的成果仅存三个月就被以袁世凯

---

① 张玉龙、何友良：《中央苏区政权形态与苏区社会变迁》，中国社会科学出版社2009年版，第4、5页。

· 14 ·

为代表的北洋军阀政府攫取,并继而逼迫南京临时政府北迁,以中华民国招牌,在北京建立北洋军阀的统治。之后的10多年,进入了以黎元洪、曹锟、吴佩孚、张作霖、段祺瑞等各派军阀轮流执政的中华民国时期。在此期间,以孙中山为首的中国国民党在1923年于广州成立名为"大元帅大本营"的广州革命政府,初步形成一个高举国民革命旗帜的根据地,并在共产国际和中国共产党帮助下,积极推进国民党的改组工作,正式成立了国民党临时中央执行委员会。1924年中国国民党第一次全国代表大会召开,确立了以新三民主义为政纲的国共合作的共同纲领,这标志着"国共两党合作完成了统一广东革命根据地的工作"。"广东是孙中山多年来进行革命活动的主要依托。他生前想把广东建设成为一个巩固的革命基地,以便进行北伐,统一全中国,但这个愿望一直未能实现。"[①] 1925年3月孙中山逝世,这标志着中国现代历史在进入党权时代以后,国共两党从共同的现代革命策源地和核心区域——广州走向全国区域结构发生转型的新起点。

1925年7月,广州大元帅府正式改组为中华民国国民政府,随后在经过二次东征和南征后,"使四分五裂的广东迅速获得统一,成为全国唯一的革命根据地,为举行北伐战争准备了比较巩固的后方基地"[②]。1926年5月,在广东召开国民党二届二中全会,蒋介石替代汪精卫实现了对国民党、国民政府和国民革命军的权力控制。1926年7月—1927年3月,北伐战争取得胜利,实现了对长江以南地区的完全占领。"随着北伐军势力扩展到长江流域,偏处广州一隅的国民政府,显然已不能适应指导全国革命运动发展的需要。"因此,伴随着所谓国民政府的"迁都之争",以四一二政变后蒋介石于1927年4月18日在南京另立国民政府为标志,并于1928年2月重新控制南京国民政府,宣布共产党"非法",集中一切力量镇压革命活动,企图彻底消灭共产党。以1928年6月张作霖被炸死、张学良宣布"服从国民政府,改旗易帜"等事件为历史转折点,"至此,国民党政府实现了全国统一"。虽然,这种表面的、暂时的统一,很快又为新的军阀混战所代替,[③] 但由此直到抗战爆发国民政府被

---

① 《中国共产党历史》第1卷(1921—1949)上册,中共党史出版社2011年版,第136—137页。
② 同上书,第139页。
③ 同上书,第191、226页。

迫西迁四川重庆之前，都一直以南京作为核心区域，直至最后溃败大陆，偏安台湾，以广州为策源地，并在与中国共产党相互斗争的过程中，形成了南京—重庆—南京的区域结构演变轨迹。

从上述国共两党区域结构演变的视角来看，应该说，以大革命失败为界限，大革命之前，以辛亥革命为开端，国民政府经过南京—北京—广州核心区域的结构变迁，这也是国共第一次合作的历史时期。大革命之后，国民政府则经过了南京—重庆—南京核心区域结构的变迁，而共产党则与之相应经过了瑞金—延安—西柏坡核心区域结构的演变。因此，如果把大革命之后国共两党核心区域结构变迁轨迹相对照，就不难发现，这实际上恰好是以城市与农村、富与穷、资产阶级与无产阶级为主要内容的要素结构的演变。国共两党的斗争，就是中心与边缘的对抗，这既是政治、经济和地理上的对抗，也是意识形态、文化和精神上的对抗。可以说，国共两党的中心边缘之争，如果按照区域结构的要素结构分析，国民党虽曾在党员数量结构上明显占优，但在内部所代表的各种力量要素数量上则明显不足，缺乏中产阶层的阶级支撑也使其排列结构上呈现畸形形态。同时，社会阶层阶级结构张力过大，缺乏内在稳定性；在内关系结构上以维护既有利益为核心，区域自身发展创新较少，在外关系结构上各阶层阶级结构利益竞争较多，在间性结构上差异合作较少；虽然在现状结构上指向了历史转型的要求，但过程结构上继承性明显不足，缺乏解决现实问题的针对性和基本能力。

但是，我们还应进一步看到，国共两党区域结构争夺的演变轨迹，还受我国历史上总体区域结构形态演变规律的规制。从大历史的角度看，与我国历史上的王权时代—皇权时代—党权时代相对应，迄今为止，我国区域结构演变大体经过了以洛阳—安阳—商丘为主轴并以洛阳—安阳为主的阶段，与以西安—杭州—北京为主轴并以西安—北京为主的阶段。近现代以来，我国的区域结构正处于从古代到现代的转型过程中，已形成以长江流域为横轴、东部沿海为纵轴，并最终可能形成以北方大区—东南大区—西部大区为主的核心区域结构。而国共两党区域结构的演变从共同以广州为策源地，到分别以南京—重庆—南京和瑞金—延安—西柏坡为区域结构，正处于我国区域结构演变从古代向现代转变的过程中。以此来衡量，这是从农业社会向工业社会，从控制基本经济区向控制海港城市区，从政治、经济、文化中心合一向政治、经济、文化中心分离转变的必然结果。[①] 而在当时我国工业文明还很弱小、海港城市区尚未形成且其命脉多操控在列强之手，以及政治、经济、文化中心还在剧烈分离的过程中，我国现代区域结构的形成过程恰好反映的是在党权之争时代谁优谁劣、谁输谁赢的决定性所在。

在这个意义上，区域结构的选择和演变并不是随意的，特定的立场代表了特定阶层的利益诉求，特定的利益诉求决定了区域结构的形态选择；反过来，在选择了特定的区域结构之后，它所具有的内在规定性，必然对特定阶层利益诉求的发展具有一定的局限性。从一般的角度看，边缘是依附并受制于中心的，是为中心提供服务的场所，而中心则辐射、带动并控制边缘；但反过来，中心对边缘的辐射与带动是随着空间距离的增加而不断衰减的，这种规律性的现象充分体现在行政、经济、文化等各个方面。从区域结构的视角来分析，中心与边缘之间有内在一致性是构成区域结构秩序的根本条件，一旦缺乏这种内在一致性，边缘与中心之间则必然呈现为一种对抗状态。这种内在一致性主要表现为各自政治主体对时代目标任务是否取得了共识。各政治主体的时代目标任务一致，则中心与边缘就呈现为同心圆结构，反之则相反。因此，中国共产党在民主革命中所形成的核心区域结构，不仅是一个历史的过程，而且也是区域关系结构演变的过程。中国共产党每一次核心区域结构的形成过程，正是在与当时的中国国民党政府相对抗和斗争的过程中确立的。在某种程度上，近现代中国政治体系的演进史，本质上就是一部国共两党斗争的空间互动史。因此，从当时整个全国的政治力量相互较量的布局看，以国共两党为主体，客观上形成了分别以中国国民党为主体的中心区域结构和以中国共产党为主体的边缘区域结构，并在总体区域结构秩序互动过程中，实现了两个政治主体边缘与中心之间的角色互换，这在一定程度上体现了区域结构内在的规定性。

---

① 陈占彪：《关于我国未来区域结构变动的新格局》，《探索与争鸣》2008年第1期，第51页。

三 陕甘边根据地区域结构特征与习仲勋地方治理思想的形成

1927年的大革命失败,虽然成就了国民党的国民政府,但也催生了共产党找到中国革命正确道路的萌芽。就在革命面临严重危机的重大关头,张太雷、毛泽东等人提出了"上山"的主张,这为后来形成工农武装割据和开辟农村根据地奠定了基础。① 因此,正如中国共产党革命根据地一般都是选择在两省或几省交界的薄弱区域,形成武装割据,建立农村政权一样,陕甘边苏区也正是在陕甘交界的庆阳、延安并依托子午岭山脉所开创的一个革命根据地,并成为在中央红军长征实现战略转移中的落脚点,成为日后中国共产党建立抗日根据地的出发点,成为当时在第五次"反围剿"失败、南方13个革命根据地丢失后北方唯一"硕果仅存"的革命根据地,发挥了延续中国共产党新民主主义时期革命目标任务的重要作用。

陕甘交界的延庆地区,自古以来就是中原汉族统治者与北方少数民族相互争夺的过渡地带,也是中华文明的发祥地和民族文化融合区。子午岭山脉是陕甘两省的界山,亦叫桥山,其山"绵亘深远","桥山南连耀州,北抵盐州,东接延州,绵亘八百余里。盖鄜、宁、环、庆、延、绥、鄜、坊诸郡邑,皆在桥山之麓,宋人所谓横山之险,亦即桥山北垂矣"。延安府"东带黄河,北控灵、夏,为形胜之地"。自古即为汉逐匈奴,晋成戎薮,唐时党项、回鹘、吐蕃争逐之地。顾祖禹引王庶的话说:"延安,五路噤喉也。金人之窥关、陕也,恒自山西渡河,亟犯延安。延安陷则南侵三辅,如建瓴而下矣。""盖其地外控疆索,内藩畿辅,上郡警则关中之患已在肩背间矣。"而庆阳府"南卫关辅,北御羌、戎,秦置北地郡以隔阂匈奴,汉人所谓缘边诸郡也。其地山川险阻,风俗劲勇,汉武拓境开边,北地良家子奏功尝最"。"庆阳有警,而鄜宁以南祸切剥肤矣,形援或可缓哉?"② 由此可知,自古以来,延庆区域就是中原抵挡

---

① 《中国共产党历史》第1卷(1921—1949)上册,中共党史出版社2011年版,第218页。
② (清)顾祖禹:《读史方舆纪要》,中华书局2005年版,第2469—2470、2719—2720、2754—2755页。

北方民族南侵的战略前沿，同时也是北方民族南侵中原的最后一道门户，延庆区域与关中地带就是一种唇亡齿寒、唇齿相依的关系。

1935年国民党第五次"反围剿"迫使中央红军落脚陕甘革命根据地和1937年国民党迫于抗战爆发迁都重庆，使国共两党又一次在区域结构上构成了直接的战略关系，并成为国共两党在中心—边缘发生结构性逆转的关键点。正如清代著名学者顾祖禹所说："'自蜀江东下，黄河南注，而天下大势分为南北，故河北、江南为天下制胜之地，而挈南北之轻重者又在川、陕。'夫江南所恃亦为固者长江也，而四川据长江上游，下临吴、楚，其势足以夺长江之险。河北所恃亦为固者黄河也，而陕西据黄河上游，下临赵、代，其势足以夺黄河之险。是川、陕二地，常制南北之命也。"[①] 因此，在某种程度上，以四川、重庆与陕北、延安之间的区域结构争夺决定了国共两党日后在江苏南京与河北西柏坡的战略命运，这样说绝不为过。

1928年3月，中共中央通过的《陕西工作决议案》，指出实行工农武装暴动，建立苏维埃政权，是革命发展的前途。此后，刘志丹、谢子长、习仲勋等领导为开辟陕甘边根据地付出了艰辛努力。一般认为，陕甘边根据地经历了三个发展阶段：1932年3月在甘肃正宁南原寺源村成立的陕甘边区革命委员会，7月寺源村根据地失陷；1933年4月在陕西照金薛家寨成立了新的陕甘边革命根据地，10月照金根据地失陷；1934年2月在甘肃南梁小河沟四合台村成立新的陕甘边区革命委员会，11月在甘肃南梁荔园堡成立的西北第一个正式的红色政权陕甘边苏维埃政府。从1934年2月到1936年1月，在陕甘边革命委员会和陕甘边苏维埃政府主席的习仲勋的积极组织下，各县的革命委员会或办事处等临时红色政权相继转变为正式的苏维埃政府，"从各县红色政权的发展规模可以看出，习仲勋领导的陕甘边区苏维埃政府是名副其实的西北地区的第一个边区级的体系完备的苏维埃政府，是建立了边区、县、区、乡、村各级苏维埃政府的组织层次非常齐备的苏维埃政府"[②]。习仲勋还与刘志丹一起，领导提出、制定和实施了著名的"十大政策"，即土地政策、财经粮食政策、军事政策、对民团政策、对土匪政策、各种社会政策、肃反政

---

① （清）顾祖禹：《读史方舆纪要》第5卷，中华书局2005年版，第2501—2502页。
② 《习仲勋在陕甘宁边区》编委会：《习仲勋在陕甘宁边区》，中国文史出版社2009年版，第145页。

策、对知识分子政策、对白军俘虏政策、文化教育政策。同时，还分别于1934年2月—9月中旬、1935年2月—6月底、1935年7月—11月三次粉碎陕甘军阀和蒋介石的"围剿"，不仅保卫了革命成果，而且为迎接中央红军到陕甘苏区奠定了重要基础。

在此期间，作为陕甘边苏维埃政府的重要创始人之一和陕甘宁边区政府的主要领导成员，习仲勋的地方治理思想逐渐形成，并在随后的关中分区、绥德分区和主政西北局期间，得到了极大发展。可以说，在南梁苏维埃政府之后，习仲勋更多从事的地方政权、土地革命、组织群众、党的工作与统一战线等工作，这也与其在新中国成立后从事党的宣传和政府组织协调工作，以及改革开放初期在广东开辟经济特区一脉相承。这里，仅从其在陕甘边苏区创建的区域结构特点中最显著的方面略加分析。

首先，从区域结构的要素分析的角度看。阶级基础是决定革命组织是否具有战斗力的重要前提，怎样对待革命所依靠的阶级基础是取得革命胜利的重要保证。中国共产党领导的全国性政治体系的建立，是以中国社会各阶级关系为基础，以中国革命在不同历史时期的阶级关系发生新的变动为基础，从而其发展历程经由了大革命时期的"联合阵线"到土地革命时期的"工农民主专政"，再到抗战时期的抗日民族统一战线民主政权，及至抗战胜利后国共合作的民主联合政府，到解放战争及其胜利后的"人民民主专政"的政治体系。[1] 因此，根据不同时期的革命目标任务，在特定区域条件下，正确选择、对待和依靠各自的阶级基础是考察执政党是否成熟的重要标志之一，主要表现为在整个社会阶层结构中怎样确定、对待和依靠各自的阶级基础，具体表现在怎样根据发展目标任务对待本阶级内部认识分歧、思想矛盾以及建设发展。1935年10月陕甘边"左"倾"肃反"时期，习仲勋对于"红军在前方打仗，抵抗蒋介石的进攻，不断取得胜利，'左'倾机会主义路线的执行者却在后方先夺权，后抓人"的做法刻骨铭心、痛心不已。[2] 1947年冬季，习仲勋对在各个解放区兴起的土地改革运动出现过激行为和现象，直言不讳地提出反对"左"倾行为。1967年，习仲勋曾给毛泽东写信，"大意说：现在

---

[1] 唐亚林：《从边缘到中心：当代中国政治体系建构之路》，华东理工大学出版社2006年版，第178页。
[2] 《习仲勋在陕甘宁边区》编委会：《习仲勋在陕甘边区》，中国文史出版社2009年版，第207页。

斗老干部比我们当年斗地主老财还厉害，再发展下去，局面将不可收拾"①。习仲勋晚年曾自我评价说："我这个人呀，一辈子没有整过人，一辈子没有犯'左'的错误。"②这种终其一生、一以贯之的立场、态度与行为，表现出了一个真正的革命者对自身阶级基础的高度体认。

其次，从区域结构的系统分析的角度看。在阶级基础的条件下，怎样对待整个社会的阶层结构乃至于对立性结构，不仅关系到革命前途，也关系到执政前途。有学者在研究中央苏区扩红运动时曾经说："苏维埃中央政府是扩红'发动机'，地方是扩红'蓄水池'，社会团体是扩红'扬声器、助产婆'，个体是扩红'兴奋剂'，扩红运动反映了苏维埃时期的中央苏区国家、地方组织（包括群团）和民众之间三位一体的共存共荣效应，个人、集体和国家之间的利益整合成了一个坚固的共同体。"③在苏维埃著名的"十大政策"中，习仲勋等制定了包括对民团政策、对土匪政策、对社会政策、肃反政策、对白匪政策等，并根据其对待革命的损害和危害程度，分别采取了不同的分化政策，有的坚决消灭、有的互不侵犯、有的不断内化。尤其是通过在不断斗争的过程中，最大限度地把外结构转变为内结构，从而在农村根据地创造了独特而有效的统战策略，甚至于通过对国民党的"两面政权"的改造，进而达到为我所用的根本目标。这种独特而有效的统战策略，在新中国成立后习仲勋对青海和新疆少数民族问题上也体现出独到性，并通过制度建设和国家权威下沉到乡村社会，对国家稳定发展起到重要作用。

最后，从区域结构的功能分析来看。以特定阶级基础为主体改造、联合与内化整体社会阶层结构是苏区在不同时期、不同领域得以生存、发展、壮大的重要空间。习仲勋曾说：我们把苏区叫作"梢林"，这是从三原、渭北平原碰钉子碰出来的。在敌我力量对比上，我们处于劣势，处于敌人的四面包围之中。在平原上于敌人有利，于我们则是有害。"梢林"，距敌人统治中心较远，其统治力量鞭长莫及，有利于革命力量的生长和存在，有利于根据地的开拓和发展。虽然"梢林"人口稀少，经济

---

① 习仲勋：《永远难忘的怀念》，载《习仲勋文选》，中央文献出版社1995年版，第316页。
② 官丽珍：《浅析习仲勋对陕甘边区的革命贡献》，《党史研究》2010年第4期。
③ 钟日兴：《红旗下的乡村——中央苏区政权建设与乡村社会动员》，中国社会科学出版社2009年版，第2页。

文化落后，环境极其艰苦，但是群众有强烈的土地革命愿望。对于根据地建设，我们不搞孤立主义，在确定中心区的基础上，以主力红军为骨干，建立多处游击区，扩大回旋余地，互相呼应配合，把革命力量的积聚和扩大统一起来。这也是建成分别以陕北安定、陇东南梁、关中照金为中心的三路游击区的指导思想。① 在区域空间结构上形成了既能互为犄角之势，又能连接成片的局面。1946年，习仲勋在西北局领导土地改革运动期间，切实改正土地改革中"一刀切"的做法和各种"左"倾错误。他根据实际情况将边区农村大致分为老解放区、新解放区和半老解放区，并根据土地改革的实际情况制定不同的土地政策，"故求得老区再不犯政策错误，是顺利建设新区的一个重要条件"。"蒋管区的另一情况，为我们长期忽视者，即农民生活并不像我们过去想象的那样无法活下去。"他还针对发展家庭纺织业和手工业，提出各边区根据按照比较优势，"就地取原料，就地搞成成品"；关于"南区合作社方向"问题，提出边区办合作社"应该是这样一个方针：以小型为主，以群众需要自己办起来为主"。关于城市收复以后严重失业问题提出："现在方针，应是如何加强发展生产了，把消费的城市变为生产的城市，其繁荣的基础就会真正地稳固起来。"② 对于新区学校教育"一切都想由我们另行办起。但又办不起，只好拖延置之"的想法与做法，认为"这对内外影响都不佳，以为共产党只会破坏，不会建设"。不难看出，习仲勋的地方治理思想具有一种朴素的深刻特征。这种"朴素的深刻"也延续到他在广州主政时，带头在广东办特区，杀出了一条改革开放的新路。如果说，毛泽东在1938年曾赞扬："边区的作用，就在做出一个榜样给全国人民看。"那么，可以说，特区的作用，就在做出一个榜样给全世界人民看，并至今在形成"中国经验"或"中国模式"方面，仍发挥着独特的带动和示范功能。

（责任编辑：张多勇）

---

① 《习仲勋文选》，中央文献出版社1995年版，第25、287页。
② 同上书，第50、26、27、52页。

区域历史研究的路径与方法

鲁西奇[*]

(厦门大学历史系　福建厦门　361005)

摘　要：文章对"区域历史研究"的概念做了定义。针对不同学科背景的学者研究区域，都有自己的学术理路与方法，分别指出地理学者研究一个地域、经济学家研究一个区域、人类学与社会学研究一个社区、历史学者研究一个地方的历史的优势和弱点。提出历史学领域关于区域历史的研究的理念与具体的路线，包括：第一，"以人为本"；第二，"落实到地"；第三，"由今溯古"。并归结了区域历史研究的三个步骤：(1) 收集、整理、辨析历史文献资料与实物资料，梳理研究区域历史发展的基本脉络；(2) 结合地理文献资料，开展地理学实地考察；(3) 在研究区域内选择一两个村镇或小河谷，开展人类学田野调查。

关键词：区域历史研究；路径；方法

"区域"的观念与方法，虽然最初主要是地理学提出并使用的，但随着区域经济社会与文化发展的需要和相关研究的不断深入，在经济学、人类学、历史学乃至政治学等领域得到广泛接受和运用，并围绕"区域"这一核心概念，展开了相当深入而细致的讨论，提出了诸多立足于不同学科出发点的理论与方法，特别是一些经济学家甚至提出了"区域科学"的概念。与之相适应，同时也是史学研究内在理路演进的结果，近年来，历史学领域对"区域"研究的兴趣也大为增加，许多学者从不同角度理解、界定"地方"、"地域"或"区域"等概念，根据自己的学术诉求与

---

[*] 鲁西奇（1965—），男，历史学博士，江苏东海人，厦门大学历史系教授、博士生导师。主要从事区域历史地理研究。近年来为美国耶鲁大学特聘教授。

实际情况，选择不同空间尺度的"区域"（从村落到"大区"），对其历史过程与特点展开研究，从而形成了具有不同取向、路径与特点的地方史、地域社会经济史以及村镇史、城市史研究。我们把这种立足于区域观念与方法，把不同空间尺度的区域作为研究对象，探究其历史过程与特点的历史学研究，总概称为"区域历史研究"。

不同学科背景的学者研究区域，都有自己的学术理路与方法。总的说来，地理学者研究区域，一般从区域自然地理条件入手，对区域自然资源条件、生态环境及其变迁、资源开发与经济发展以及区域人地关系系统及其演变等问题，展开深入细致的考察。其特点是强调科学方法的运用，特别是数量分析与模型分析，以其科学性、可操作性以及现实性见长；弱点则是在观念上以"物"（地理事物）为本，对区域民众缺乏关注，对研究区域的人文社会因素比较忽视，可以说是"见地不见人"。经济学家研究区域，是把"区域"作为一种经济事物赋存并与之关联的经济网络，考察其自然特征和经济特征，探究区域资源开发利用的途径和方法，分析区域经济建设中的主要规律性问题，提出区域经济的发展战略、策略与具体规划，是现实性很强的研究。其出发点是区域经济现状，目标是区域经济未来发展方向，也就是"立足现实，面向未来"，很少会关注区域的过去，因此其对于区域经济与社会现状的把握也往往不太可靠，缺乏必要的历史根据，可以说是"见今不见古"。人类学与社会学长于社区研究，在研究理念上强调"以人为本"，重视站在地方民众的立场上，认知并理解区域民众对其所处区域环境的认识及其适应与利用之道；其弱项则是往往扎进一个具体的区域点（村庄或小流域），缺乏对全局的认识，是"见木不见林"。历史学者研究一个地域（或区域、地方）的历史，主要是运用地方志、文集、档案以及碑石、族谱、契约文书等文献记载，通过文本分析与解读，提取研究区域历史进程的信息，按时间顺序加以排比，从而得出对区域历史进程及其特点的认识。侧重点是对区域历史过程的梳理及其发展脉络的把握，其长处是对历史过程的总体认识，短处则是往往落不到具体的地理空间范围内，对区域范围内诸种自然与人文地理现象及其变化的过程与特点不能有清晰而具体的把握，往往是"见人不见地"。

无论何种背景的学者，都承认"区域"乃是一个整体，虽然在研究过程中可以侧重于其地理、经济、社会、历史的某一个或几个方面，但在原则上必须承认并贯彻区域的整体性。区域的整体性，不仅意味着区域是经济、社会、政治、文化等诸种因素在特定空间范围内的聚合和关联，也不仅意味着这一区域既有其现在与未来也有其过去，还意味着需要从整体的观念与立场出发，采用不同的学科方法与理念，将不同学科的思想方法融会贯通，扬长避短，将之运用到区域研究中去。正是由此出发，历史学领域关于区域历史的研究，逐步形成了一些研究理念与具体的研究路线，主要包括如下三点。

第一，"以人为本"。历史学与地理学研究区域，都涉及研究区域范围的人口，而且都从人口迁入、分布与增长入手。但是，一般论及区域人口，多着重于考察人口数量，以给出人口数增长曲线为归结点，其所讨论的区域人口，往往是抽象的人口数据，是"人口数"，而不是努力谋求生计、改善生活条件与社会经济地位的、活生生的地域民众。区域历史研究，首先就是要在已有研究理路的基础上，把"区域人口"还原为"地域民众"，关注地域民众的基本需求、能源选择、生存适应、信仰与文化等生存生活的基本方面，努力站在地域民众的立场上，去认知其所生存生活的环境，考察其适应、利用地域资源与环境条件的方式方法，而不仅仅是以"外来观察者"的身份，秉持所谓"科学、理性的"态度，高高在上，对区域历史与现状做出评判。因此，所谓"以人为本"的区域历史研究，就是要研究区域内居住人群的历史，是千百年来生活在那里的"人"为了生存与发展、追求美好生活而不断"适应"并"改造"其所处的环境，摸索并建立适合自身生存与发展需求的社会组织与制度，创造并不断"改进"具有自身特色的文化的历史。

第二，"落实到地"。历史文献中有关人口变动（流移迁入、落居）、资源开发进程与环境演变的记载大多是定性的描述，往往既无准确的数量，也没有较切实的时间，所以很难依靠这些材料进行比较准确的量化分析。而现代意义的人地关系研究则要求进行这种量化分析，并最终得出人口、资源与环境三者的相互作用与动态关系图。如何突破历史学领域有关区域人地关系演变研究中的这一"瓶颈"，是很多研究者都在思考的问题。要解决这一问题，除了学习、运用地理学、环境科学等自然科学研究领域的相关理论方法与研究结论之外，对于历史学者来说，更重要的乃是在已有文献研究的基础上，选择适当的地点，通过田野考察，发掘更为细致、翔实的地方资料，结合访谈与实地测量，得出一些相对准确的数据资料。同时，由于历史文献中有关记载大多以州、县为记载单位，很少有能具体到乡、村层面上的记载，所以难以将历史文献所提供的相关信息落实到具体的地理空间里。解决这一难题的途径，只能是实地考察。通过实地考察，将历史文献中的相关记载落实到具体的地理空间上，然后结合当地地理、经济与社会资料，分析历史时期当地人口迁入与增长、资源开发利用与环境变化。这样得出的认识，才易于与现代环境科学立足于现代环境状况而得出的研究结论相衔接，最终形成对较长时间尺度下区域人口、资源与环境关系及其动态变化的认识。

第三，"由今溯古"。研究区域开发与发展的历史，最终是要更全面系统、最大可能地认识把握区域社会经济与文化发展的现状及其历史根源，总结历史经验与教训，"古为今用"，为政府制定科学的、可持续的区域发展战略与对策，提供足可信靠的历史认识基础。因此，区域历史研究的出发点，应当是区域开发与发展的现状，要从现实需要出发，提出问题，研究与当前及未来区域发展密切相关的问题，由今溯古，建立反映不同时段区域开发与发展状况的历史地理剖面，然后加以比较，弄清其演变之迹。在具体的研究过程中，就要采用历史地理学常用的"上溯法"，即先弄清区域资源开发、经济发展及社会文化发展的现状，然后逆推，依次考察20世纪50年代（新中国成立初期）、清末民国、清中期、明清之际、明中后期等不同时段各区域的地理面貌与社会经济发展状况，然后加以比较。以往的研究实践证明，这种方法是可行而有效的。

众所周知，中国各区域的经济开发与发展进程各不相同，与中国历史发展的总体进程并不完全一致。要全面、正确地理解所研究区域的历史进程，必须把研究区域的历史进程，置入中国各地区社会经济发展的总体进程中加以考察，这就既要把研究区域放在全国范围内各地区的宏观空间格局之中，又要把区域历史进程放在中国历史发展的长时段背景下，才能加以把握。为此，应把区域历史进程与王朝兴衰更替、传统中国社会经济发展的各阶段联系起来，根据区域历史进程的内在特点，划分若干时段，展开考察；并在全国范围内，对不同时期区域格局做出把握。

区域研究，实际上是一种中观研究，研究区域的空间范围虽然大小不同，但无论其大小，研究者即使下很大的功夫，也不能说全部跑遍，只能做出中观层面的把握与理解。一般说来，预设的研究区域，应当保持适度的空间范围，不宜太小（村落研究，在历史学领域，受到资料与研究方法的限制，事实上很难全面而深入地展开）；而在确定适度的研究范围之后，在研究区域内部，还要进一步分化到具体的一个市镇、一条小河谷、一个村庄。在开展区域历史研究中，一般都要选择一两个村镇或小河谷，运用人类学方法，尽可能进行深入细致的考察，真正体验地域民众的生活，并通过访谈等手段，获取更为真实的认识。

近年来，从事区域历史的学者们，不断地摸索区域历史研究的具体理路与方法，初步形成了一些相对成熟的路径。概括言之，主要包括三个步骤。

（1）收集、整理、辨析历史文献资料与实物资料，梳理研究区域历史发展的基本脉络。历史文献资料不仅包括史传、地方志、文人文集、地图、官方档案等传统历史文献，还包括民间契约文书、碑石、族谱、歌谣、传说等民间历史文献。实物资料主要是指古遗址、历史建筑、寺庙、各种农具手工业制品等。

（2）结合地理文献资料，开展地理学实地考察。区域自然资源赋存及其开发利用情况、经济发展与社会文化现状，都属于自然地理、经济地理与人文地理资料，主要是由地方政府和地理工作者调查、编集的。作为历史学者，要特别注意收集、使用地理志、地名志、地图、资源调查报告、农业规划、水文资料、水利调查报告等地理文献。围绕区域历史研究开展的地理学考察，除了收集上述资料外，重点主要放在对研究区域地理特征的认识方面，并努力将历史文献中的相关记载落实到具体的地理空间上。

（3）在研究区域内选择一两个村镇或小河谷，每年用一个月左右的时间，开展人类学田野调查。人类学田野调查的方法，不在面上的了解，而在对一个田野点深入细致的观察及较长时间内的追踪。除获取相关资料外，更重要的是研究者尽可能置身于区域民众之中，切实体验地域居民的生活过程,了解其生计方式、文化观念、社会组织与社会关系等各方面,尽可能做到"同情之了解",即与区域民众同一情境下的理解与认识。唯有如此,才能真正做到"以区域民众为本"的区域历史研究。

(责任编辑:张多勇)

陕甘宁蒙毗邻地区区域共同体研究

张多勇[**]

（陇东学院　甘肃庆阳　745000）

摘　要：陕甘宁蒙毗邻地区的鄂尔多斯盆地在地质时期属于同一地理单元，在历史时期是拱卫京畿的重要军事战略要地，在交通上是古代丝绸之路的要冲，在地缘文化上具有相似性，在丝绸之路经济带建设中具有能源基地的区际优势。鄂尔多斯盆地虽然在行政区划上跨越了四个省区，但从自然、历史、文化、能源、经济的共同性上分析，实质上是一个区域共同体。如果将北京、天津、河北、山西、河南、山东等省市纳入丝绸之路经济带建设，则陕甘宁蒙毗邻地区就成为丝绸之路上的瓶颈地带。因此，提出经北京、山西、陕西、宁夏、内蒙古、甘肃高速铁路和公路建设的建议，将鄂尔多斯共同体建成"内陆型"经济特区，使之成为丝绸之路经济带东引西连的桥梁，实现中国经济的向西辐射，建立中国—中亚—中东的能源通道，作为中国西部开发的中介地具有重要战略和现实意义。

关键词：鄂尔多斯盆地；陕甘宁蒙；跨省区；区域共同体；内陆型经济特区

---

[*] 基金项目：国家社科基金项目"西夏监军司古城遗址考察及防御体系研究"（13BZS084）；国家自然基金地区科学基金项目"清代同治以来黄土高原马莲河流域荒漠化风险评估与防治研究"（31460090）；甘肃省科技支撑项目"庆阳市北三县黄土沟壑地带清代以来荒漠化进程与防治措施研究"（144fkcm070）。

[**] 张多勇（1966—），男，汉族，甘肃华池县人，历史学博士，陇东学院教授。主要从事历史地理学、历史文献学和区域研究的教学和研究。

引　言

　　今天甘肃陇东的庆阳市、平凉市，陕西的延安市、榆林市、铜川市北部、咸阳市北部，宁夏大部，内蒙古黄河以南鄂尔多斯高原的鄂尔多斯市（原名伊克昭盟），在地质年代上属于同一个地质单元——鄂尔多斯盆地，盆地北至黄河大拐弯的伊盟隆起；南至渭北高原，即关中的北山，从黄龙山经铜川背斜、永寿梁、崔木梁、岭山（凤翔县北端）至宝鸡，地质上属于祁吕贺山字型构造体系的前面弧；[①] 东至晋陕交界的黄河谷地，包括吕梁山以东；西包石嘴山—银川—固原大向斜，贺兰山—六盘山以东，属于祁吕贺山字型构造体的东侧盾地。[②]

　　该盆地地跨陕、甘、宁、内蒙古四省区。全区土地面积近 37×10^4 平方公里，人口4700余万，耕地面积约 18×10^8 公顷。该地区土地辽阔，煤炭、石油、天然气等矿产资源丰富，在今天经济开发中具有共同的能源基地的区际优势，在历史时期是相互关联的战略要地，在文化上具有共同的地域性，因此本文将其称为鄂尔多斯地区或鄂尔多斯共同体。

　　下面，本文分别从鄂尔多斯盆地的自然地理、历史军事战略和交通要地、地缘文化类型、古代石窟寺空间分布特征以及自然资源的区际优势等四个方面进行分析，并就鄂尔多斯区域共同体未来的开发战略提出总体构想，以期引起大家对鄂尔多斯区域共同体全方位的关注和重视。

---

①　中国地质科学院地质力学研究所：《中国主要构造体系（中华人民共和国构造体系图说明书）》，地质出版社1978年版，第49—52页。
②　祁吕贺山字型构造体，是由祁连山、吕梁山组成的弧形，在祁连山、吕梁山之间通过黄龙山、铜川背斜、永寿梁、崔木梁、岭山（凤翔县北端）、宝鸡、华家岭、乌鞘岭相连，前弧顶端位于宝鸡附近。脊柱是以贺兰山为主的一系列走向南北的狭长复式皱褶带。山字型脊柱两侧形成盾地，东侧为鄂尔多斯盆地，西侧为阿宁盾地。

一　鄂尔多斯盆地的自然地理

（一）中生代的盆地

鄂尔多斯盆地中生代上三叠纪是一套以大型内陆坳陷盆地为背景，以河流和湖泊相为主的陆源碎屑岩沉积，底部与中三叠纪系统呈假整合接触，顶部受到不同程度的剥蚀，与侏罗纪系统延安组呈假整合接触。[①]该盆地在三叠纪为极不对称的西陡东缓，由北西向南东倾伏的内陆簸状坳陷盆地，晚三叠纪盆地周边水系发育，河水携带碎屑物质从西边的宁夏古隆起、六盘山古隆起、陇西古隆起入湖，形成一系列向盆地中心发育的河湖三角洲群，半深湖—深湖的沉积体系（图1）。[②] 在三叠纪和侏罗纪，内陆湖盆沉积经历了一套完整的湖进—湖退过程。盆地可划分为六个一级构造单元，即西缘逆冲带、天环坳陷、伊陕斜坡、渭北隆起、晋西挠褶带和伊盟隆起（图2）。[③] 在湖的周围分布着大量的高大植物，有被子植物也有蕨类植物，形成一些规模不同的沼泽森林。后来植物大量死亡，被堆积埋葬，经过高温高压和石化作用转化成煤，今天在鄂尔多斯盆地周围，分布着丰富的煤田。在深湖和浅湖区生活着各种水生动物，随着盆地的形成—扩大—萎缩—消亡，在盆地发育了一套稳定的湖相泥岩，其各个层位、

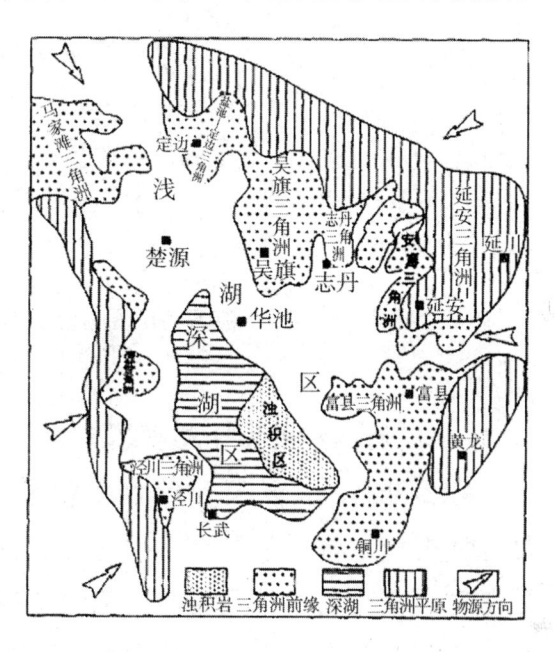

图1　河湖三角洲群、半深湖—深湖沉积体系

[①] 长庆油田石油地质志编写组编：《中国石油地质志》第12卷，石油工业出版社1992年版，第3页。
[②] 夏青松、田景春、张锦泉、付金华、郭正权、邓秀芹：《鄂尔多斯盆地陇东地区三叠系延长组长6—长8储层评价及有利区带预测》，《油气地质与采收率》2004年第3期，第11—13页。
[③] 黄志龙、高岗、庞雄奇、李亚晶、马新华、陈孟晋：《鄂尔多斯盆地北部盒8段古含气范围的地球化学特征》，《现代地质》2004年第4期，第572—577页。

不同地区形成大小不同的油气藏。

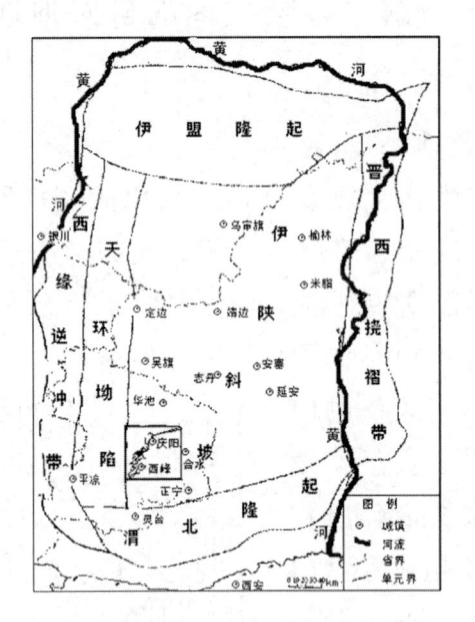

图 2 鄂尔多斯盆地区一级构造单元划分

（二）第四纪的黄土主要覆盖区

在第四纪，气候存在着干冷和暖湿交替的变化。在气候干冷期，强大的西北季风将风沙从干旱荒漠区吹扬到它的外围，发生黄土化过程，形成黄土层。在气候温湿期，东南季风盛行，给黄土高原带来较多降水，黄土发生土壤化过程，形成色调深、质地黏重的古土壤。据刘东生院士的研究，宝鸡的黄土剖面有160多米厚，"在260万年的时间内共有32次黄土与古土壤的配对。它们代表了32次由暖湿到冷干的变化"[①]。黄土的沉积，将鄂尔多斯盆地中生代和第三纪的地层覆盖于地下，鄂尔多斯盆地正处于黄土高原的中腹地带（图3），黄土高原的两大残塬董志塬、洛川塬就在其中。在黄土高原的董志塬、洛川塬等地都可以发现多次黄土和古土壤相重叠，刘东生等借此研究，已经读懂了古气候环境藏在大自然用密码写就的三大"秘籍"（深海沉积、冰芯、黄土高原）之一。在三大秘籍中，黄土高原位于人类过去和正在居住的地球的陆地表面，

---

① 刘东生：《黄土与环境》，科学出版社1985年版。

是具有全球意义的研究对象。① 人类文明的进步伴随着黄土堆积的全过程。

(三) 水土流失最为严重的地区

黄土的垂直节理发育、湿陷性、多空隙，极易受到侵蚀。由于人口增加、垦殖面积扩大、草场畜养量超载、植被的破坏、长期的侵蚀和切割形成了黄土高原特有的地形，最常见的为塬、梁、峁。随着城市化进程的加快，新市镇的迅速崛起，土地开发及基础设施建设或工矿区开发扰动，城市排水设施从塬上排往塬下的沟壑中，道路硬化面积扩大，抗渗性强的汇水面积扩大，导致黄土湿陷、沟头延伸、毛沟下切加快，塬面大面积坍塌。建设用地开发、采石、筑路、架桥、引水和排水设施及城市垃圾处理等基本建设过程中，因不注意水土保持引发的水土流失、滑坡、泥石流及洪涝灾害等人为活动因素，直接危及城市的发展和人民生命财产的安全。② 鄂尔多斯盆地的黄土高原沟壑区和黄土塬区是中国水土流失最严重的地方，也是中国水土保持综合治理的核心地区。

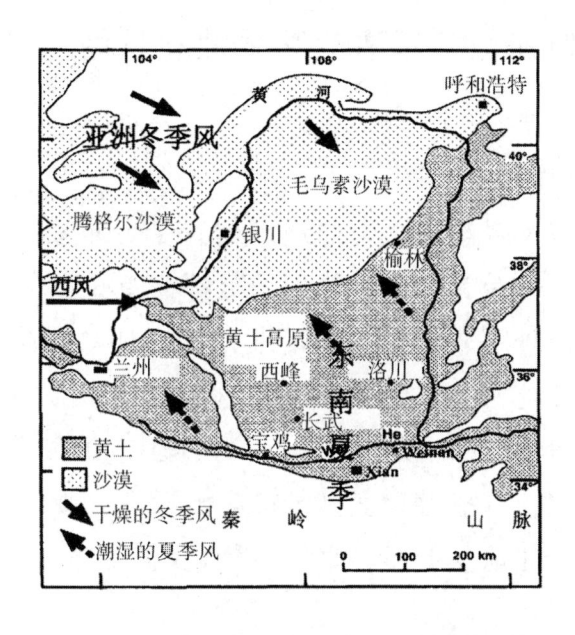

图3 鄂尔多斯盆地为主要黄土覆盖区

---

① 刘东生：《黄土与环境》，《西安交通大学学报》（社会科学版）2002年第4期，第7—12页。
② 唐克丽：《城市水土流失和城市水土保持》，《水土保持通报》1997年第1期，第2页。

（四）盆地的基岩

鄂尔多斯盆地的地层主要为砂岩类。以西峰为例，根据井下钻探，地下 2000 米以上，就其岩性来说，有灰色钙质粗砂岩、灰黑色钙质砂岩、深黑色钙质砂岩、灰白色钙质砂岩、灰黄色细砂岩、灰黄色钙质砂岩、灰白色中砂岩、灰色中砂岩、灰色细砂岩、灰色钙质砂岩、灰黑色细砂岩、深黑色砂岩、灰绿色砂岩、灰黄色砂岩、灰黄色钙质砂岩、深灰色钙质砂岩。[1] 全为砂岩类，砂岩较为松散，地表出露的岩石也多为砂岩，缺乏质地坚硬的岩石。《诗经·公刘》称，公刘"涉渭为乱，取厉取锻"[2]。乱，横渡。厉、锻，为磨刀石和做磨用的石头。正因为公刘所在的鄂尔多斯盆地缺少坚硬的岩石，故而横渡渭河，取来质地坚硬的石头改造生产工具。《史记·周本纪》载："公刘自漆沮度渭，取材用。"[3] 取材，应即取石料。今天，庆阳地区前往西安途中，有人亦在永寿梁停车拾取坚硬石头用于腌制咸菜的压菜石，可见古今一也。

二 历史时期地处军事战略要地和丝绸之路的主干道

（一）军事战略地位

在古代，鄂尔多斯盆地所处的地理位置十分重要，《史记·匈奴列传》载秦昭王时，"秦有陇西、北地、上郡，筑长城以据胡"[4]。战国时期的秦就构筑了地处鄂尔多斯盆地的北地、上郡共同防御体系。汉武帝析北地郡设安定郡（平凉、固原一带），析上郡在沿黄河置西河郡，析陇西郡置天水郡，所谓六郡之地。《汉书·地理志》曰："汉兴，六郡良家子选给羽林、期门，以材力为官，名将多出焉。"（师古曰，六郡谓：陇西、天水、安定、北地、上郡、西河。）[5]《文献通考》亦曰："武帝时置

---

[1] 史基安、王金鹏、毛明陆、王琪、郭正权、郭雪莲、卢龙飞：《鄂尔多斯盆地西峰油田三叠系延长组长 6—8 段储层砂岩成岩作用研究》，《沉积学报》2003 年第 3 期，第 373—380 页。
[2] 《诗经·公刘》，《十三经注疏》，中华书局影印 1980 年版，第 543 页。
[3] 《史记》卷 4《周本纪》，中华书局 1982 年版，第 112 页。
[4] 《史记》卷 110《匈奴列传》，中华书局 1982 年版，第 2885 页。
[5] 《汉书》卷 28《地理志》，中华书局 1962 年版，第 1644 页。

期门、羽林……陇西、北地良家子能骑射者期诸殿门,故有期门之号,以六郡良家子选给。"① 在秦汉时期,鄂尔多斯盆地是秦皇汉武开边的基地,是汉兴的兵员补充地、名将的摇篮。其中赵充国、付介子、皇甫嵩等最为有名。

庆阳,在古代是南卫关辅、北御羌戎的重要军事要地。清代学者顾祖禹在《读史方舆纪要》中称:"秦置北地郡以隔阂匈奴汉人,所谓沿边诸郡也。其地山川险阻,风俗劲勇。汉武开边,北地良家子奏功尚最。晋弃其地关辅日益多事。及氐羌运终,赫连奋臂,冯陵之祸,多在斯土。岂非以岭塞高仰,下临三辅,有建瓴之势矣。唐时以邠宁为重镇,宋亦以环庆为极冲,每西北发难,控扼之备未尝不在庆州也。"② 在关中做都的周、秦、汉、唐各朝代庆阳是屏蔽关中京畿地区的战略要地,清朝康熙年间陕甘分省,为防止陕西坐大,对中央构成威胁,将陕西的屏障庆阳府、平凉府划归甘肃,以牵制陕西。所以,今甘肃庆阳市、平凉市成为甘肃省东部的突出部分,地处陕甘宁三省交会地带。

灵武,分割西域、北庭,最为要地。宋真宗时,何亮上安边书曰:"灵武入绝塞,有飞挽之劳,无毛髪之利。然地方千里,表里山河,水深土厚,草木茂盛,真牧放耕战之地,一旦舍之以资外戎,则外戎之地广且饶矣。以贪狼之心,据广饶之地,以梗中国,此外戎之患,未可量者一也。自环庆至灵武仅千里,西域、北庭剖分为二,故其地隘,其势弱,而不能为中国之大患。如舍灵武,西域、北庭合而为一,此戎人之患未可量者二也。"③ 环庆至灵武几千里居绝域之外,何亮请于其间筑溥乐、耀德二城,以通河西粮运,不果,不久西夏发难,郡县备受其祸。宋真宗咸平五年(1002年),灵州陷于李继迁,天圣(宋仁宗年号,1023—1031年)以后,泾原环庆关门不启,东至鄜延,西至秦凤亦皆残蔽,宋设立鄜延、环庆、泾原、秦凤四路御夏,战争连年。可见,灵州是南北之咽喉,居诸路上流,纵横四出,灵州失则宁夏隔为外境,而环(环州)固(固原)危。花马池,今陕西定边,与今灵武是通往宁夏的要道,军事战略地位亦十分重要。明蒙古自河套犯花马池,在宪宗、孝宗、武宗、

---

① 《文献通考》卷150《兵制》。
② (清)顾祖禹:《读史方舆纪要》陕西六《庆阳府》,上海书店1998年版,第405页。
③ (宋)李焘:《续资治通鉴长编》卷44"真宗咸平二年六月丁巳"条,中华书局1992年版,第947页。

世宗朝经常发生，[①] 花马池亦常为防守重地，蒙古人入灵武、掠环庆、犯平固皆以花马池为捷径，故明朝以重兵驻守。

宁夏，贺兰山环于西北，黄河绕其东南，地险固，田肥美，为关中之屏蔽，河陇之咽喉。《读史方舆纪要》称："汉滨河置障，畿辅缓急视北地之安危。晋边备不修，雄疆尽成戎薮，故泾渭以北遂无宁宇。后魏即并赫连，缘边列镇，薄骨律与高平沃野相为形援，而后关陇无祸患者几百年。"[②] 唐开元建朔方节度使于此，天宝安史之乱，朔方兵迎太子李亨灵州继位，成为中兴之本。唐代宗广德年间，仆固怀恩叛于朔方，与吐蕃、回纥，进逼长安，郭子仪收复朔方，遏制了吐蕃的西进，畿辅得以巩固。宁夏实为关中之项背。

陕北，秦汉为上郡，唐宋为鄜州、延州，称鄜延，位于鄂尔多斯草原之南，关中之北，西通庆阳、东与山西隔河相望，延绥地区"外控疆索，内藩畿辅，上郡警则关中之患已在肩背间矣"[③]。榆林往北皆云中、九原地，战国时赵武灵王欲从此地南下袭秦，足见其与关中之唇齿，地位之显要。西晋失其地，少数民族割据几十年，唐朝防御吐蕃回鹘，北宋防御西夏，以此地为重要设防区。金攻北宋，自山西渡河，夺取延安，建瓴而下，顺势夺取关中。明清设榆林镇，镇河套之冲，固延绥之守。

固原，左控五原，又带兰会。《读史方舆纪要》称："居八郡之肩背，绾三镇之要臂。""今自州以东则翼庆延，自州以西则卫临巩，自州而南则瞰三辅矣。"[④] 明成化八年（1472年），抚臣马文升以为"固原为平巩之屏蔽，而平巩又关狭之藩篱，平巩有警则关狭震惊，而固原一带尤不可无备"[⑤]。平，为平凉府。巩，为巩昌府，治所今陇西，平凉、陇西为关中及陕西的外围，固原为平凉、陇西的屏蔽。所以顾祖禹认为是八郡之肩背。

平凉，也是外阻河朔，内当陇口，占有重要的军事地位。《读史方舆纪要》称："山川险阻，控扼边陲，屹为要会。"[⑥] 汉代从北地郡分出安

[①] 《明史》卷13《宪宗本纪》、卷15《孝宗本纪》、卷16《武宗本纪》、卷17《世宗本纪》。
[②] （清）顾祖禹：《读史方舆纪要》陕西六《庆阳府》，上海书店1998年版，第429页。
[③] 同上书，第400页。
[④] （乾隆）查郎阿、刘于义：《甘肃通志》卷4《疆域》。
[⑤] 《明实录》之《明宪宗纯皇帝实录》卷180，成化八年九月。
[⑥] （清）顾祖禹：《读史方舆纪要》陕西六《庆阳府》，上海书店1998年版，第407页。

定郡，包括今固原、平凉、陕西陇县、千阳，外阻河朔，内当陇口，襟带秦凉，拥卫畿辅，以安定名郡，说明关中安定系于此也。

河套地区的伊克昭盟，现改鄂尔多斯市，秦始皇三十三年（前214年）蒙恬北击匈奴，收复河南地，因河为塞，设44县。楚汉战争之际，匈奴乘机袭取蒙恬所夺地，边患又起，《史记·匈奴列传》载："汉文帝十四年，匈奴单于十四万骑入朝那、萧关，杀北地都尉卬，虏人民畜产甚多，遂至彭阳。使奇兵入烧回中宫，候骑至雍、甘泉。"① 可见匈奴占领河南地对西汉的威胁，汉武帝元朔二年（前127年）卫青渡西河击走匈奴楼烦王、白羊王，收复河南地，西汉筑朔方城，解除匈奴的威胁。十六国时期，赫连勃勃建夏，定都统万城（今靖边红柳河北白城子），其疆域南包庆阳、延安，北过河套，东至黄河，西包宁夏，并夺取长安，拥有今鄂尔多斯盆地广大地区。明朝放弃河套，遂长城内边患四起，蒙古骑兵多次从花马池（今定边）入长城，南下骚扰平凉、庆阳，关中告急。鄂尔多斯高原，古代水草肥美，是中原王朝和少数民族争夺的要地。

李智君借鉴文化人类学的"文化圈"理论认为："以关中为中心，河陇统县政区的区位呈现出的是拱卫状的同心圈层结构。"② 天水、平凉、庆阳、延安处于第一圈层，临夏、临洮、兰州、靖远、中卫、灵武、银川、盐池、定边、榆林处于第二圈层，西宁、武威、张掖、酒泉、安西、敦煌、鄂尔多斯高原为第三圈层。虽然敦煌等地距离关中太远，已不能起到拱卫作用，但李智君意在说明古代地理各区域的相互关联性。

这是中央政府经营的防卫京畿的军事防线，由于鄂尔多斯盆地有利的地理位置，在关中和北部边塞之间有着特殊的关系。周、秦、汉、唐建都关中的2000多年，当中央统治力量强大、对外开拓疆土的时候，鄂尔多斯盆地成为进军塞外的基地；当中央统治力量衰微，外族入侵南下，又在鄂尔多斯盆地构筑防御京畿的防御线；当防守无效、北方游牧民族入侵之后，这里遂成为争夺之地，甚至成为入侵者进一步南下的据点。这一点与北京做都前的地位十分相像。③ 历史时期，这里郡县星罗棋布，

---

① 《史记》卷110《匈奴列传》，中华书局1982年版，第2901页。
② 李智君：《边塞农牧文化的历史互动与地域分野——河陇历史文化地理研究》，复旦大学，博士学位论文2005年。
③ 侯仁之：《历史上的北京城》，中国青年出版社1961年版。

石窟寺密集，道路四通八达，反映出古代这里人口相对密集、文化相对繁荣，交通繁忙，亭燧邮驿穿梭往来，粮草北运、商旅南下，畿辅守卫之旅、集结待发之兵、边防驰援之役、留守防秋之军厉兵秣马，呈现一片繁忙景象。这里无疑是辅卫京畿的军事集结区。

（二）古代丝绸之路的主干道

在古代，鄂尔多斯地区的地理位置十分重要，秦时置北地、上郡二郡，西汉析北地郡设安定郡（平凉、固原一带），鄂尔多斯高原北部设朔方郡，今陕西、山西沿黄河设西河郡。就交通而言，这里处丝绸之路的交通要道。今天，这里的古代烽燧遗址四面相望，从其走向上可以分为八条功能完备的预警系统，在古代能及时地把边关军事信息传递到周边和首都。这八条预警系统也是八条交通要道，沿线故道遗迹随处可见。这八条军事通道同时也是丝绸之路的八条支道，八条支道又因山川形变分出许多次一级子系统，丝绸之路在这里呈树状分布，最后汇集到河西走廊干道或北方草原大道，通往西域各地及其更远。这八条通道构成了丝绸之路起点区的交通网络：（1）秦直道。由关中出发至甘泉宫（在淳化县），沿子午岭主脉北上至定边，经鄂尔多斯高原直通塞外的秦直道，为后世沿用不衰。[①]（2）马莲河道。由关中出发，经今天的乾县、永寿、彬县、长武分两路：一路在泾川县经明乡长武城（汉阴盘县治所）下塬入泾河河谷。另一路沿长武县相公乡（汉代大要县治所）至宁县政平（唐定平县治所）渡泾河，经早胜（唐宋早社驿）、宁县（秦汉泥阳县，唐宋宁州治所）至董志塬，分两路：一路经驿马关至庆阳（汉之郁郅县治所、隋之弘化郡治、唐宋之庆州治、元明清之庆阳府治）、马领（汉北地郡治）、环县（汉方渠县、唐宋环州），通宁夏、河套，我们称为"马莲河道"。（3）茹河道。前揭至董志塬的道路，分两路：一路从今北石窟寺石道坡下塬，[②] 渡蒲河，溯茹河，经镇原县（汉彭阳县、唐宋原州临泾县、开边有汉安定县遗址）、宁夏彭阳县（古城镇为秦汉朝那县），[③] 度

[①] 张多勇：《秦直道研究综论》，《甘肃社会科学》2005 年第 5 期，第 192—195 页。
[②] 崔惠萍、张多勇：《庆阳北石窟的研究现状与尚待解决的问题》，《敦煌学辑刊》2009 年第 4 期，第 66—76 页。
[③] 张多勇：《朝那县城址变迁概述》，《宁夏大学学报》（社会科学版）2009 年第 1 期，第 64—69 页。

萧关至固原（古高平），我们称为"茹河道"。沿线有秦汉彭阳县、安定县、朝那县遗址。（4）泾河道。由关中出发，经今天的乾县、永寿、彬县、长武分两路：一路长武至泾川县经明（汉代阴盘县、唐代长武城）下塬入泾河河谷，一路沿泾河经泾川（汉临泾县，唐宋元明清泾州）、平凉（瘪家沟有汉代月氏道遗址、十里铺有秦汉乌氏县遗址、安国镇有秦汉泾阳县遗址）①，由弹筝峡至固原，在木峡关越六盘山，沿祖厉河，在靖远哈思堡渡河，经汉媪围县进入河西走廊，我们称为"泾河道"。（5）蒲河道。长武至泾川县经明乡长武城下塬入泾河河谷，一路溯蒲河、洪河两路而上，沿蒲河至固原，我们称为"蒲河道"，一路溯蒲河支流茹河而上至固原，洪河一路亦转道茹河。（6）回中道。从关中出发至宝鸡，沿千河溯源西进，经千阳县、陇县，从华亭县麻庵乡之普陀至华亭县，在六盘山与太统山两个山系之间的通道北行，至泾源县，北上在瓦亭与泾河道会合，我们称为"回中道"。其间与泾河道之间有崇信县（有秦汉卤县遗址）沿芮河入泾河河谷相互连接。②（7）洛河道。从长安出发，沿秦直道至兴隆关（又名沮源关），东沿古道岭，至黄陵县（古坊州）沿洛河北上，分为三路：一路沿葫芦河西北行，沿葫芦河二将川或大路岭上子午岭北行；一路经洛川至甘泉，分别经延安、安塞，至靖边入鄂尔多斯，渡黄河，至九原；另一路沿洛河经吴旗、越白于山，至定边、盐池，我们称为"洛河道"。（8）至延安的道路一条从延安至延川县，经绥德、米脂（鱼河堡有秦汉上郡遗址）、神木（麟州），至十二连城（唐胜州），渡黄河至绥远，③ 我们称为"榆林道"。这八条大道既是丝绸之路的干线又是军事防御的通道，沿八条大道石窟寺呈带状分布，大道沿线的山上古代烽燧密集，历历在目。正是由于丝绸之路在这里呈树状分布，石窟寺遂在各条道上广泛分布，数量多而窟形小。

以上所说的八条交通系统，基本为南北走向，它们不是孤立的交通道路，它们之间多有东西通道相连。以秦直道为例，南北走向的秦直道，沿线有调令关、兴隆关、午亭子、涧水坡、太阳坡、老爷岭、黄蒿地畔、

---

① 张多勇：《从居延E·P·T59·582汉简看汉代泾阳县、乌氏县、月氏道城址》，《敦煌研究》2008年第2期，第65—70页。
② 张多勇：《汉代卤县古城遗址考察研究》，《宁夏师范学院学报》2012年第5期，第39—43页。
③ 严耕望：《唐代交通图考》第2卷《京都关内区》，台湾："中央"研究院历史语言所1985年版。

打扮梁、阴盘崾岘、铁边城等十个古关或障塞，并且有东、西古道，东通上郡、西通北地郡各县城。① 这样的交通网络，正应了"郡郡通直道，县县送粮草"的当地民谣。同时，洛河道与黄河各渡口之间、马莲河道与蒲河道之间、泾河道与蒲河道之间都有古道相通。② 它们既是丝绸之路的交通干线，又是中央政府的防御圈的防御体系。

军事防御，不可能是孤立的防御，必须通过防御线或防御网，构成"一方有变，八方驰援"的防御体系，以达到御敌之目的。榆林道、洛河道、秦直道与马莲河道、蒲河道、茹河道、泾河道、回中道东西呼应，形成了以八大主道为柱、东西走向的古道为链、两边城镇为锁的有效的"立体军事防御网络"。同时主道在秦汉时期组成三条中轴线，一是以秦直道为中轴线，马莲河道、洛河道为两翼的一条快捷反应的军事通道；二是以泾河道为中轴线，茹河道、蒲河道和回中道为两翼的另一条快捷反应的军事通道；三是以榆林道为中轴线，洛河道和黄河各要津为两翼的军事通道。唐宋以后在第一圈层形成三个军事防御区：鄜延地区、环庆地区、泾原地区。鄜延地区以榆林、延安、鄜州（今富县）为重点防御城镇；环庆地区以环州（今环县）、庆州、宁州（今宁县）为重点防御城镇；泾原地区以安定（固原）、平凉、泾州（今泾川）、原州（镇原）为重点防御城镇。各防御区之间相互声援，齐头并进。古语云："兵马未动，粮草先行。"若对外出击，作为军事通道，要确保粮草供应畅通无阻，如秦汉对匈奴的战争、唐代与吐蕃的战争、北宋与西夏战争、明代在固原及花马池的"防秋"，需要源源不断的粮草，并要确保供应线畅通无阻。这些通道又同时构成了"立体军事供应网络"，而鄜延、环庆、泾原地区，则成为粮草供应基地，并通过其他道路与全国驰道相连。

鄂尔多斯南部地区石窟寺众多，正是与该区的古代"南卫关辅，北御羌戎"的显赫军事战略地位和丝绸之路的起点区的交通地位分不开的。

---

① 张多勇：《秦直道研究综论》，《甘肃社会科学》2005年第5期，第192—195页。
② 史念海：《陕西北部的地理特点和在历史上的军事价值》，载《河山集》第4集，陕西师范大学出版社1991年版，第81—83页。

三 军事集结区的文化积淀

（一）独特的地缘文化特征与内涵

秦汉以来，鄂尔多斯地区长期处于拱卫京畿、防御草原民族的战备地带，同时，深受关中文化的影响，形成了独具特色的地域文化，《汉书·地理志》载："安定、北地、上郡、西河，皆迫近戎狄，修习战备，高上力气，以射猎为先。"又载："汉兴，六郡良家子选给羽林、期门，以材力为官，名将多出焉。"（师古曰，六郡谓：陇西、天水、安定、北地、上郡、西河。）[①] 今天这里的居民，多是腿长身高，鼻高眼大，讲话直率，容易向人敞开心扉，意志坚强，有尚武精神，同族、同乡、同学、同事间有较强的亲和力，喜欢交往、有较强的群体意识。这些，都是长期处于军事要地的军士和居民必备的精神。《史记·货殖列传》称："天水、陇西、北地、上郡与关中同俗，然西有羌中之利，北有戎翟之畜，畜牧为天下饶。然地亦穷险，唯京师要其道。"[②] 可见这里受关中文化影响之深。时至后汉，北地、上郡、安定被羌人占领，郡治内迁关中，后汉末在鄂尔多斯高原、陕北一带安置内附匈奴，十六国时期匈奴人赫连勃勃建夏，唐代与吐蕃、回鹘争夺于固原、灵武、定边一带，北宋灵州以北归属西夏，明代是防御蒙古骑兵南下的"九边"要地。伴随农耕文化与草原文化在这里伸缩进退，固原、陇东、陕北、鄂尔多斯高原、宁夏既是农耕民族对游牧民族的防御性地带，又是民族文化交流的前沿，它把北部、西部的草原文化经过改造，输入内地，又将中原的农耕文化输出到北部和西部，遂促进牧业民族与农业民族的融合。这里是黄土高原腹地，保留了黄土高原最大的残塬，是北方旱作农业的发生地之一，也保留了大量的原生态民间民俗文化。以环县道情皮影戏、庆阳香包绣制、庆阳唢呐艺术、窑洞营造技艺、庆阳剪纸、西王母信仰、庄浪高抬、华亭曲子戏、安塞腰鼓、陕北信天游、陕北说书等为代表的一大批非物质文化遗产，是千百年来劳动人民在田间地头、爬坡上洼、窑洞炕头用

[①]《汉书》卷28《地理志》，中华书局1962年版，第1644页。
[②]《史记》129《货殖列传》，中华书局1982年版，第3262页。

最生活化的构思、最原生态的手段、最理想化的表达创造并传承给后人的生活化的原始艺术，是中国文化艺术形式中最独特、最鲜活、最生动的文化记忆，表现出古拙质朴、抽象简约、历久弥新等特点。

民族融合既有同化和异化的现象，但又基于风俗习惯的黏着性，当地的居民的生活习惯得以长期保留下来，并形成了南北文化在人群层面的差异。南北文化的差异以今固原、镇原、环县、华池、合水、富县、宜川一线为过渡地带，形成同一文化圈的南北两个分区。东西以子午岭为界，亦有差异。

北部居民生产方式为半农半牧，主流生产以农为主，讲话口音与南部不同，擅长饮酒，好客大方，忠实厚道，多流行民歌，如陕北信天游、陇东道情。农家居民没有院墙，胸怀宽广，不拘小节，说话直率，对人不留情面，与人交往不计个人得失，敢于挺身而出，豪侠仗义，表现出具有牧业文化的开放和坦诚。南部为典型的农耕文化区，农户都有封闭的小院，有相同的大门楼，门楣多书"耕读乐"、"和为贵"字样，大门紧闭，富有田园诗般生活气息。讲话的口音与关中相近，与人交往中善于察言观色，容易了解对方的心理活动，随时调整自己的计划，做出对策。讲话时既要流露出自己的观点又不至于使自己意图过于外露，随时表现出某种优越感和防备心理，表现出人口稠密地区农业居民的谨慎小心。走出本土的人，表现出极度的适应能力，能屈能伸，坚韧不拔，细腻多思。

北部居民豪爽的性格需要对佛的信仰和依赖，南部居民细腻的心思需要得到佛的赞许和首肯。随之寺院、道观大量兴起，有条件的地方则开凿石窟寺，于是寺院、道观成为居民的最主要的精神依托。在善男信女心中，神是全能全善的，北部居民认为豪放是神张扬的崇高美德，南部居民认为细腻是神崇尚的深邃智慧。于是，各自认为他们的地方文化品格得到神的庇佑，就更加需要发扬光大。在当地流行着对神信仰的一条谚语"不可不信，不可全信"，正是他们在宗教信仰中完成对自身文化审美过程的一种朦胧的觉悟。佛教、道教因人的信仰而更加兴盛，人因佛道的兴盛而更加虔诚，这样就完成了佛与人的水乳交融，所以我们说，宗教是人自身心理的外化，是主体的人将自身作为客体的审美心理过程。在信仰佛教的同时，人们自身文化的儒学道德修养和中原一度流行的道教也反映到寺庙中来，如凿于西魏大统元年（535年）的宜君县五里镇福地村石窟，发愿文中有"道士吕清黑，道民功曹孟永兴，妻白颜容"的题名，该窟是我国迄今发现最早的有纪年的佛道混合石窟。[①] 合水莲花寺如来、孔子、老子共坐雕像，道教圣地崆峒山也融入佛教寺院。儒、释、道与神仙方士的结合构成了当地居民信仰的特点，鄂尔多斯南部地区石窟中儒、释、道结合非常突出。

（二）"鄂尔多斯模式"的石窟寺

在陕、甘、宁、蒙毗邻地区，石窟寺的分布十分密集，庆阳北石窟寺、彬县大佛寺、固原须弥山石窟、泾川南石窟、庄浪石窟、陕北地区石窟以及药王山石刻等都较为著名。目前在鄂尔多斯南部地区发现的石窟寺在400个以上，可称得上星罗棋布，仅合水县境内已发现古刹庙宇遗址271处，其中佛教遗存113处，道教遗存153处，儒家遗存5处。[②] 因为近代行政区划将这一地区划分为四个省区，学者们也多就其个案或某一局部地区进行研究，并未将鄂尔多斯地区作为一个区域共同体进行综合考察，寻找本地区石窟寺的共性，研究其形成的地缘优势。2005年6月初在合水县召开的石窟、石刻艺术研讨会上，与会的专家们一再提出陇东石窟与陕北石窟为什么十分相似的疑问。

陕甘宁蒙毗邻地区石窟寺别具一格，是石窟造像中的特殊模式，具有以下特点。

（1）石窟寺密集，形成石窟群，沿带状分布。该地区石窟寺分布于沿丝绸之路的几条要道上，在秦直道、洛河道、马莲河道、茹河道、泾河道、回中道以及沿延河等主要河谷地带分布。石窟寺的带状分布，清晰地展现了丝绸之路在本地区的走向（图4），其中泾川县称"百里石窟长廊"[③]。

（2）大多石窟窟型较小、造像数量多、题材较为复杂。本地区除西峰北石窟寺、彬县大佛寺、固原须弥山石窟造像高大，窟内造像数量众

[①] 张在明、秦建明、姜宝莲、赵强：《陕西彬县大佛寺石窟的地质及考古调查》，《西北地质》1994年第1期，第31—35页。

[②] 贾延廉：《合水境内古寺庙遗址调查报告》，庆阳石造像与石刻艺术鉴赏研讨会交流论文，2005年。

[③] 张燕：《甘肃泾河两岸发现百里石窟长廊》，《新华每日电讯》2001年12月27日第3版；陈宗立、周文馨：《甘肃泾河两岸惊现百里石窟长廊》，《光明日报》2002年7月16日。

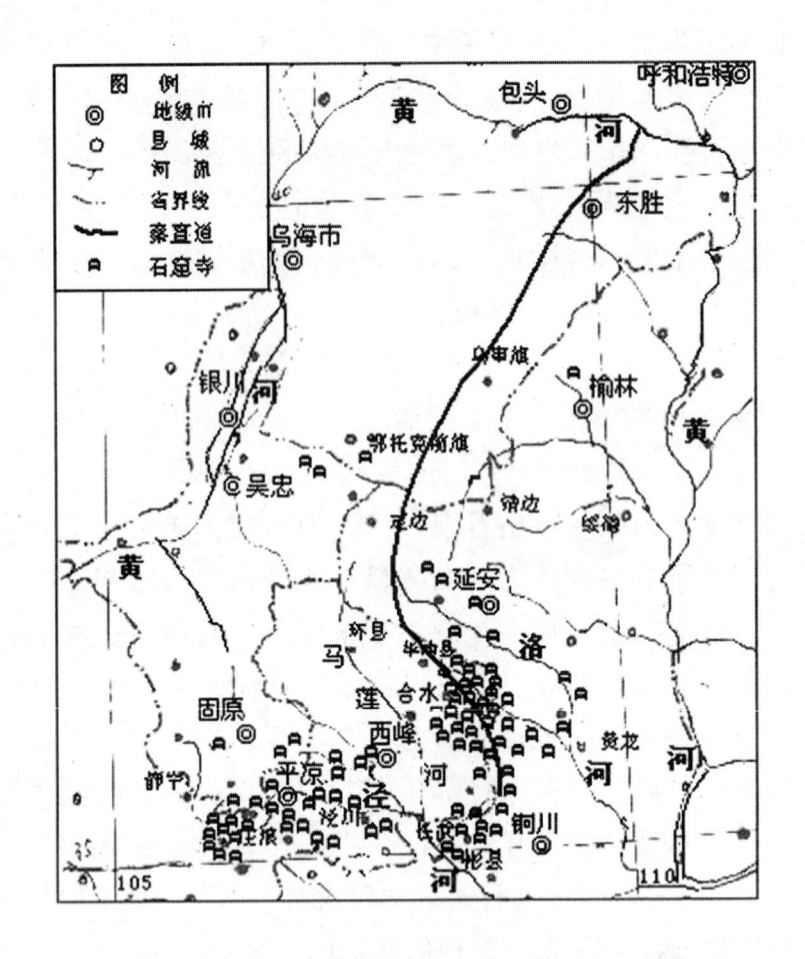

图4 陕甘宁蒙毗邻地区石窟寺分布

多,其余多为小窟型,造像多在几米或1米以下。如合水莲花寺石窟,在石崖上如浮雕一样刻着众多佛和弟子,在50平方米的崖面上,雕有唐代拱形龛18个,造像64尊,宋代拱形龛4个,群雕4组,造像492尊。造像一般高30厘米,第2、3、4号唐龛较大,高41厘米,有唐代天宝、上元、建中、元和等题记8方,宋代元祐、绍圣、崇宁、政和、宣和等题记5方。内容由五百罗汉和众生集结成四个中心,成功地展现出"初转法轮"、"横卧涅槃"、"金棺涅槃"、"建塔供奉"等四组佛传故事及弟子集结场面。虽造像较小,但众弟子或匍地啕哭,或挽挽挥泪,或遥望致哀,或攀登峭壁,或乘马过桥,或赤身蹚河,透露着浓郁的生活气息。[①] 同时还有如来、老子、孔子同坐论道的造像。

---

① 贾延廉:《合水境内古寺庙遗址调查报告》,庆阳石造像与石刻艺术鉴赏研讨会交流论文,2005年。

（3）以宋金造像见长，延续到明清。本区石窟寺最早开凿于北魏，合水县北魏交脚菩萨，雕刻十分精美，可能是十六国时期雕刻。唐代衰亡以后，全国大多地区石窟的修建都趋于沉寂，明清石窟造像在全国并不多见。就全国来说，洛阳龙门、大同云冈唐朝以后开窟很少，敦煌和大足宋代造像较多，而在陕甘宁蒙毗邻地区的石窟寺和石造像中，以宋金造像见长，且多有题记。题记、纪年镌刻在窟龛的石壁上或石座上，有较可靠的资料性。明清造像在陕北、合水、庄浪较多，尤其是"庄浪石窟，在明代步入了它蓬勃发展的'黄金时代'"。是庄浪石窟的独胜之处。在庄浪编号的99个窟龛中，属于明代的就有60个。①

（4）造像地方特色明显。该地区除渭北地区个别石窟寺（如彬县大佛寺）具有盛唐气息而外，大部分地区造像头大腰细，世俗化倾向严重，极具地方特色，西峰北石窟（佛高8米）、泾川南石窟（佛高7米）凿于北魏的大型七佛造像为主体的布局在全国独有。在合水县何家畔乡麻姑寺的造像有建炎四年（1130年）题记一方，极为独特，这里地处北方，建炎却是南宋高宗的年号，南宋的范围远未达到这里。在历史上，1127年，金灭北宋后，并未很快夺取陕西，"从建炎元年（1127年）至绍兴十一年（1141年），南宋主战派对陕西进行了长达十四年的经营"②。建炎四年（1130年）题记是金的势力14年内还未发展到合水的见证。在固原须弥山石窟第51窟镌刻题记三行："绍圣四年（1097年）三月二十三日收复笼干，姚雄记。"③ 为研究北宋收复固原、隆德、静宁一带提供了新的材料。并有崇宁三十五年（1136年）的记事碑，崇宁是宋徽宗年号，仅五年，之后有大观、政和、重和、宣和，宋钦宗靖康年间，宋亡于金，《须弥山石窟》一书认为崇宁三十五年是南宋绍兴六年（1136年）固原已为金兵占领，"是僧侣仍奉赵宋正朔"。其实，南宋绍兴六年（1136年）固原并未被金兵占领，与合水题记出于同一原因，只是固原地区与远在南方的南宋已失去联系，已不知其纪年为何。

在合水县固城乡出土的四尊单体石佛造像，头大腰细，耳肩相连，面圆髻高，手印较为自由，结跏趺坐或半结跏趺坐，身着通体棉衣，腰

---

① 程晓钟、杨富学：《庄浪石窟》，甘肃文化出版社2003年版，第2页。
② 黄正林：《南宋初年主战派经营陕西述论》，《西北史地》1998年第4期，第18—25页。
③ 宁夏回族自治区文管会、中央美术学院美术史系：《须弥山石窟》，文物出版社1988年版，第21页。

带束身，衣服质厚，像高 0.53—0.79 米。此四尊造像草原气息浓厚，或是从北方流入，或是北方内附民族雕凿，笔者以为当属唐代后期吐蕃占据这一代留下的民族造像。鄂尔多斯南部石窟造像和石刻艺术具有明显的地方特色，在中国石窟艺术的长廊中占有重要地位。就石窟寺传入的路线看，这里石窟开凿技术先于关中地区传入，在唐代以前，鄂尔多斯盆地引领着关中地区的石窟开凿技术。笔者提出应将其与凉州模式、云冈模式等同看待，应将其称为"鄂尔多斯模式"，[①] 作为世界佛教东渐和佛教传播路径的重要一环进行深入的探讨。

四　鄂尔多斯盆地具有国家级资源基地的区际优势

鄂尔多斯盆地具有得天独厚的资源优势，在天环坳陷和伊陕斜坡地带，有丰富的石油和天然气资源。盆地内的石油资源约为 128 亿吨，天然气的资源量约为 15 万亿立方米，其中煤炭资源和煤气资源的储量也很多。目前探明储量已达 15 亿吨，西峰油田储量 4 亿吨。庆阳市的西峰区、庆城县、华池县、环县、合水县，宁夏东南部盐池县，陕西延安市吴旗县、安塞县、志丹县、靖边县、定边县、延长县、甘泉县都有油田储备。庆阳市是长庆油田重点勘探开发区域和主力产油区。2010 年，长庆油田公司（长庆石油勘探局、长庆油田会战指挥部）已在庆阳油区开发了马岭、城壕、华池、元城、南梁、樊家川、镇原、五蛟、演武、西峰、华庆、环江和合水等 13 个油田。

盆地内天然气资源分布面极广、储量规模大，总资源量为 10.7 万亿立方米，占全国天然气资源总量的 28.2%，居各大盆地之首。目前我国探明储量超过 1000 亿立方米的 5 个气田中，除克拉 2 号气田外，其余均集中在鄂尔多斯盆地。[②] 发现于内蒙古鄂托克前旗的有苏里格气田、陕西靖边气田、榆林气田、安塞气田，其中苏里格气田储量 5336.52×10^8 立方米是我国第一特大型气田。鄂尔多斯盆地已经成为我国石油三大战略

[①] 张多勇：《陕甘宁蒙毗邻地区石窟寺的分布及地理环境探析》，《陇东学院学报》2009 年第 1 期，第 69—77 页。
[②] 《鄂尔多斯盆地有望成为我国大型综合能源接替基地》，《石油学报》2003 年第 6 期，第 29 页。

区之一。①

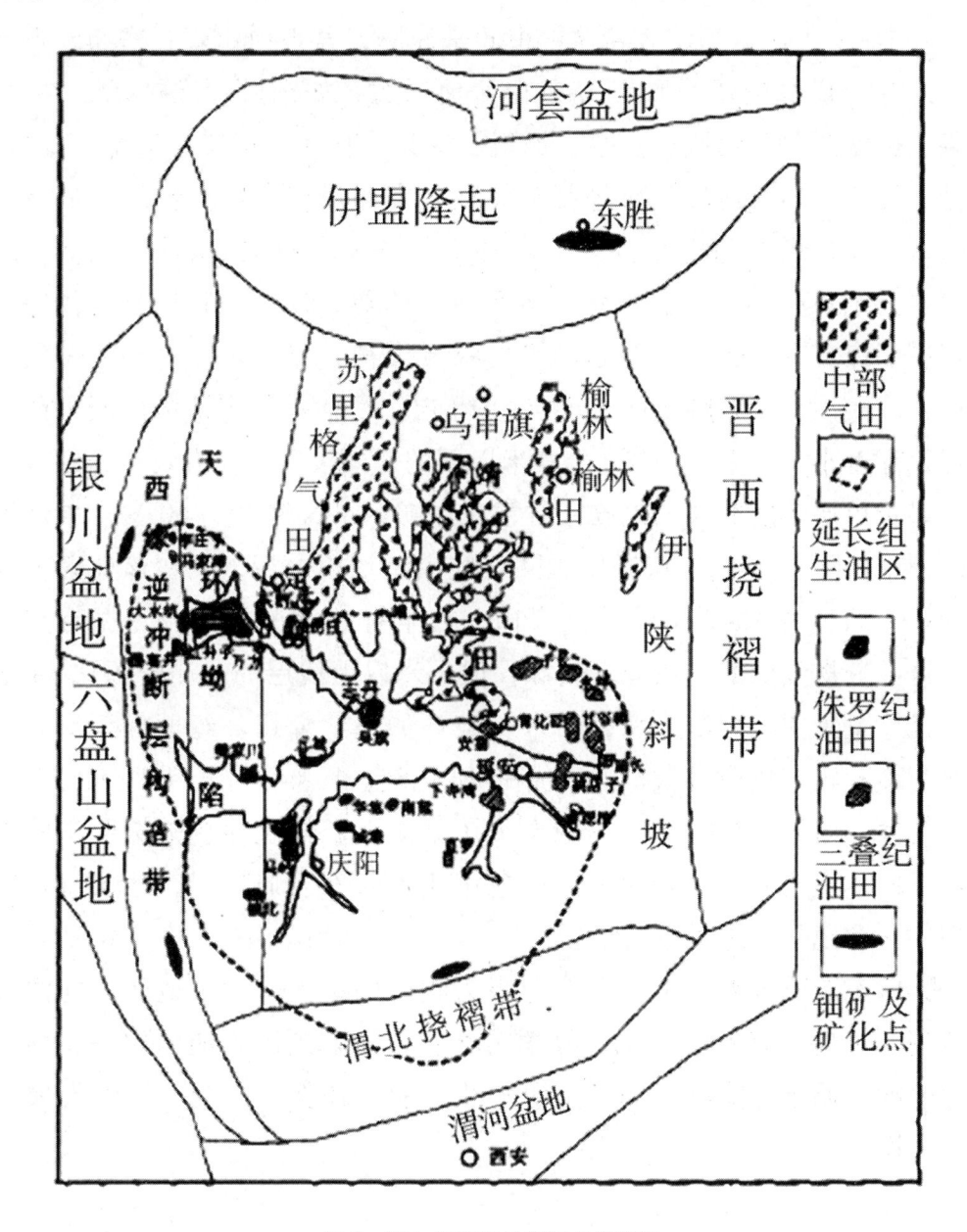

图 5 鄂尔多斯盆地资源分布状况

在盆地周围的隆起带分布着丰富的煤矿，是世界上少有的几个巨型聚煤盆地之一。煤炭储量丰富，居全国各主要盆地首位，保有储量占全

---

① 《有色金属工业》2003 年第 1 期刊文《我国将建四大战略储备油气田》称：我国将建成鄂尔多斯盆地、准噶尔盆地、松辽盆地南部地区石油三大战略区；石油两大战略后备区：塔里木盆地、柴达木盆地。

国的1/3还多。盆地共探明煤炭储量3667.08亿吨，保有储量3654.17亿吨。[1] 在中生代，鄂尔多斯盆地中间是深海，盆地周边森林密布，形成煤炭。今天煤炭资源呈环形分布在盆地周边，如东胜、准格尔、神木、府谷、山西西部、韩城、黄陵、铜川、彬县、长武、正宁、华亭、安口、环县、灵武、乌海达拉特旗等都有储量丰富的煤田。煤炭资源不但资源禀赋好，而且煤层稳定易开采，煤种十分齐全，有焦煤、肥煤、瘦煤、贫煤、无烟煤、不粘煤、长焰煤等品种，炼焦、发电、制气、液化等多种用途的煤都有，还有一些是国家的稀有煤种。鄂尔多斯盆地内煤炭层数多，埋藏浅，如东胜矿区含煤层达18层，目前鄂尔多斯境内开采的仅是埋藏深度小于200米的煤，200米以下的煤还没有动。有资料介绍，盆地内煤炭单层厚度最大的地段在甘肃华亭矿区，最厚处达60米。中新网2004年10月19日电，庆阳发现4亿吨大型油田之后，又在该地区发现预测煤炭储量达1342亿吨的大煤田，占全省总储量的94%。据专家考察，这部分煤炭资源虽然埋藏较深，但千米以上浅层的预测资源达84亿吨，且储量集中，煤质优良，是未受破坏的整状煤田。经勘探预测，在宁县南部和正宁境内可获得预查储量20亿吨，环县沙井子40亿吨。

在盆地北部的东胜地区等地发现了铀矿，矿体赋存在中侏罗纪的直罗组下段，主要岩性为灰色—灰绿色中粗粒长石岩屑砂岩，地层直接覆盖在中侏罗纪延安组煤系之上。

鄂尔多斯地区无疑是中国能源最为集中的地区，对本地区的能源进行合理的规划、有效的协调、科学的开发，关系到国家能源储备、能源安全、能源调配、能源节约、能源转化、能源环保，是走可持续发展道路的关键。

结论 有关鄂尔多斯区域共同体开发的总体构想

鄂尔多斯盆地在地质时期属于同一个地质单元，在历史时期是相互关联的战略要地，在交通上是丝绸之路的主干道，在文化上具有共同的

---

[1] 殷耀：《能源盆地鄂尔多斯》，《瞭望新闻周刊》2004年第46期，第30—31页。

地域特性，石窟造像和石刻艺术具有明显的地方特色，是中国中部能源最为集中的地区，虽然行政区划划分为四个省区，但其有自然、历史、文化、能源、经济的共同性，属于同一个区域共同体。在今后的历史、地理、能源储备、经济开发、水土流失治理、环境保护乃至西部大开发的研究中，应将其作为一个区域共同体看待，进行相关联的研究。在此，笔者尝试从战略上提出三点设想，以供参考。

（一）打造"立体丝绸之路"

在丝绸之路经济带建设中，陕甘宁蒙毗邻地区位于中国的几何中心，由于黄土高原沟壑地带的破碎地形、交通条件较差以及现行相关制度安排，这一地区成为丝绸之路的瓶颈。笔者认为，在陕甘宁蒙毗邻地区开辟新的道路，实现跨省区经济一体化，规划进行打通经北京、山西、陕北、宁夏、内蒙古、甘肃高速铁路和高速公路建设，并在鄂尔多斯盆地建设以航空、高压电网、信息传输为主的"空中丝绸之路"，以客运铁路专线、货运铁路专线、高等级公路为主的"地面丝绸之路"，原油管道、天然气管道、成品油管道为主的"地下丝绸之路"[①]，应全方位立体打造古代丝绸之路，打通新丝绸之路的瓶颈地带，使丝绸之路真正焕发出现代的光彩与华章。

（二）设立跨四省区的区域合作开发机构，统筹全面开发

鄂尔多斯盆地作为中国西部开发中未来最重要的能源基地，怎样实现东引西进，成为东、中、西良性互动的协作区，成为实现西部开发、中部崛起、优化东部经济环境，走协调发展战略的中继站。[②] 探索设立区域合作开发机构，协调陕甘宁蒙四省区在开发政策、整合资源、旅游规划、城市联动、文化保护与开发等方面同步发展，彻底走出"行政区经济"的怪圈（刘君德），必将对未来推动开发鄂尔多斯区域共同体具有重要现实意义。

[①] 白永秀：《丝绸之路经济带的纵深背景与地缘战略》，《改革》2014年第3期，第64—73页。
[②] 张多勇：《关于创建"内陆型"经济特区的构想——以陕甘宁蒙毗邻地区为例》，《丝绸之路》2014年第24期，第5—9页。

（三）在适当的时候考虑将鄂尔多斯区域共同体建成"内陆型"经济特区

在我国"一带一路"建设中，鄂尔多斯盆地作为我国陆上丝绸之路和亚欧大陆桥乃至北方经济大区战略通道上的一个非常重要的区域共同体，要使之真正成为丝绸之路经济带东引西连的桥梁，实现中国经济的向西辐射，建立中国—中亚—中东的能源通道。有必要借鉴我国设立"沿海经济特区"的成功模式，在鄂尔多斯盆地设立"内陆型"的经济特区，最终实现鄂尔多斯盆地整体全面的开发开放。这对我国实现区域空间布局的总体战略转型、为我国未来区域空间格局的可持续发展提供关键性支撑具有重要意义。

（责任编辑：陈占彪）

【岐黄文化】

黄帝冢陵庙传说钩沉及其相关问题

李仲立[*]

（陇东学院　甘肃庆阳　745000）

摘　要：文章就全国陕西省中部县、陕西省安定县、甘肃省正宁县、河北省涿鹿县、北京市、山东省曲阜市、河南省灵宝县等七处黄帝冢陵（庙）的史籍记载做了钩沉。认为黄帝冢陵（庙）从文字记载上讲时间有先后之别，但很难说有什么真假之分，因为都是根据传说而记载下来的，而且这七处都有一定的文献依据，同时做仔细的研究便会发现不少矛盾，只能视为是从不同角度、不同层面来反映黄帝文化地域的广泛性和内核的多样性，七处黄帝冢陵（庙）都是值得珍视的宝贵的历史文化遗产。文章还认为儒家的礼乐文化是继承和发展了黄炎礼乐文化而逐渐丰富的。文章赞成许嘉璐的倡议，提出让祭祀黄帝的活动应扎根于民众，提高整个中华民族的人格品位，不完全是去追求修豪华黄帝庙、塑黄帝像等工程，而是定期深入地开展黄帝文化宣传活动或黄帝遗迹旅游活动，了解黄帝业绩、精神以及黄帝在中国历史上的地位作用等，将黄帝文化精神发扬光大。

关键词：黄帝冢陵庙；史籍钩沉；黄帝文化精神

---

[*] 李仲立（1936—），男，陇东学院历史与地理学院教授，曾担任陇东学院副院长。主要从事先秦史的教学与研究工作。

一

我国历史上的黄帝是远古时代传说中的英雄人物。他所做的事情，在传闻中成为神话。传说的神话，人和事绝非子虚乌有。

历史学家司马迁在认真研究当时留存的多种文献资料，并沿着当年黄帝的足迹进行实地调研考察后指出："余尝西至空峒，北过涿鹿，东渐于海，南浮江淮矣，至长老皆各往往称黄帝、尧、舜之处，风教固殊焉，总之不离古文者近是。予观《春秋》、《国语》，其发明《五帝德》、《帝系姓》章矣……其所表见皆不虚。"[1] 他认为有关黄帝的种种传说有其历史的真实性，"择其言尤雅者，故著为本纪书首"[2]。《史记·五帝本纪》开创了自黄帝始的中国历史的古史系统。20 世纪以来龙山文化的发掘和研究将会有益于黄帝传说历史进一步得以认知。

黄帝，少典之子（少典国之后代），生于姬水，改为姬姓。

黄帝与炎帝是有着血缘关系的两个部族的首领，他们互相学习，携手并进，克服困难，共同战斗，缔造了炎黄族团和炎黄文化。他们联合同东夷族首领蚩尤作战，打败了蚩尤，蚩尤部落一部分南迁，一部分则加入了炎黄部落，"（黄帝）乃命少皞清司马鸟师，以正五帝之官"[3]。炎黄族逐渐壮大，此后，炎帝作害，黄帝为维护百姓利益，打败了炎帝，炎帝率其部分族众逃逸四方，乃至南方和西北。此后，黄帝又北伐荤粥（匈奴）为逐渐形成华夏族团奠定了基础。

黄帝一生，"修德振兵"，历经 52 战，足迹遍于全国。"东至于海，登丸山，及岱宗。西至于空桐（崆峒），登鸡头。南至于江，登熊、湘。北逐荤粥，合符釜山，而邑于涿鹿之阿。"[4] 初步建立了国家，定都于涿鹿，被称为黄帝。

在黄帝领导下，"治五气，艺五种，抚万民"，他要求臣民按照季节，

---

[1] 《史记》卷 1《五帝本纪》，中华书局 1959 年版，第 46 页。
[2] 同上。
[3] 《逸周书》卷六《尝麦解》，见《文渊阁四库全书》，台北：商务印书馆 1998 年版，第 202 册，第 6 页。
[4] 《史记》卷 1《五帝本纪》，中华书局 1959 年版，第 6 页。

开展农事种植活动，披山通道，造舟通航，建造屋宇，制作衣裳，创造文字，运用历书，发明医术，推行丧葬，着力解决臣民衣食住行、病痛生死及其行为礼仪等诸多问题，保障人们生活改善和提高，创造了当时群众所需要的物质文明、精神文明和社会文明。在各生产活动中强调节约资源，保护生态，司马迁说"时播百谷草木，淳化鸟兽虫蛾，旁罗日月星辰水波土石金玉，劳勤心力耳目，节用水火材物。有土德之瑞，故号黄帝"①。《五帝本纪》所记黄帝业绩折射出了中国历史所显现的文明曙光。

黄帝以他的英雄品格和对民族、国家、人民所做出的伟大贡献，理所当然地被中华儿女（包括海外华人、华侨、华裔在内）视为自己的人文初祖（主要是文化的认同，而非血缘继承）。

二

传说黄帝曾到各地名山访仙、学仙，与神相会。《史记·孝武本纪》载："中国华山、首山、太室、泰山、东莱，此五山黄帝之所常游，与神会。黄帝且战且学仙。……百余岁然后得与神通。黄帝郊雍上帝，宿三月。……黄帝采首山铜，铸鼎于荆山下。鼎既成，有龙垂胡髯下迎黄帝，黄帝上骑，群臣后宫从上龙七十余人，龙乃上去，余小臣不得上，乃悉持龙髯，龙髯拔，堕黄帝之弓。百姓仰望黄帝既上天，乃抱其弓与龙胡髯号，故后世因名其处曰鼎湖，其弓曰乌号。"② 司马迁《史记·封禅书》中也有类似的记载。他对黄帝逝世传说的记述可谓神话，黄帝并不是什么神仙，由于他的英雄业绩给人民带来了福祉，在他逝世后，广大臣子如左彻、扶微等以及广大民众为他起冢、立庙、立主、置园等进行祭祀，表达缅怀之情。一般地说，有冢（陵）便有庙，但有庙不一定就有冢（陵），所以黄帝庙、三皇庙多达数十处。故黄帝冢（陵）庙所在地传说不一，但绝非空穴来风。

司马迁认为黄帝是人，不是神。前已说过他沿着黄帝足迹走了很多

---

① 《史记》卷1《五帝本纪》，中华书局1959年版，第6页。
② 《史记》卷12《武帝本纪》，中华书局1959年版，第468页。

地方进行考察。特别是还沿秦直道线进行过考察。[①] 认为"黄帝崩，葬桥山"[②]。桥山黄帝冢（陵）庙应该说是司马迁耳闻目睹。他又在《史记·孝武本纪》中说汉武帝想长生不老，曾在桥山祭拜黄帝。"其来年冬（元封元年，公元前 110 年），上议曰：'古者先振兵泽旅（释旅），然后封禅。'乃遂北巡朔方，勒兵十余万，还祭黄帝冢桥山，泽兵须如。上曰：'吾闻黄帝不死，今有冢，何也？'或对曰：'黄帝已仙上天，群臣葬其衣冠。'"[③] 汉武帝在桥山祭拜黄帝的史实再次证明黄帝冢（陵）庙在桥山是确切无误的。司马迁之后的一些史学家如班固等也确认了黄帝冢在桥山。《汉书》卷 36《楚元王传》说："黄帝葬于桥山，尧葬济阴，丘垄皆小，葬具甚微。"《前汉纪·孝武皇帝纪》卷 26 也说："光禄大夫上疏曰：'昔黄帝葬桥山，尧葬济阴，丘垄皆小。'……"但不知什么原因未明确指出黄帝冢（陵）庙在桥山什么地域内，属什么行政管辖区，这在客观上就形成了黄帝冢（陵）庙所在地域的不同认识。在甘肃省地处桥山附近的庆阳市内有正宁、宁县、合水、华池等县，在陕西省地处桥山附近的也有栒邑、中部、鄜县、安定等数县。因此，在桥山就出现了黄帝冢（陵）庙的几种说法。

（一）黄帝冢（陵）庙陕西省中部县说

班固在《汉书·地理志》中对黄帝冢的方位讲得比较清楚，他说："上郡……县二十三，肤施，有五龙山，帝、原、水、黄帝祠四所。独乐，有盐官。阳周，桥山在南，有黄帝冢，莽曰上陵畤。"[④] 肤施县（治所在今延安），有黄帝祠；阳周有黄帝冢，位于桥山以南的地方。或者理解为阳周县管辖着桥山，桥山之南有黄帝冢。独乐、阳周、五龙山、桥山都是上郡管辖之地。《太平寰宇记》卷 35《关西道十一·坊州·中部县》："桥山，《山海经》云：蒲谷水源其山下，水流通，故谓桥山。又《史记》云：黄帝葬桥山。今陵冢尚在。大历七年置庙，开元［宝］二年敕修庙祭祀。"《册府元龟》载大历四年（769 年）四月"鄜坊等州节

[①] 秦直道起于陕西淳化县北梁武帝村秦林光宫北行，沿桥山主岭至定边县南，再由此东北行进入鄂尔多斯草原，并渡过黄河到达内蒙古包头市西南，这是一条由南向北的快捷公路，谓之直道。
[②] 《史记》卷 1《五帝本纪》，中华书局 1959 年版，第 6 页。
[③] 《史记》卷 12《孝武本纪》，中华书局 1959 年版，第 472—473 页。
[④] 《汉书》卷 28《地理志》，中华书局 1962 年版，第 1617 页。

度使臧希让上言，坊州有轩辕黄帝陵宫阙，请置庙，四时享祭，列于祀典，从之"。

在明代，洪武三年（1370年）朱元璋遣使臣到全国各地调查，查明各行省有历代帝王陵寝79处（包括黄帝冢陵）。据《明史·礼志》载，洪武四年（1371年）经"礼部定议"合祀帝王三十五，"在陕西……中部（今黄陵县）祀黄帝……"又派祕书监臣陶谊等人对黄帝陵庙进行勘察、修葺，筹备祭祀仪式。同年朱元璋还规定祭祀黄帝由皇帝或派遣大臣祭祀。桥山黄帝陵列为国家祭祀始祖的圣地，要求每次祭陵的祭文、日期、数量、主祭、陪祭官员姓名都要刻石立碑。又特遣中书省管勾甘赴黄帝陵致祭。《挥麈前录》卷2 "祖宗朝重先代陵墓，每下诏申樵采之禁，至于再三，置守冢户，委逐处长吏及本县令佐常切检校，罢任具有无废阙，书于历子。太昊葬宛丘，在陈州。炎帝葬长沙，在潭州。黄帝葬桥山，在上郡，今坊州界。……"此后三年一大祭，大祭时由皇帝亲写祭文，由太常寺派遣大臣携带香帛、供品来桥山祭祀。从明代以后陕西省中部县黄帝冢（陵）庙被认为是国家认同的黄帝冢陵。

《读史方舆纪要》卷57《陕西延安府》载："中部县桥山，在县治北，亦曰子午山，亦曰子午岭。自庆阳府绵亘于延安西境，其南麓跨于县界。志云：沮水至县北，穿山而过，因以桥名，传说黄帝葬衣冠于此。汉武帝巡行朔方，还祭黄帝于桥山。"

从明代起陕西省《大明一统志》嘉靖二十一年（1542年）《陕西通史》刻本、清雍正十三年（1735年）《陕西通志》刻本以及清嘉庆十二年（1807年）《中部县志》刻本，清道光七年（1827年）《陕西志辑要》（朝版谢氏赐书堂刻本），《大清一统志》商务印书馆1934年版重印本；民国33年（1944年）《中部县志》铝印本，1955年《黄陵县志》（西安地图出版社出版），2005年《陕西省志·黄帝陵志》（陕西人民出版社出版），2007年黄帝陵管理委员会、黄帝陵基金会《黄帝陵整修纪实（1990—2006）》（陕西人民出版社出版）等，志书都对中部县（今黄陵县）黄帝冢（陵）庙做了详细的记载（限于篇幅，不逐一列举）。

(二) 黄帝冢（陵）庙陕西省安定县说

王莽自称黄帝之后，曾修九庙，将黄帝庙称为"黄帝太初祖庙"，并将黄帝冢之地改名为"上陵畤"。北魏《水经注》作者郦道元曾对黄帝冢进行考察，在《水经注》卷2《河水》中讲："奢延水又东，走马水注之。水出西南长城北阳周县故城南桥山，王莽更名上陵畤，山上有黄帝冢故也。帝崩，惟弓剑存焉，故世称黄帝仙矣。"按此说黄帝冢在延安府安定县。

(三) 黄帝冢（陵）庙甘肃省正宁县说

班固《汉书·地理志》肯定了黄帝冢在上郡阳周县桥山之南以后，《魏书·地形志》载："阳周前汉属上郡，后汉、晋罢，后复属，有桥山，黄帝冢、泥阳城、高平城。独乐前汉属上郡，后汉、晋罢，后复属。"又说："襄乐前汉属上郡，后汉、晋罢，后复属。肤施二汉属上郡，后汉、晋罢，后复属。有五龙山，黄帝祠。"唐朝人李泰是李世民的第四子，在唐初，他所主持编撰的《括地志》对黄帝冢（陵）的记载更为明确，不仅表明在桥山以南的方位，而且还有距罗川县城的里程。他说："黄帝陵在宁州罗川县东八十里子午山。"[①]《通典》卷173又讲了罗川县与阳周县的渊源关系，说："罗川，汉阳周县，今县城是也。后魏为显州，隋改为罗川，天宝初改为真宁。有桥山，黄帝葬处。"天宝系唐玄宗后期的一个年号，在742—756年间。在《元和郡县志》中说："宁州真宁县，本汉阳周县地，属上郡。后魏置泥阳。惠涉二护军，孝文太和复置阳周县，隋开皇十年改为罗川县，天宝元年改为真宁县。子午山，亦曰桥山，在县东八十里。黄帝陵在山上，即群臣葬衣冠处。"《舆地广记》卷14《陕西永兴军路下》也讲："改罗川县为真宁县有桥山黄帝所葬。"《太平寰宇记》卷34《关西道十·宁州·贞宁县》载："黄帝冢，在桥山上。《汉志》：'上郡阳周县桥山有黄帝冢。'"《风土记》："阳周县南有黄帝陵，在子午山。"桥山亦称子午山或子午岭。《大明一统志》卷36《延安府·真宁县·中部县》也载："子午山，在合水县东五十里，

[①] 《史记》卷1《五帝本纪》，引《括地志》，见第6页。

一名桥山，南连耀州，北抵盐州，东连延安，绵亘八百余里。其在真宁县，相传黄帝葬衣冠处。轩辕庙在子午山旁，有黄帝陵。"在明初太祖朱元璋已下诏在陕西省中部县祭祀黄帝陵的情况下也承认真宁有黄帝冢（"相传黄帝葬衣冠处"）存在的传说，但又使用了"黄帝陵"的说法，似乎黄帝陵、冢不是一回事。对于黄帝庙又写为"在中部县东三里"但又不得承认是移建的，说"旧在桥山陵旁，宋开宝中移建于此，有刺史李恕记"。明朝嘉靖二十一年（1542）刻本《陕西通志》卷11《土地·神圣遗址》也写道："黄帝庙有三，一在中部县东三里，旧在桥山陵旁，宋开宝中移建于此，有刺史李恕记；一在真宁县城东，《方舆胜览》云，真宁在阳周之地垠，故有庙；一在城周县西南二十里。"这也承认在真宁有黄帝庙。

　　《庆阳府志》又如何记载的呢？现在所见的仅有明、清两朝的三部。明嘉靖三十六年（1557年）傅学礼编纂的《庆阳府志》卷1《建置》："真宁县。秦属北地郡，汉上郡阳周县。晋陷于戎。东魏置泥阳，惠涉二护军，寻置泥阳郡，后周废，隋初改罗川县，属北地郡，唐天宝初改为真宁县。"卷2《山川》载合水县"子午山，在县东五十里，一名桥山，南连耀州，北抵葭州，东连延安。松木槎牙，兽群潜没，绵亘八百余里，延至真宁县，黄帝曾葬衣冠于此。盖出《方舆胜览》云"。又载：真宁县桥山，"在县东七十里，黄帝葬衣冠处。汉武元封间巡狩还，祀黄帝于此"。卷9《祀典》载"真宁县，轩辕庙，在县治东。《方舆胜览》曰阳周之桥山，有黄帝冢，与真宁接垠，故立庙"。卷17《古迹》载真宁县"阳周城，在县城北三十五里。秦末陈余与章邯书曰：'蒙恬为秦将，北逐匈奴开榆中地数千里，竟斩阳周，即此地。一名驰武城，西魏置显州，后废，见《方舆胜览》。'"又载"真宁县黄帝陵，在县城东子午山旁有黄帝陵。……今按延安府中部县桥山有黄帝陵，未知孰是。本朝载《祀典》三卷"。在《景致》中又说："阳周故城，在县北三十里，一名驰武，俗讹为迟俁，本汉县也。秦将蒙恬赐死处即此，西魏置显州，后周废。"特别值得一提的是《庆阳府志》编纂者傅学礼很有见地地写了有关黄帝陵的一段话，他说："真宁县桥山陵寝，在县东子午山傍，黄帝葬衣冠于此。延安中部县亦有黄帝陵。教谕王正，志真宁以为误载，乃削去。然旧志纂修皆出，该博君子考据未为不的。而正以己见去之，或尚未安也。今姑仍之，以俟知者。"清顺治十七年（1660年）杨藻凤编纂的《庆阳府志》亦有两处载真宁县黄帝葬衣冠处。同时也讲：真宁县，秦属北地郡，汉上郡阳周县。清乾隆二十六年（1761年）赵本植编纂的《庆阳府志》亦载"正宁县有黄帝陵，在县城东子午山旁"，也说在县东70里相传黄帝葬衣冠处，同时也表示"今按延安府中部县桥山有黄帝陵，未知孰是本"？在清代的两部《庆阳府志》中均载有轩辕庙，在今正宁县。赵本植编纂的《庆阳府志》中还增加了另一处轩辕庙。即合水县"轩辕庙，在子午山旁"。明嘉靖三十六年（1557年）傅学礼编纂的《庆阳府志》中未记载庆阳府境内有轩辕庙。

（四）黄帝冢（陵）庙河北省涿鹿说

明嘉靖四十年（1561年）纂《宣府县志》刻本卷17《祠祀考》载："魏兴光元年（454年），魏修黄帝祠于涿鹿……黄帝祠在涿鹿县桥山。魏自天兴中建，诸帝东巡，幸率亲临以祀，或遣官代之，至是诏修祠宇云。"清康熙五十一年（1712年）纂的《怀来县志》刻本卷3《地舆》："桥山，旧《镇志》：两山相近，中有一石如桥，阔五尺长丈余，可通行，因名。"《魏书·太宗本纪》："神瑞二年（415年）六月，幸涿鹿登桥山观温泉，使使者以太牢祠黄帝。有泰常七年（422年）九月，幸桥山。遣使者祠黄帝、唐尧庙。"《畿辅通志》："在保安州东南山上有轩辕台。"卷9《祀典》载："轩辕庙，《通志》、《水经注》：涿鹿城东一里，阪泉上有黄帝祠。《镇志》：在桥山，魏天兴中建。"乾隆二十二年（1757年）编纂的《宣化府志》刻本卷6《山川志》记保安州桥山有黄帝祠、轩辕台、黄帝庙。在道光年间的《保安州志》，光绪时的《保安府志》、《大清一统志》，民国时的《磁县志》以及当代编写的《涿鹿县志》都有上述类似的记载。北魏拓跋氏亦称其先出自黄帝，所以北魏皇帝登桥山，为黄帝修祠、庙，并派使者为代表到黄帝祠庙进行祭祀。《魏书·太宗纪》："（神瑞二年）四月……壬申，幸涿鹿，登桥山，观温泉，使使者以太牢祠黄帝庙。"县志所载也是有据的。

（五）黄帝冢（陵）庙在今北京市说

清光绪十年（1884年）《顺天府志》刻本《地理志六·祠祀下》载

平谷县轩辕黄帝庙，在县北渔子山。卷8《冢墓》说："平谷县，黄帝陵在县东北渔子山。《日下旧闻考·长安客话》：世代黄帝陵在渔子山，今平谷县东北十五里，凤阜窿然，形如大冢，即渔子山也。其下有轩辕庙。复按云：《史记》黄帝崩，葬桥山。魏王象、缪袭等撰《皇览》云在上郡。《地理志》谓上郡阳周县。《括地志》谓在宁州罗川县东八十里子午山。今平谷之陵，人多疑流传之误。然帝既都涿鹿，则葬于此，理亦有之，抑衣冠之葬，或者非一处也。《大清会典》：告祭轩辕陵，本朝仍旧制，在今陕西鄜州之中部县境。"①

（六）黄帝冢（陵）庙山东省曲阜说

《竹书纪年》（今本）："黄帝轩辕氏，母曰附宝，见大电光绕北斗枢星，光照郊野，感而孕，二十五月生帝于寿丘。"《帝王世纪·自皇古至五帝第一》也说附宝"生黄帝于寿邱"。《宋书》卷20《志第七·符瑞上》亦载"生黄帝于寿丘"。寿丘，今之山东曲阜。《大明一统志》卷23《兖州府曲阜县·寿张县·钜野县》载："轩辕寿陵，在曲阜县东北二里，相传黄帝轩辕氏葬此，本名寿丘。"

（七）黄帝冢（陵）庙河南省灵宝县说

清雍正时期编的《河南通志》民国3年（1914年）河南教育司印历次补修本卷48《祠祀》载："河南府黄帝庙，在宜阳县西。世传轩辕黄帝铸鼎于此，故立庙祀之。"乾隆时续的《续河南通志》民国3年（1914年）河南教育司印历次补修本卷14《舆地志·坛庙》载："陕州，黄帝庙，在阌乡城东南铸鼎原。相传为黄帝上升处，自汉以来有庙，明万历间知县黄方复建。国朝乾隆十二年（1747年）知县梁溥重修，清祀。"卷15《舆地志·陵墓》载："故轩辕陵，在阌乡县南十里铸鼎原。"《大清一统志》商务印书馆1934年重印本载："陕州直隶州陵墓，轩辕陵在阌乡县南铸鼎原。本朝乾隆十一年（1746年）重修庙宇。"民国21年（1932年）编的《新修阌乡县志》铝印本卷11《祠祀》载："黄帝庙，在城东南十里铸鼎原，有唐王颜碑铭。"明万历壬寅（1602年）知县黄

---

① 《史记》，中华书局1959年版，第65页。

方，清乾隆十一年（1746年）知县梁溥，道光二十四年（1844年）知县李福源，光绪十六年（1890年）知县孙叔谦，屡次重修，现颇残毁。当代编《灵宝市志》1992年（中州古籍出版社出版）第40篇《文物与旅游》载："黄帝陵位于灵宝县西二十里处的阳平镇东北五公里黄帝岭之西端。黄帝陵冢高6米，周长42.5米，陵之南5米处即黄帝庙和魁星楼（已毁），庙院约3500平方米，庙南方圆3公里，即故称之铸鼎原，亦即黄帝铸鼎处，陵冢正南8公里处，即是巍峨的荆山。"

黄帝庙建于西汉武帝时……崇祯二年（1629年）县令李服义复建……十六年，流寇破城，庙、楼毁。清康熙、乾隆、光绪七年……修葺，现黄帝庙皆成废墟，仅有黄帝陵一冢及唐贞元十七年（801年）石碑一通。……碑名"轩辕黄帝铸鼎原碑铭"……铭并序137字……据考古调查，在黄帝陵的西北3公里处有3万平方米新石器时代遗址，陵的西南3公里处仍有面积20余万平方米的新石器时代遗址，陵的正南3公里、东南4公里处均有较大面积的古文化遗址，这些地方古人类的活动时间皆同属于黄帝时代。

综上所述，这七处黄帝冢（陵）庙的地址是人们所常说到的。从文字记载上讲时间有先后之别，但很难说有什么真假之分，因为都是根据传说而记载下来的，而且这七处都有一定的依据，只能视为是从不同角度、不同层面反映了黄帝文化地域的广泛性和内核的多样性都是值得珍视的宝贵的历史文化遗产。当然传说也有附会的，也有"屡层"的。如对七处中的任何一处黄帝冢（陵）庙做仔细的研究，便会发现不少矛盾和不实之处。譬如说中部县的黄帝庙是从桥山西麓移植去的，有黄陵石碑为证，而桥山西麓并非中部县辖地。又如中部县汉为翟道县，非阳周县，而黄帝冢在阳周县桥山之南。又以正宁县黄帝冢（陵）庙而言，正宁县虽处桥山之南，但在汉时是否为阳周县亦有争论。作为庆阳人的李梦阳（明代著名文学家）不承认桥山有什么衣冠冢，他说："黄帝骑龙事杳茫，桥山未必葬衣冠。"作为历史应该去掉其附会、屡层，还原其历史的本来面目。可是由于时代久远、地名变异、行政区划变更等诸多问题，短时期内很难彻底弄得清楚明白的，何况有些只是在特定地域内的民间传说，我们姑且借用"模糊数学"的概念，只能信其有，而不可信其无。

三

（一）对黄帝的祭祀应成为中华民族的一项重要活动

中华民族有祭祀先祖的光荣传统。"国之大事，在祀与戎。"[①] 黄帝逝世后，臣民们为了表达对黄帝所施恩泽的缅怀和对其英雄品格的追慕，取竹木立庙而祭，取衣冠置墓而守，或画像，或削木为像而拜。在三代至战国时期，当政的君主作为自己的远祖在宗庙祭祀，秦汉以来则将黄帝视为天地第一神，作为天神进行郊祭，同时也在宗庙祭祀。北魏皇帝为表明他是黄帝的后裔，曾在河北涿鹿桥山祭祀黄帝，这是继汉武帝后又一次在黄帝活动遗址地方建庙祭祀。唐朝曾提出要在帝王陵寝所在地祭祀，但黄帝陵寝所在地没有明确，只好仍在祖庙中和郊祭中祭黄帝。从隋朝开始建立伏羲、炎帝、黄帝的三皇庙，祭祀三皇逐渐普及到了民间，对黄帝并未单独祭祀。元代改三皇庙为药王庙，将三皇作为药师之祖祭祀。明代朱元璋认为黄帝不仅是医家祖师，更是中华民族的远古祖先，确定国家在陕西中部县祭祀黄帝，三年一大祭，必须由皇帝亲自参与或者派遣大臣参加，每次祭祀的情况都要刻石立碑等，奠定了国家在中部县祭祀黄帝的格局。清代至民国基本延续这一格局，只是有损益罢了。从上述情况可以看到对黄帝的祭祀活动仅仅是当权者的政府行为，是从维护自己的统治利益出发，缺乏广泛性、民众性。如有民众去祭祀黄帝，只不过是去求医、求神。从笔者所见到的一些府志、县志乃至省志中没有看到群众如何对黄帝祭祀的活动。就是有黄帝冢（陵）庙传说的地方，也没有关于群众祭祀黄帝的记载。民众虽有祭祀的传统，也只是从血缘关系出发，而且一般也只是祭五服之内的祖先。我们所以要祭祀黄帝是因为黄帝开启了中华文明，铸造了中华民族的民族精神，黄帝是中华民族的根，是中华文化的魂，是国家、民族、家庭生存发展的象征，是统一、和谐、团结的凝聚力，是艰苦奋斗、海纳百川、包容开放、进取创新的精神动力。近年来著名学者许嘉璐先生曾在《光明日报》撰

[①] 中国古典文学名著百部《左传·成公十三年》，华夏出版社1994年版，第87页。

文倡议对黄帝在新郑举行国家级别的祭祀活动，同时在有关地域内还可举行地方性的祭祀活动。这一倡议就是要让祭祀黄帝的活动扎根于民众，将政府行为变为民众自觉的行动，成为民众的一项重要纪念活动，提高整个中华民族、中国人的人格品位。这种纪念活动，不完全是去追求修豪华黄帝庙、塑黄帝像等工程，而是定期深入地开展黄帝文化宣传活动或黄帝遗迹旅游活动，使民众了解黄帝是人，不是神，了解黄帝业绩、精神以及黄帝在中国历史上的地位作用等，真正从内心敬仰黄帝，将黄帝文化精神发扬光大。

（二）黄帝文化是中国传统文化的源头，屏弃黄帝文化就不是真正意义上的中国传统文化

中国有五千年悠久的文明历史，根植了自己丰富的传统历史文化。人们提起中国传统文化，往往异口同声地说儒家文化，津津乐道诗书礼乐易春秋、君君臣臣父父子子、三纲五常等。好像只有孔子创立的儒学才是中国传统的历史文化。"儒"是什么？儒是一种职业，就是进行巫术活动，在甲文中就有儒字，徐中舒认为甲文中的儒像人以水冲洗全身斋戒沐浴之形，卜辞中有子需即子儒，是武丁时的名儒。许慎《说文解字》："儒，柔也，术士之称。"他们精通当时社会需要的礼仪与知识。作为一个思想文化体系而言，儒学形成于东周时期。儒学文化非常重视"礼"、"乐"。礼乐文化是中国的传统文化，中华民族以礼乐文明著称于世，礼乐并非孔子的发明，在他以前，周公制礼作乐，是继承和改造了商人的礼乐文化而成为"周礼"。商人的礼乐又是继承了古人的礼乐。"礼，履也，所以事神致福也。"[①] 礼起于祭祀，礼与乐是不分离的。远古时期各部落都有自己的乐舞，黄帝之乐名《承云》，礼乐起源之早，因为它是与原始宗教以及祭祀活动相联系的，是祭祀的主要仪式，起着沟通人与神的作用。黄帝时期已使用巫卜，《归藏·启筮》："黄帝与炎帝斗涿鹿之野，将战，筮于巫咸。"《淮南子·本纪训》："仓颉作书而天雨粟鬼夜哭"，仓颉进行巫术活动时也可能使用了龟卜。《文献通考》及《通典》都讲"黄帝祭祀上帝于明堂"。《史记·五帝本纪》黄帝"鬼神

[①] 段玉裁《说文解字注》，上海古籍出版社1988年影印本，第2页。

山川封禅与为多焉，获宝鼎，迎日推筴。……顺天地之纪，幽明之占，死生之说，存亡之难"。黄帝时已有封禅之礼、军礼、祭祀之礼，等等。礼、乐不可分离。儒家的礼乐文化是继承和发展了黄炎礼乐文化而逐渐丰富的。

孔子思想的核心是"仁"。仁者爱人。"己所不欲，勿施于人。""仁"就是要体现在爱心上。孔子要求统治者"为政以德"。总之，儒学文化的基本内容大体是"礼乐德教"、"天人合一"、"行德政"、"民本主义"等。而这些基本思想，都可以在黄帝文化中找到源头。《史记·秦本纪》："夫自上圣黄帝作为礼乐法度，身以先之。"就是说黄帝以礼乐为准建立社会秩序，规范各种行为、制度，并带头遵守、实行。他还提倡德教、德政。"修德振兵"，"抚万民"[①]。《韩诗外传》卷8："黄帝即位，施惠承天，一道修德，宇内和平。"《盐铁论》卷5《道德第二十二》："上自黄帝，下及三王，莫不明德教。"《吕氏春秋》卷19《上德》："为天下之国，莫如以德，莫如行义，不赏而民劝，不罚而邪止。此神农、黄帝之政。"《史记·三代世表》："天下之君王为万夫之黔首，请赎民之命者帝，有福万世，黄帝是也。"黄帝以家为基，以民为本，注重解决民生问题，在抚民安民上做出了创造和举措，达到了人与社会的和谐。正如《易》曰："黄帝、尧、舜垂衣裳而天下治"。他还主张"天人合一"，人与自然和谐，《史记·太史公自序》："维昔黄帝，法天则地。四圣遵序，各成法度。"《皇王大纪》卷1："轩辕明于天地之道，体神而起数，倚数而观象……德配天地之至也。"

中国传统文化还应包括道家、墨家、法家、阴阳家、兵家、农家、医家等思想文化学派，而这些学派其中某些思想也是与儒家学派相通的，而且是互补的（这是另一个题目，在此不赘述）。就道家、墨家、法家、阴阳家、兵家、农家、医家等思想内涵，也是与黄帝文化紧密相连。黄帝一生经历多次战斗，在与蚩尤战斗中采取了很多战术、战略，所以《事物纪原》认为中国兵法始于黄帝。唐太宗李世民与李靖在讨论兵法中也说到黄帝的兵法问题。黄帝主张修德主义治理天下，但是主张德法并用，在《管子》卷15《任法第四十五》中记载："黄帝之治天下，置法

---

① 《史记》卷1《五帝本纪》，中华书局1959年版，第6页。

而不变，使民安其法者也。"申子也有类似的说法。黄帝更是主张调和阴阳，治理阴阳之气。《文子》卷上《精成》："老子曰：昔黄帝之治天下，调日月之行，治阴阳之气，节四时之度，正律历之数……"《黄帝内经·素问》卷2《阴阳应象大论第五》："黄帝曰：阴阳者，天地之道也，万物之纲纪，变化之父母，生杀之本始，神明之府也。"特别是老庄道家的思想文化与黄帝文化的联系更为密切。在西汉初年文景之治被认为是黄老之学的产物，以黄老之学命名，更见其道家思想与黄帝文化的源流。《古史》卷1："黄帝之书，战国之间犹存，其言与《老子》相出入，以无为（为）宗。"《论衡》卷18《自然篇第五十四》："黄老之操，身中恬澹，其治无为，正身共己，阴阳自和，无心于为而物自化，无意于生而物自成。《易》曰：'黄帝、尧、舜垂衣裳而天下治。'垂衣裳者，垂拱无为也。……《易》曰：'大人与天地合其德'……其德与天地合，故知无为也。"

传统历史文化无论形式和内容都是丰富多彩的，并且根据不同历史时期的不同要求，也是与时俱进的。在损益中推陈出新，在创新中稳步前进，在新时代里，对于传统历史文化可以做出新的诠释，以适应当今社会潮流和贴近人民生活的要求。但不能没有黄帝文化这个根，这个中华魂和黄帝时代铸造的民族精神、民族气节和民族品德。只有根深叶茂，才能在新的历史起点上，实现中华民族的伟大复兴。

（三）对待传统文化的态度应成为衡量人的品德和有无作为的内容之一

一个国家，一个民族要兴旺发达，都希望人们成为贤良之人，成为勤于学习、敢于实践、勇于奋斗的人。一句话，希望成为对国家、民族有用之人，即有作为的人。有无作为，衡量的标准、内容，在不同时期是不一样的。就对待传统文化而言，也反映了一个人的气质、人格、精神。做史学的要讲史德，做官的要讲官德，所谓"官德"最起码的要求就是不利用手中的权力去坑害人，要为老百姓办些实事，不说假话，不欺骗人等。《册府元龟》讲道，在大历四年（769年）四月鄜坊节度使臧希让上言坊州有轩辕黄帝陵阙，请置庙四时享祭，列于祀典，从之。1995年西安地图出版社的《黄帝县志》在第三章《轩辕庙》又写为"大历五年（770年）"。在之前《水经注》作者提出"奢延水又东，走马水注之。水出西南长城北阳周故城南桥山，王莽更名上陵畤，山上又黄帝冢故也"，即在陕西安定县的看法，在唐初，李泰在他主编的《括地志》中又认为"黄帝陵在宁州罗川县东80公里子午山"。但是，唐代对黄帝陵寝所在地未确定。"大历"是唐代的年号，不论是四年还是五年，臧希让是一位地方官，他从民心出发，向当今皇帝进言要求在坊州重新修建黄帝庙，祭祀黄帝，并列入祀典，这是很有胆识的举措，用现在的话讲，就是他向中央政府争取到了"修建黄帝庙，列入祀典"的项目，这个项目关系着我们民族的根和国魂的问题，表明他对弘扬民族文化传统，特别是黄帝文化的高度自觉性。他的这一举措可以说为明代确定黄帝陵寝在坊州奠定了良好的基础。从这个意义上讲，他可算一位"有作为"的地方官。在明朝嘉靖三十六年（1557年）由傅学礼主编的《庆阳府志》中提到编真宁县志的王正，要将过去旧志上写的黄帝冢在真宁县（今甘肃正宁县）这个重大的传说历史一笔勾销，不予记载，而以所谓的新八景去代替。如以王正之轻率地"削去"，那么正宁县黄帝冢传说历史就被湮没了。从这个意义上讲，王正对待传统历史文化的态度是不够端正的，对待历史是不严肃的。而编《庆阳府志》的傅学礼以真宁县桥山黄帝冢被真宁县志削去一事在卷17中写道："教谕王正，志真宁以为误载，乃削去。然旧志篆修皆出。该博君子考据未为不的，而正以己见去之，或尚未安也。今姑仍之，以俟知者。"傅学礼对王正的批评是有道理的，他认为对待历史传说文化，特别是黄帝文化应是一件严肃的事情，不能以个人的意念出发，想写就写，想削就削，前人的传说是有依据的，目前没有新的证据的情况下，仍应从旧志记载，从而避免了真宁黄帝冢被湮没。这可算得上是一位"有作为的地方官吧"！争名人权贵出生地、墓葬地或名胜地的事情在史籍中，特别是在地方史志中是常见的。一般说来都要举出有说服力的客观证据。而在清雍正十三年（1735年）《陕西通志》刻本卷71陵墓中部县说："今中部县地，与征宁相去三百余里，土垠相接，征宁之地，既无桥山。旧志传征宁有桥山、黄帝冢，非也。（《雍胜略》）。"尽管这段话是引《雍胜略》书上的话，好像有证据，但这话是不正确的，征宁为真宁之误，真宁之地有桥山，不是无桥山，中部县与真宁县相去并非三百多里。像这样不求实地写在县志中，恐怕也算"乱作为"吧！清光绪十年（1884年）《顺天府志》刻本，通州《地理志六·祠祀下》卷8《冢墓》平谷县"黄帝陵，在县东北渔子山。《日下旧闻考·长安客话》：世传黄帝陵在渔子山，今平谷县东北十五里，风阜窿然，形如大冢，即渔子山也。其下有轩辕庙。复按云：《史记》黄帝崩，葬桥山。魏王象、缪袭等撰《皇览》云在上郡。《地理志》谓上郡阳周县。《括地志》谓在宁州罗川县东八十里子午山。今平谷之陵，人多疑流传之误。然帝既都涿鹿，则葬于此，理亦有之，抑衣冠之葬。或者非一处也。《大清会典》：告祭轩辕陵，本朝仍旧制，在今陕西鄜州之中部县境。"当笔者读到这段文字时，深深感到《志》的编纂者只用207字既表示了对该地黄帝传说历史文化的认同，又尊重了学者们关于黄帝文化的研究成果；既表达了对中国传统文化传承的意志，又履行了政府的有关决定，充分体现了编纂者是一位严谨、客观、求实的学者，也是一位有责任感、有作为的官员。

（责任编辑：张多勇）

论延安时期中医药食疗的倡导与实践[*]

温金童[**]

(陇东学院政法学院 甘肃庆阳 745000)

摘 要：传统中医药文化提倡因时、因地、因人"三因"制宜的食疗养生原则，内容广泛、体系完整、方法具体，是中华民族优秀传统文化的重要组成部分。延安时期，中国共产党人重视药物与食物结合，达到防病治病目的，创新发展了传统中医药文化，部分解决了陕甘宁边区医药匮乏的难题，丰富和发展了中华民族优秀传统文化的精华，对于新时期的医疗卫生工作也不乏启迪。

关键词：传统食疗理论；延安时期；侯建存；食疗创新

一 传统食疗理论——抗战时期食疗创新实践的基础

抗日战争时期，为解决陕甘宁边区医药极度匮乏的难题，中国共产党创新发展了传统中医药文化的食疗精华，丰富和发展了中华民族优秀传统文化。以《尚书》、《黄帝内经》、《本草纲目》为代表的中国古代经典，蕴含着博大精深的传统中医药食疗理论，成为延安时期中国共产党人创新食疗实践的源头活水。

---

[*] 基金项目：本文系 2011 年国家社科基金项目"陕甘宁边区卫生史研究（1937—1945）"（编号：11XDJ001）。
[**] 温金童（1970—），男，安徽阜阳人，博士，副教授，陇东学院政法学院副院长。主要从事中共党史和陕甘宁边区史的教学与研究工作。

所谓食疗，顾名思义，就是用普通的大众食物替代药物，或者佐以必要的药物用于治病或预防疾病的一种方法和措施，是传统中医药文化的精华。我国的食疗文化，通常建立于中医理论基础之上，以中医理论作为其基础。我国现存最早的一部医学典籍，被后世尊为"医家之宗"的《黄帝内经》（以下简称《内经》）中说："五谷为养，五米为助，五畜为益，五菜为充。气味合而服之，以补精气。"简而言之，就是通过日常饮食的调整，以谷、肉、果、菜相互配合，补充营养，增强体质，以达到防病治病的目的。所以中国古代就有"药食同源"、"药补不如食补"之说。同时，《内经》还是最早记载食疗理论的古籍，饮食养生是其重要理论之一，流传至今的不少药膳方剂也赖其首创之功。

细阅《内经》不难发现，其阐述的饮食养生理论与现代长寿老人调查资料和健康新兴理念有异曲同工之妙。《内经》提出的食疗理论与药膳组方方法，对后世食疗、药膳的起源和发展亦奠定了基础。因此，重温《内经》所阐述的饮食养生与食疗药膳的理论和方法，学习延安时期中国共产党创新传统中医药文化的实践经验，对于发展新时期医疗保健事业，全方位提高人民的健康水平，具有非常重要的作用。

《内经》一书用了很大篇幅，对饮食在人的生理、病理、养生、防病治病等方面的作用进行了详细的论述。如《素问·汤液醪醴论》讲的是古代用五谷熬煮以做汤液，作为五脏的滋养剂，而五谷熬煮后经发酵便成为醪醴，用作五脏的治疗剂，由此看出饮食不仅养人而且可用于治病。《素问·腹中论》记载："帝曰：有病胸胁支满者，妨于食，病至则先闻腥臊臭，出清液，先唾血，四肢清，目眩，时时前后血，病名为何？何以得之？岐伯曰：病名血枯，此得之年少时，有所大脱血；若醉入房中，气皆伤肝，故月时衰少不来也。帝曰：治之奈何？复以何术？岐伯曰：以四乌䰞骨一芦茹二物并合之，丸以雀卵，大如小豆，以五丸为后饭，饮以鲍鱼汁，利肠中及伤肝也。"血枯，即精血枯竭，"月经衰少，或不复来"（杨上善注）之病证。治疗用乌䰞骨四分、芦茹一分，研末混合，以麻雀卵和丸，如小豆大。每次饭前服五丸，鲍鱼汤送下。乌䰞骨即乌贼骨，又名海螵蛸，味咸性温下血，主女子血枯经闭及赤白漏下。芦茹即茜草，气味甘寒，既止血止崩，又和血通脉。雀卵甘温，补益精血。

鲍鱼味辛性温，能通血脉、益精气，"治女子血枯病伤肝，利肠"①（李时珍语）。全方共奏补益精血、强壮肝肾、活血通经的作用，因此可治血枯病。

《内经》总结了春秋战国以前的医疗成就和治疗经验，确立了中医药学独特的食疗理论体系，奠定了中医药学的基本理论基础，堪称一部百科全书，称得上是最早记载食疗理论的书籍。《素问·五常政大论》指出"大毒治病，十去其六；常毒治病，十去其七；小毒治病，十去其八；无毒治病，十去其九，谷肉果菜，食养尽之，无使过之，伤其正也。"这既提出了食疗药膳的概念，同时又精辟地论述了药物疗法与食疗药膳的关系。之后，孙思邈在《千金要方》中明确提出："夫为医者，当须先洞晓病源，知其所犯，以食治之，食疗不愈，然后命药。"把食疗提到了非常重要的地位。

中国美食素来注重色香味美，蕴含着深厚的养生之道。这在《内经》中得到了充分的展示。《素问·阴阳应象大论》云："阳为气，阴为味。……味厚者为阴，薄为阴之阳；气厚者为阳，薄为阳之阴。味厚则泄，薄则通；气薄则发泄，厚则发热。"阐述了药食气味阴阳及其作用。《灵枢·九针论》、《素问·脏气法时论》之"酸入肝，辛入肺，苦入心，甘入脾，咸入肾，淡入胃，酸走筋，辛走气，苦走血，咸走骨，甘走肉"。"辛、酸、甘、苦、咸，各有所利，或散、或收、或缓、或急、或坚、或软、辛散、酸收、甘缓、苦坚、咸软。"论述了药食五味与五脏、五体的关系及其五味的功能作用。

类似的论述还见于《素问·脏气法时论》："辛、酸、甘、苦、咸，各有所利，或散、或收、或缓、或急、或坚、或软，四时五脏，病随五味所宜也。"指出根据四时气候变化和五脏病变的虚实寒热，随其所宜而用，即为食疗药膳选择食物、药物的基本方法。如就六气病而言，每年运气不同，四时气候各异，食疗药膳选择药食也应有所区别。像《素问·至真要大论》就记载："诸气在泉，风淫于内，治以辛凉，佐以苦，以甘缓之，以辛散之；热淫于内，治以咸寒，佐以甘苦，以酸收之，以苦发之……""司天之气，风淫所胜，平以辛凉，佐以苦甘，以甘缓之，

---

① 邓沂：《〈黄帝内经〉饮食养生与食疗药膳探析》，《中国中医基础医学杂志》2003年第5期，第72页。

以酸泻之；热淫所胜，平以咸寒，佐以苦甘，以酸收……"又如就五脏病而言，《素问·脏气法时论》也详细阐述了五脏所食及五味所宜的食味与食品："肝苦急，急食甘以缓之……""肝欲散，急食辛以散之，用辛补之，酸泻之……心欲软散，急食咸以软之，用咸补之，甘泻之……脾欲缓，急食甘以缓之，用苦泻之，甘补之……肺欲软，急食酸以收之，用酸补之，辛泻之……肾欲坚，急食苦以坚之，用苦补之，咸泻之……""肝色青，宜食甘，粳米、牛肉、枣、葵皆甘；心色赤，宜食酸，小豆、犬肉、李、韭皆酸；肺色白，宜食苦，麦、羊肉、杏、薤皆苦；脾色黄，宜食咸，大豆、豕肉、栗、藿皆咸；肾色黑，宜食辛，黄黍、鸡肉、桃、葱皆辛。"[1] 以是观之，《内经》从五味谈及五脏，从两者的辩证关系出发，对饮食与健康的内在关联性论述得非常全面。

酒有着悠久的历史，是很多中国男人的爱物，《内经》对此也着墨甚多，《素问》即有专篇《汤液醪醴论》。《素问·汤液醪醴论》说："黄帝问曰：为五谷汤液及醪醴奈何？岐伯对曰：必以稻米，炊之稻薪。稻米者完，稻薪者坚。帝曰：何以然？岐伯曰：此得天地之和，高下之宜，故能至完，伐取得时，故能至坚也。"汤液、醪醴均由谷物制成。用五谷熬煮成的清液，作为五脏的滋养剂，即为汤液，是汤剂的原型。用五谷熬煮再经发酵，作为五脏的治疗剂，即为醪醴，是酒剂的原型。[2]

上古时期，酒主要功用在于防病治病，堪称传统中医药文化对人类的一大贡献，因此繁体的"醫"字就是从酉、从酒的。酒，味甘、辛，性质温燥，饮之可以壮精神、通血脉、御寒气、行药势，具有增进食欲、舒经活络、缓解疲劳、防冻御寒等多方面的功效，故《汉书》称之为"百药之长"。古人早已明晓将药物、食物通过一定的方式与酒结合制成药酒，则药治、食疗的作用易于发挥，同时携带方便、使用便捷，是药膳中较有特色的一类品种，从侧面证实了酒在世界医药发展史上的重要地位。察《内经》中收载各种方剂计13首，10首属内服方，其中2首就是专门的药酒方剂。《内经》在强调酒用之得当能养生防病、经常少量饮用对健康有益的前提下，也提到了长期、大量饮酒对健康无益，甚至能引起早衰或减寿，这也是符合临床实际的。《本草纲目》在总结前人用

---

[1] 正坤：《黄帝内经》，中国文史出版社2003年版，第71页。
[2] 邓沂：《〈黄帝内经〉饮食养生与食疗药膳探析》，《中国中医基础医学杂志》2003年第5期，第72页。

酒的经验之后，进一步辩证地提出："少饮则和血行气，壮神御风，消愁遣兴。痛饮则伤神耗血，损胃亡神，生痰动火。过饮不节，杀人顷刻。"

在人的生理方面，《内经》认为，人体赖以生存和维持脏腑功能活动的基本物质是气、血、精、津、液，而气、血、精、津、液的来源无不依赖于饮食，正如《灵枢·决气篇第三十》所论："上焦开发，宣五谷味，熏肤、充身、泽毛，若雾露之溉，是谓气。……中焦受气，取汁，变化而亦，是谓血。"又如《痹论篇第四十三》中"荣者，水谷之精气也，和调于五脏，洒陈于六腑，乃能入于脉也，故循脉上下，贯五脏，络五腑也。卫者，水谷之悍气也，其气疾滑利，不能入于脉也，故循皮肤之中，分肉之间，熏于肓膜，散于胸腹"。由此看出，荣气、卫气的生成来源于水谷，而其功能又依赖于水谷，即饮食的供给与补充。

《内经》对病理方面的论述更是不胜枚举，《痹论篇第四十三》中的"饮食自倍，肠胃乃伤"[①]强调了过食则肠胃为病。又如《宣明五气篇第二十三》提出了"五味所禁，辛走气，气病无多食辛。咸走血，血病无多食咸。苦走骨，骨病无多食苦。甘走肉，肉病无多食甘。酸走筋，筋病无多食酸"。因此在临床治疗气、血、骨、肉、筋病时，可告之以相应饮食调摄，以配合治疗。又如临床治疗发热的病人，热退后的饮食应忌食肉类，在《热论篇第三十一》中有："帝曰：病已愈，时有所遗者，何也？岐伯曰：诸遗者，热甚而强食之，故有所遗也……岐伯曰，病热少愈，食肉则复，多食则遗，此其禁也。"又如在《奇病篇第四十七》中对消渴病的病机及治疗的论述，"……此人必数食甘美而多肥也，肥者令人内热，甘者令人中满，故其气上溢，转为消渴。治之以兰，除陈气也"。按：兰即兰草（佩兰），气味辛平芳香，能醒脾化湿，辟浊，临床用治脾胃湿热内蕴，口甜苔腻有效，可试之。

又有人以五味入五脏常有所补，其实不然。如《至真要大论篇第七十四》中有："……夫五味入胃，各归所喜攻，酸先入肝，苦先入心，甘先入脾，辛先入肺，咸先入肾。久而增气，物化之常也，气增而久，夭之由也。"强调了某种药物（食物）服用久了便能增强该脏之气，这是五味入胃后所起气化作用的一般规律。如长期偏用某一味药物（食物）

[①] 正坤：《黄帝内经》，中国文史出版社2003年版，第160页。

使一脏之气过盛,就可有脏气偏绝之患,告诫我们在治疗慢性病或长期进补而致病的病人时应予以注意,不可长期偏嗜某种食物或单一用药。此外《内经》在描述症状时往往将饮食的情况也加以说明,如烦而不食、食不下、恶食、潴食、食入即吐、食则汗出、完谷不化等比比皆是,间接地说明了饮食与疾病的关系。

总之,《内经》作为中医药文化的经典文献,以深湛的中医药理论为基础,结合五行学说,从饮食与健康的关系方面,对古代食疗做了全面、系统的论述,为后世食疗的理论奠定了基础,是延安时期中国共产党中医药文化创新实践的源头活水。

二 中国共产党在延安时期的食疗实践

中国共产党很早就开始以食物补医药不足的实践。在陕甘边根据地创建过程中,谢子长在河口战斗中腹部中弹,就曾经采用过南瓜瓤疗法,内服外敷,"真的起作用了,几天以后,脓少了,伤口也有了好的症候"[①]。红军时期,很多干部战士就靠着食物理疗熬过严重的伤痛。

抗日战争爆发后,作为中共中央所在地的陕甘宁边区物资匮乏,"药品最为紧缺"[②]。这成为共产党人创新中医药文化的实践的重要动因。耿飚在回忆录中亲承:吃饭、穿衣、医药、日用品都成了问题,有一次萧劲光在石头上磨几片刮脸刀片并解释说,有什么办法呢?这还是从苏联带回来的,都用了十来年了,现在没处买,凑合用呗。[③] 至于医药补给方面,"国民政府从抗战军兴后,就未发给任何药物(一丸一片),因此药物困难是我们当前最严重的问题"[④]。《傅连暲传略》也提到:"敌人对边区实行封锁,造成了极大的困难,连吃饭穿衣都成了问题,更不要说医药了。"[⑤] 有一次八路军费了很大的事才从敌占区搞了一瓶安眠药,专门派人送到中央医院院长傅连暲手中,周恩来特别叮嘱傅连暲:"不能叫任

---

① 银笙:《谢子长将军传》,解放军出版社1987年版,第381—382页。
② 钟兆云、王盛泽:《毛泽东信任的医生傅连暲》,中国青年出版社2006年版,第146页。
③ 《耿飚回忆录》,解放军出版社1991年版,第361页。
④ 马寒冰:《陕甘宁边区军事系统卫生工作概况》,《解放日报》1941年11月16日第3版。
⑤ 穆静:《傅连暲传略》,科学普及出版社1980年版,第186页。

何人随便动用，不能多给毛主席，也不能毛主席一要就给，只能用在关键时刻。"傅连暲就像保护自己的生命一样保护这瓶来之不易的药，一粒也不敢浪费，只有关键时刻才取出几粒送给毛主席服下，让他睡个好觉。① 不但中共方面深感医药困难，民间医生也面临同样困境。关中名医任和平医术精湛，1939年以前，友区群众常常请他看病，可近年来因国民党严密封锁边区，不仅不能外出行医，就连药材也很难购买。每逢提及此事，任先生痛心万分。②

医药困难使得边区的党和政府千方百计寻找医药替代品，以解燃眉之急，学习、借鉴中医食疗理论的丰富营养，加大对传统中医药文化的创新、利用力度，势在必行。毛泽东和田汉等著名人士的老师、延安自然科学研究院的创办人兼院长的徐特立就提出了较为明确的食疗理论，虽然不是很专业，但在当时应该算是相当超前的了：许多病是靠养，无药可治，病人急于求愈，医生又无药方，为迎合病人心理，就给以滋养的药方。如山药、扁豆、百合粉等，本是普通的食品，中医采以入药。"展览会中有一治儿童腹泻的验方，有山药及大米。"这些正是着眼于病人的食物选择，本身并不是直接治病的药物，医生称之为药，只是为了迎合病人的心理。徐特立建议，边区举办的卫生展览会上要加上病人"食物一类的材料，把它陈列在药方的首位，例如羊奶、西红柿、鸡蛋等，应该把它们列在基本的食物一类，作为虚弱症患者的必需品。又如猪肝补血、猪肚健胃等等，与一切脏器治疗联系起来，使人们相信这些食物在功效上不亚于所谓的补药"。这些普通食物，有病无病，均可以吃，都有补益，又无危险，应该提倡。"中国对于医药是落后，但不轻易吃药早已成了格言。"③ 徐特立对于以食疗弥补医药之不足的思想认识，在当时产生了很大影响，边区的很多医药工作者纷纷行动起来，积极探讨食疗的研究与创新，取得了明显的成效。

这方面的突出代表是著名儿科专家侯建存。侯建存是爱国民主人士杜重远的内弟，毕业于山东齐鲁大学，曾任北京协和医院小儿科主治医生。抗日战争爆发后，侯建存随国际红十字会到陕甘宁边区首府延安考

---

① 钟兆云、王盛泽：《毛泽东信任的医生傅连暲》，中国青年出版社2006年版，第138页。
② 张铁夫：《关中名医任六先生》，《解放日报》1944年10月25日第4版。
③ 徐特立：《卫生展览会的重要意义》，《解放日报》1944年8月13日第4版。

察，就此留了下来，1940年7月调任中央医院儿科主任。抗战时期的陕甘宁边区乃至延安都缺医少药，医疗工作困难重重。在中央医院工作期间，侯建存积极倡导和推动食疗，创造了医疗史上的奇迹。

（一）高度重视食疗

《内经》提出，脾胃是人体运化水谷、吸收精微的重要脏器，食物是供给人体营养、维持生命活动的源泉。因此，人的养生保健既要调理饮食又要顾护脾胃。如果饮食不当，就会损伤脾胃，导致疾病，甚至减损寿命。饮食有节，"节"有节制、节律的意思。所以饮食有节，一是饮食要节制，不可过饱过饥，即饮食定量；二是饮食有节律，按时进餐，即饮食定时。《素问·痹论》曰："饮食自倍，肠胃乃伤。"《尚书》指出"食哉惟时"[1]，即饮食的摄取宜定时进行。饮食定量、定时是保护消化功能的保健方法，也是饮食养生的重要原则之一。在《内经》看来，人体的阴阳气血在一日之内随昼夜变化而盛衰各有不同——白昼阳气旺盛，精力充沛，新陈代谢也旺盛，需要的营养供给较多，故饮食量宜大；夜晚阳衰阴盛，身体困倦，一般要安卧入寝，需要的营养供给较少，故饮食量略小。所以，自古以来就有"早饭宜好，中饭宜饱，晚饭宜少"的养生箴言。[2] 三因制宜即因时、因地、因人制宜，本是治病的原则，但同时也是饮食养生所必须遵循的原则。由于一年有四季寒热的不同，地理环境也各有差异，个体更有年龄、性别、体质等的区别。因此，饮食养生就必须根据季节、地理环境与个体差异的特点来确定适宜的饮食。[3]

饮食有节，即饮食有节制，不暴饮暴食，也不饱食，是传统食疗理论的重要内容。《内经》开篇就提出了这个观点："昔在黄帝，生而神灵，弱而能言，幼而徇齐，长而敦敏，成而登天。乃问于天师曰：余闻上古之人，春秋皆度百岁，而动作不衰；今时之人，年半百而动作皆衰者，时世异耶？人将失之耶？岐伯对曰：上古之人，知其道者，法于阴阳，和于术数，食饮有节，起居有常，不妄作劳，故能形与神俱，而终

---

[1] 《尚书》，上海古籍出版社2003年版，第6页。
[2] 正坤：《黄帝内经》，中国文史出版社2003年版，第69页。
[3] 同上书，第70页。

其天年，度百岁乃去。"① 相同的陈述还可以在《素问·生气通天论》中发现，其强调的"阴之所生，本在五味，阴之五宫，伤在五味。……是故谨和五味"，意在指出，阴精来源于五味，五脏又常因五味受伤，因此在养生保健方面提出了"饮食有节"的养生原理，认为饮食有节可以延年益寿。

在延安工作时期，侯建存大夫特别重视饮食疗法，他把传统中医药文化的食疗理论与现代营养学理念相结合，进行大胆创新，取得了很好的效果。作为中央医院的儿科主任，侯建存有针对性地制订了详细的食疗方案。在小儿科，患儿每餐吃什么，吃多少，都要通过医生的处方来决定。为此，小儿科设有专用的营养配膳室（患儿厨房）。营养室由护士长领导、配备护士1—2人，负责配膳，指导炊事员操作；炊事员一人，负责食品半成品的制作；事务员一人，负责采购食品及其他杂务工作。②

针对不同的患儿，侯建存设计了不同的饮食处方，常用的有下列不同类型。

第一，普通饮食：用于正常营养状况。第二，高蛋白饮食：用于营养不良，病后虚弱、手术前后、贫血、肾病、慢性肝炎、肝硬化、结核病、其他慢性消耗病。蛋白质含量要求比正常饮食增加1/3。第三，低蛋白饮食：用于急性肾炎、尿毒症、肝昏迷前期，蛋白含量应低于正常饮食。第四，无蛋白饮食：用于急性肾功能衰竭少尿期。第五，低脂肪饮食：用于肝胆、胰腺疾病，常与高糖饮食并用。第六，高糖饮食：用于肝脏胆道疾病患儿。第七，低糖饮食：用于需降低血糖的患儿。第八，低盐饮食：用于肾病、肾炎心力衰竭、肝病伴水肿、腹水等症。第九，检查隐血便的临时饮食：忌食血、肉、肝、叶绿素等食物。第十，服用禁止吸收的脂溶性药品时，临时忌食油类。第十一，其他需要临时禁忌某种食物的饮食。③

鉴于延安物资匮乏，食品供应十分困难，侯大夫和儿科的同志经过反复商议，决定因地制宜，选取能够买到、价格便宜、营养丰富的延安

---

① 正坤：《黄帝内经》，中国文史出版社2003年版，第3页。
② 赵炎：《白衣战士的光辉篇章——回忆延安中央医院1939—1950》，陕西人民出版社1995年版，第171页。
③ 同上书，第172—173页。

当地的产品作为处方配料。除一般用的母乳外，常用的还有：牛、羊奶；牛肉、鸡肉、瘦猪肉；猪肝、羊肝；鸡蛋；菠菜、白菜、白萝卜、洋芋、茄子、番茄等蔬菜；梨、苹果、葡萄、花生、核桃、枣子、西瓜、黄瓜、甜瓜；面粉、小米、大米、玉米、豌豆、绿豆、黄豆；藕粉、洋芋粉等。所有这些荤素食品都严格要求干净、新鲜、无腐烂、无霉变、无污染，以保证食疗的最佳效果。

（二）积极提倡科学烹调

为了保证食疗质量，身为儿科主任的侯建存大夫对食品的烹制操作要求极其严格。根据侯建存大夫的提议，所用烹具要用不易氧化和其游离元素对人无害的材料制成。根据当时延安的条件，烹具多用铁锅铜勺，还要经常刷洗，不许生锈。盛生、熟食品的炊具餐具必须严格分开，熟食餐具必须经常消毒。为达到灭菌目的，并尽可能保护维生素不受破坏，煮菜泥、菜水时须盖严锅盖，煮沸10—15分钟后，起锅稍凉，再揭锅盖，以免高温食物与空气接触后氧化，破坏维生素，降低食疗效果。烹调时加水要适量不许倒弃煮菜水，保证营养完全。所有熟食，必须严密保存，避免细菌污染，在延安无冷藏设备的条件下，储存时间不得超过4小时，冬天也不得超过6小时。

对于食品的调配，侯建存大夫也颇为讲究。常用的有以下几种：乳类：（1）全奶：煮奶时每斤加水50—100毫升，使煮熟的奶达到原奶全量。（2）去脂奶：煮好冷却后，去其奶皮，按医生吩咐去一次或多次，用于脂肪消化不良的患儿。（3）酸奶：奶煮好凉凉后加适量乳酸或醋酸的水溶液，用滴管边滴边搅，直到配成含酸0.8%的酸奶。用于胃酸缺乏、消化不良患儿。菜泥：菠菜、白菜、萝卜等，洗净切碎，加盐少许，加水1∶1，水开下菜，煮10—15分钟，稍凉开锅，用消毒滤器过滤，储存使用。制洋芋泥可以不切，煮熟去皮压碎。制茄子泥、南瓜泥，将洗净的茄子、南瓜蒸20分钟后去皮挤压过滤。菜汁做法，与菜泥基本相同，唯过滤时不需挤压，仅取其汁。生白萝卜汁：按无菌操作方法将萝卜洗净去皮后擦成丝，挤压取汁，根据侯建存大夫的要求，榨萝卜汁所用器具必须注意消毒。①

此外，还有全蛋、蛋黄、蛋白、核桃仁末、花生末、豆腐、豆浆以及各种粮食的加工制品，侯建存大夫都有明确具体的要求。肉松、饼干在延安是买不到现货的，也只能靠自己制作，凡此种种，不必细述。以上都是配料的制作，至于每个病孩子吃什么、吃多少，必须完全按照医生的处方来调配。

（三）精心设计食用处方

《内经》食疗理论强调的因地制宜，是指根据不同地理环境特点来选用适宜的食物。《素问·阴阳应象大论》对此有着专门的阐述："天不足西北，故西北方阴也……地不满东南，故东南方阳也……"《素问·五常政大论》说："天不足西北，左（北方）寒而右（西方）凉，地不满东南，右（南方）热而左（东方）温。"说明地理环境不同气候寒热温凉是有区别的，而饮食保健方面就要因地制宜：西北地势高，阳热之气不足，气候寒冷，饮食宜辛辣温热；东南地势低，阴寒之气缺乏，气候温热，饮食宜甘淡寒凉。《素问·异法方宜论》专门论述了由于居住地区不同，人们生活环境和生活习惯各异，因而治疗疾病包括养生防病，必须因地制宜。比如南方地势低下多潮湿，易于湿困脾虚，饮食菜肴中宜多用辛辣之品，像四川地区就喜食辛辣食物；北方地势高上多风燥，易于风燥伤肺，宜多食新鲜蔬菜，像青海地区喜食蔬菜，即暗合了《内经》的食疗法则。

《内经》强调的这些食疗法则，直接推动了延安时期的食疗创新实践。为了提高食疗效果，侯建存汲取古代验方经验并加以改进，亲自设计了适合边区特点的食用处方。表1、表2是当年侯建存大夫为儿科患者亲手制定的处方，时间精确到小时，用量则以毫升、克计算，对于患者的饮食时间和用量做了细致入微的规定。

---

① 赵炎：《白衣战士的光辉篇章——回忆延安中央医院1939—1950》，陕西人民出版社1995年版，第173页。

表1　　　　　　处方1：慢性习惯性消化不良，2岁4个月，住院号5357

时间	6时	9时	12时	15时	18时
饮食及用量	瘦肉汤面糊300—500毫升	去脂牛奶100毫升、稠米汤100毫升、糖20克	烂瘦肉汤挂面300—500毫升、肉汤煮青菜水100毫升	煮绿豆粉200毫升、糖20克或蒸洋芋1—2个、枣泥1—4汤匙、番茄汁100毫升	肉汤煮菜叶（吃时去叶）200毫升、蒸馍1—2片、软蛋或软蛋糕1个、菜泥或胡萝卜泥1—4匙

注：消化不良患儿，可逐渐加各种食物，但要随时注意大便情况，酌量增加。

表2　　　　　　处方2：伤寒，7岁，住院号5601

时间	6时	8时	10时	12时	14时	16时	18时	20时
饮食及用量	稀肉汤面糊200—300毫升	稠米汤200毫升、糖10克、梨汁或吃梨吐汁（注意）	瘦肉汤100毫升、稠米汤200毫升、糖10克、番茄汁100毫升	稀肉汤挂面200毫升、番茄汁100毫升	稀肉汤面糊200—300毫升	稀绿豆粉200毫升、糖15克	稀肉汤面糊200—300毫升	稠米汤150毫升、糖10克、瘦肉汤100毫升

注：1. 对热性病，由于消耗VC极大，且身体内储存极少，故需给适量菜水。

2. 热退后，可给予菜和泡馍，但应谨慎观察其体温变化和大便。

续范亭先生的孩子续大我患猩红热后急性出血性肾脏炎入院治疗，时年10岁。侯建存大夫为续大我制订的食疗方案如表3。

表3　　　　　　侯建存为续大我制订的食疗方案

时间	第1天	第2天	第3—14天	第15—20天	第21—28天	第28天以后	备注
饮食及用量	完全禁食	15%砂糖水250—500毫升	15%砂糖水250毫升，果实或野菜750毫升，慢慢可加米粥及馍	除米粥外，加野菜、洋芋20—50克，牛奶20—50克	加饼干100克、牛奶100毫升	每日一个蛋黄，渐改为普通饭。除饮食外，再给以维生素	每日量血压、查小便，未进行药物治疗，不久痊愈

资料来源：赵炎：《白衣战士的光辉篇章——回忆延安中央医院1939—1950》，陕西人民出版社1995年版，第173—176页。

配合饮食治疗，侯建存大夫十分注意对患儿大便的观察，包括大便的臭味是否正常，或有发酵与腐朽的气味；消化情况：有无奶瓣等不消化物；大便的稀稠、软硬；大便的颜色：有无脓血；等等。以便通过对大便的观察，帮助对疾病的诊断和确定饮食的调整方案。

由于处在艰苦卓绝的抗日战争时期，大多数同志营养比较差，延安女同志缺奶的较多。为解决这一棘手问题，保证下一代的营养供应，侯建存大夫曾主持拟定一个《人工喂饲乳儿法》的小册子，作为向"三八"节的献礼。《人工喂饲乳儿法》对不同月龄的儿童拟定了牛奶加水、加糖的比例，鱼肝油的加添量，各种菜汁、果汁、面糊、菜泥、肉汤、肝汤、蛋黄、全黄的加添时间和不同用量，深受女同志的欢迎。侯建存大夫的爱人中央医院的护士长张宗惠同志第一胎产后无奶，就是用侯大夫亲自拟定的这个人工喂饲法把孩子喂大的。

据不完全统计，从1941年至1946年，小儿科收治患儿1700余人，包括毛主席的女儿李讷、刘少奇的女儿刘涛涛，都曾数次住院，经侯建存大夫采用药疗与食疗相结合的办法，精心治疗，[①] 取得了良好的效果。

中国共产党人对中医药文化的创新实践绝非侯建存一个孤立的个案，而是应时而生的一种普遍现象。陕甘宁边区政府副主席、陕北名医李鼎铭，中央医院院长傅连暲，延安和平医院院长西医鲁之俊等都是大胆创新中医药文化的积极倡导者和切身实践者。据一位曾在延安时期从事医务工作的卢老前辈说，由于当时条件限制，有些疾病的治疗只能因陋就简。她特别提到用皮蛋治疗嗓子疼的食疗方：皮蛋一个，加少许醋和鲜姜剁成的姜末，随饭食用，效果非常好。

三　推动新时期中医药文化的创新实践

延安时期，中国共产党人大力倡导和努力推行的食疗虽源于抗战时期的陕甘宁边区医药资源过度匮乏，但其精妙的设计、神奇的疗效是不断推动中医药文化创新实践的结果，足以引发我们的深思。其"简单、

---

① 赵炎：《白衣战士的光辉篇章——回忆延安中央医院1939—1950》，陕西人民出版社1995年版，第176页。

精细、高效、健康"的食疗理念值得新时期从事医药工作的同志认真学习、研究，从而推出更加科学、易行的食疗新思路、新方法，让人们的生活变得更加美好。

传统中医药文化博大精深，源远流长的中医理论基础为食疗开启了可行之门。中医在诊治中一向强调"八纲辩论"，讲究"五行"，多论"五味"（酸、苦、甘、辛、咸）、"五色"（青、赤、黄、白、黑）、"五化"（生、长、化、收、藏）、"五气"（风、暑、湿、燥、寒）、"五方"（东、南、西、北、中）、"五季"（春、夏、长夏、秋、冬），等等。传统中医药文化历来重视食疗，食疗的应用，也同样会遵循这些基本的原则。如"五味"之说，中医认为：辛辣的食物主要入肺，进入人体后可通血脉，行气，有发散之功能；甘甜的食物入脾，有补益、强壮身体诸作用；酸味的食物入肝，素有增进食欲，健脾开胃等作用；苦味食物入心，主要有清热除湿的功能；咸味食物入肾经，有补肾，引火下行、润燥祛风、清热渗湿、明目等作用。李时珍在《本草纲目》中记载，牛肉能"安中益气，养脾胃、补益腰脚、止消渴及垂涎。在补气方面，与中药黄芪同功……"[①]

这些食疗的经验之谈，本该对人们科学饮食提供积极的借鉴。遗憾的是，随着年代的推移，人民的生活水平水涨船高，人们喜食大鱼大肉已为常事，致使食疗在现代临床中的作用日趋淡化。现今医者每于处方后告诫病人服药禁忌不外乎忌生冷、忌油腻、忌辛辣、戒烟酒、饭前服、饭后服而已。岂不知尚有许多疾病在药物治疗的同时，配合饮食治疗也很重要。故将书中与食疗有关内容示之同人，以期用之、戒之。

从另一方面来说，与医疗机构动辄开名贵进口药物不同，食疗广受普通老百姓的青睐，在长期的生活实践中，人们积累了许多行之有效的单方、验方。例如，生姜红糖水治感冒；饴糖治胃痛；南瓜补血；土豆可降糖、散瘀、消肿、治咳嗽；乌骨鸡炖陈醋治糖尿病等。但是，也正因为长期以来许多食疗经验来自民间、活跃于民间，缺乏权威机构的鉴证，因此谬误颇多，众说不一，也是影响我国食疗文化推广应用的原因之一。由于缺乏治"未"病（可理解为健康或亚健康人群可能发生的潜

---

① 李时珍：《本草纲目》，中医古籍出版社1997年版，第477页。

在疾病）或称之为"食疗指导中心"这样的专业机构，所以，我国食疗文化一直没有得到有效的全面发展。[①]

更让人忧虑的是，我国的食疗文化迄今仍未形成完整的体系：全国各地遍布大大小小的医疗机构，但基本上都是治病机构，医生只管看病、开药方，没有将食疗列入议程。食疗附庸于中医之中，偏安一隅，在中医一再遭遇质疑的各个时期，并没有也不可能充分发挥其积极的作用。

事实上，早有从事胆石症治疗十多年的医生，在治疗胆石症大胆配合食疗方法，已经证明确有实效。胆石症病人往往体外碎石后不易排出，更有泥沙样结石缠绵难愈，若简单采用手术摘除胆囊的方法，虽然可以解决问题，但患者多因惧怕痛苦，且费用高，难以接受。而实践中采用食疗排石方法，简单、费用低、易于施行。即患者经 B 超检查确诊为胆囊结石后，较大者行体外碎石，较小泥沙样结石者，可在药物治疗的同时调整饮食：每三日素食、少食后，进一次高脂饮食，使储存之胆汁骤然排泄，从而将沙样结石携带排出少许，如此往复，囊内结石渐少，每疗程约两个月。[②] 这种治疗胆石症的食疗方法显示了事半功倍之效，可资现阶段的众多医家仔细参考。

常言道：是药三分毒。无论是中药还是西药，在用于治病的同时也有可能产生各种各样的、不同程度的毒副作用。例如，中药朱砂，能安神、缓解失眠，但会引发尿毒症；雄黄能清热解毒，缓解炎症，但会引发心律失常；木通能利尿，缓解水肿，但会引发萎缩；银杏能止咳；缓解咳嗽，但会引发肺水肿……化学合成的西药，虽然有治疗效果迅速的特点，但其毒性更大。例如，用于镇静安神的鲁米那，可引发肝癌；抗生素类药中的氯霉素如果长期服用易引发急性白血病；心血管病人长期使用消心痛、心痛定、硝酸甘油等易诱发各种肿瘤；各类清热镇痛药如服用不当也会造成各种肾脏损害……凡此种种，不胜枚举。以简单易行的食疗部分取代药物或手术治疗，成为当前医药卫生界的重要研究课题和极富价值的工作方向。

早在 1979 年 8 月，宋庆龄创办的英文杂志《中国建设》，发表了一篇题为"一种新型抗疟药物"的文章，讲述了"一名药物研究所研究

[①] 《北海晚报》2010 年 6 月 29 日。
[②] 孙艳玲、袁家群：《读〈黄帝内经〉话食疗》，《吉林中医药》2007 年第 7 期，第 39 页。

员，受到东晋医学典籍的启发，想到用新方法提取青蒿素"的故事，[①] 这在当时还没有引起人们的注意。殊不知这位当年寂然无名的研究员，就是2015年诺贝尔生理学或医学奖的获得者——中国科学家屠呦呦。传统中医药文化博大精深，延安时期大力推广的食疗理念已经在创新中医药理论和实践方面积累了丰富的经验，屠呦呦的诺奖殊荣给予了我们更多的自信。在新的历史发展阶段，为了尽量降低患者的精神压力和经济负担，不用或少用名贵药物，避免和减少毒副作用的伤害，一些造诣精深的中医极力推崇食疗，实为明智之举，有进一步发扬光大之必要，以不断推动新世纪的传统中医药文化传承与创新。

（责任编辑：张多勇）

[①] 黄永明：《屠呦呦是如何被国际科学界发现的？》，《南方周末》2015年10月6日。

【农耕文化与民俗文化】

甘肃口头文学遗产概述

彭金山[*]

(西北师范大学 甘肃兰州 730070)

摘 要：甘肃是个多元文化的大走廊，是农牧经济的交会点，又是中原文化与少数民族文化的交会点，也是中国北方和西部一些民族族际文化、中外文化传播交会之地。近代以来，由于甘肃远离政治、经济文化中心，加之相当长的时期甘肃很多地方都交通闭塞，使这些多民族和多区域民间文化资源较少受到现代文明的冲击，大多的口头文学遗产都保持了较好的原生态性，本原性、多民族色彩和多元文化互融，成为甘肃省口头文学遗产的鲜明特质。文章对甘肃口头文学遗产做了概述，介绍了甘肃口头文学始祖神话与英雄名人叙事、甘肃口头文学的多民族文化色彩、甘肃口头文学中关于丝绸之路的历史记忆、甘肃各具特色的口头传说，并对"花儿"、"陇东民歌"等民歌、山歌和民间小调做了介绍和剖析，还对反映地处三大高原交会地带特定的自然环境与人文环境知识系统的谚语进行了介绍，认为甘肃省悠久的历史文明、瑰丽多样的自然景观、多民族的人口构成，铸就了甘肃文化也是口头文学的多民族色彩、西部风情和源头文化的性质。

关键词：甘肃；口头文学；概述

　　甘肃自古以来就是多民族聚居区，西戎、羌、氐、匈奴、吐谷浑、

---

[*] 彭金山（1949—），男，河南内乡人，西北师范大学文学院教授，作家。主要从事文学创作和文学评论的教学与研究工作。

吐蕃、回鹘、党项、蒙古等民族都在这块土地上生活或建立过政权。至今仍是一个多民族省份，主要有汉、回、藏、东乡、裕固、保安、蒙古、哈萨克、土、撒拉、满、维吾尔等。其中，东乡、裕固、保安为甘肃省的特有民族。正是几千年的多民族聚居和民族融合，共同创造了陇上异彩纷呈的民族民间文化，其中，口头文学为其重要组成部分。多民族多地域性的甘肃口头文学在生产活动和社会生活中一代代地传承下来，在历代诗文中也有所反映。"远游武威郡，遥望姑臧城。车马相交错，歌吹日纵横。"北魏温子升的《凉州乐歌》就记写了当年河西姑臧城车马如流、歌声盈耳的情景。从明代吴镇的"多雨山皆润，长丰岁不愁。花儿饶比兴，番女亦风流"（《我忆临洮好》），则可以想见当时多民族唱花儿的盛况。

悠久的历史、多民族人口构成、多形态的地理环境，造就了甘肃口头文学遗产的丰富性和多样性。从区域划分，大体可分为河西走廊、陇中高地、陇南山区、甘南草原和陇东高原几个文化圈；从民族划分，有汉文化、藏文化、穆斯林文化、裕固文化、哈萨克文化、蒙古族文化等；从民俗文化的性质来划分，陇东保留了纯正的农耕文化特征，甘南、肃北、肃南保留了草原牧业文化特征，其他地区则是半农半牧的文化特征。这个多元文化大走廊，既是农业经济与牧业经济的交会点，又是中原文化与西北地区少数民族文化的交会点，也是中国北方和西部一些民族族际文化、中外文化传播交会之地，近代以来，由于甘肃远离政治、经济文化中心，加之相当长的时期甘肃很多地方都交通闭塞，使这些多民族和多区域民族民间文化资源较少受到现代文明的冲击，大多的口头文学遗产都保持了较好的原生态性。因此，本原性、多民族色彩和多元文化互融，就成为甘肃省口头文学遗产的鲜明特质。

这里，谨从六个方面加以阐述。

一　始祖神话与英雄名人叙事

甘肃是华夏文明的重要发祥地之一。大量的考古发现证明，先民们在黄河上游主要支流的渭河、泾河流域创造了中华民族早期的文明。三皇之首的伏羲，史载诞生于甘肃境内渭河流域古成纪。黄帝生于上邽轩辕谷（今甘肃清水县东）。据考，陇东五顷塬亦有黄帝陵。泾川回山之下，传说是西王母降生处。著名历史学家李学勤指出："中国历史文化早期的一系列核心疑问和谜团，恐怕都不得不求解于甘肃。"[1]

1978年，秦安大地湾的重大考古发现，把中华民族的文明史提前到了8000年前。大地湾文物传递了生活在甘肃土地上先民们某些民俗文化信息。600多平方米的会堂式建筑群，以及室内平整、坚硬、像水泥地板一样光滑的地面，在迄今国内发现的同时代遗址中，是绝无仅有的。还有人头形器口彩陶瓶、鱼纹彩陶盆及地画、粟粒、图画和文字的彩陶图案，等等，似乎正在揭去历史朦胧的面纱，露出伏羲时代先民真实生活的一角。流传在天水、静宁、庄浪、甘谷、秦安、通渭、西和、礼县和陇东一带的伏羲女娲创造世界、伏羲女娲在大洪水之后为了人类的繁衍合磨成婚等始祖神话与之互补共生，相映成趣，一代一代传承至今，已成为当地群众的民间信仰。一年一度的伏羲公祭大典和一年两次的伏羲庙会，叙述着人们对始祖的感念。崆峒山素称"道家第一名山"，庄子《在宥》就有黄帝问道于空同（崆峒）的记叙。被中国民俗学会命名为"中国西王母文化名城"的泾川县西南有瑶池沟，从西汉就建祠开始了对西王母的祭祀。至今流传在陇东的西王母神话和黄帝问道广成子于崆峒山等传说，与陇东山水名胜之间正是一种同缘共生关系。位于陕甘两省交界地带的清水县，被甘肃省民间文艺家协会命名为"轩辕文化之乡"，据历史学者李清凌教授考证，这里就是黄帝的出生地。[2] 清水大地青山绵延，溪水流远，青山碧水之间有不少以黄帝命名的地名和遗迹，如轩辕谷、黄帝窑等。与地名相契合，民间也流传着不少关于黄帝和三皇爷的传说。甘肃境内许多地方都有大禹治水的传说，渭源鸟鼠山、临夏积石山传为大禹治水留下的遗迹。"女娲补天"、"伏羲画八卦"、"黄帝升天"等始祖神话及"禹王治水"等传说，都是甘肃上古历史的一个掠影。

周、秦部族兴于甘肃，而后方问鼎中原，一统天下，为中国传统文化的形成建制奠定了基础。"周赧王走马北巡"、"崭山湾"、"秦始皇出世"等传说，反映了周人和秦人先祖在陇上创业的艰辛与历史功绩。

---

[1] 李学勤：《遥望星宿——甘肃考古文化丛书·总序》，敦煌文艺出版社2004年版，第1页。
[2] 李清凌：《华夏文明的曙光》，中国社会科学出版社2013年版，第34—40页。

地灵人杰的陇原大地，英雄辈出，历朝历代都有不少的杰出人物从这里走出，如医学鼻祖岐伯、飞将军李广、哲学家王符、医学家皇甫谧、草圣张芝、抗金英雄吴玠吴璘、前七子领袖李梦阳等。他们或为政界翘楚，或为开山祖师，或驰骋沙场，或啸傲文坛，其人其事给这片土地留下了深远的影响，成为世代相传的英雄、名人叙事。这些传说和故事，成为最生动的乡土教材，激励陇原子弟奋发向上建功立业，如《赵充国平羌》、《貂蝉出世》、《姜维遇险》、《皇甫谧自学成才》、《李白酒泉豪饮》、《王仁裕改弦易辙》、《吴玠破铁骑》、《李梦阳三下江南》、《六尺巷的故事》、《邹应龙弹劾严嵩》等。在这类英雄叙事中，还有一些讲的是外地人在甘肃建功立业的故事。他们作为文臣，治国安邦，勤政爱民；作为武将，守疆拓边，威震敌胆。兰州的五泉山公园有惠、蒙、甘露、掬月、摸子五眼清泉，传说系汉骠骑将军霍去病所为。霍去病率兵与匈奴激战于皋兰山下，将士干渴难当，霍去病跃马挥枪，钢枪点石，顿时冒出五眼清泉，将士畅饮之后继续西征。当地人纪念霍去病驱逐匈奴的伟大功绩，在公园立了一尊霍将军骑马挥剑铜像。也许是应了"去病"二字的吉祥含义，每年春节，将军塑像前都会排起长长的队列，人们依次上前手抹"去病"二字，希望借霍去病将军的威灵祛除病灾，一年里健康平安。北宋年间，河北人刘沪任水洛寨主，正是宋夏交兵之时，为了更好地策应秦（天水）、渭（平凉）二州，刘沪坚持修筑水洛城，得罪了持不同意见的上司而被捕入狱，后经范仲淹、欧阳修在朝廷据理力争，刘沪方得官复原职，终于建成了水洛城，为巩固边防建立了不朽功勋。庄浪人民怀念这位保国为民的好官，为他修建了庙祠，每年正月十二的刘将军庙会，至今仍是庄浪人最盛大的节日。甘肃人民勤朴善良，知恩图报，对于在这块土地上做出贡献的人，人们永远感念他，并通过民间故事传之后代。《霍去病与五泉山》、《孔明死后除敌将》、《魏征梦斩泾河龙》、《狄仁杰斩九龙》、《杨二郎斩蟒》、《范仲淹与大顺城》、《左宗棠斩驴》等故事，可谓这方面的代表。

二 多民族文化异彩纷呈

甘肃历史上就是一个多民族聚居区，至今在这片土地上生活的有54个民族，超过万人的有汉、回、藏、蒙古、哈萨克、东乡、裕固、保安、土、撒拉、满、维吾尔等。据第五次全国人口普查统计，甘肃少数民族人口为219.9万人，占全省总人口的8.75%，甘肃少数民族地区包括21个县市，主要有临夏回族自治州、甘肃藏族自治州和多个民族自治县（乡），土地面积18万平方公里，占甘肃省土地总面积的40%。历史上各民族之间既有碰撞，也有交融。今天，各民族人民和谐共处，生活在这块美丽的土地上。在漫长的历史过程中，各族人民用自己的辛勤劳动和聪明才智创造出大量的物质财富，也创造了丰富的精神文化财富，口头文学便是精神文化财富的主要组成部分。这些具有各自鲜明民族特色的口头文学作品，使得甘肃的口头文学遗产呈现出多元文化特征，互补共荣，异彩纷呈。

甘南玛曲草原是传说中英雄格萨尔的故乡。格萨尔是藏族史诗《格萨尔王传》中的主人公，他投生人间除暴安良、扶弱抑强的救世主形象，集中反映了藏族人民反抗压迫、痛恨邪恶、渴望统一的美好愿望。《格萨尔》除了在甘南草原传唱外，还在天祝藏族自治县的土族群众中流传，只不过在文体形式上有所改变，传唱中加进了土族语言的解说部分，成了一种韵散结合体。另外，在内容上融进了土族英雄人物的成分，具有明显的土族文化特色。这种韵散结合体的《格萨尔》，也在肃南裕固族和肃北蒙古族中流传。在裕固族地区，还有纯粹散文体的《盖塞尔故事》。东乡族原系中亚撒尔塔人，手工业技术发达。成吉思汗攻陷撒马尔罕城后，从撒尔塔人中征集了大批的工匠和有技术的人，随成吉思汗大军来到东乡地区屯垦和从事手工业生产，经过与周边地区民族的融合，大约在14世纪后叶形成一个完整的民族，在20世纪50年代初民族识别时由于其居住在临夏地区的东乡，故名东乡族。东乡族的口头文学蕴藏丰富，其中影响最大的是英雄史诗《米拉尕黑》。米拉尕黑是东乡人崇拜的民族英雄，他从月光宝镜中找到了意中人玛芝璐。后边关告急，米拉尕黑告别爱人披挂出征，最终击溃了外敌，并冲破坏人的阻挠与心爱的玛芝璐姑娘终成眷属。《米拉尕黑》纯用东乡族母语的"小经"文字说唱，在特殊的宗教场所和为亡人守灵的夜晚吟诵。东乡族的民间叙事长诗还有《战神那姆》、《诗司乃比》、《和者阿姑》、《葡萄蛾儿》等。在甘肃地区的少数民族中流传的长篇口头叙事诗，影响较大的还有裕固族的《沙娜玛珂》、《黄黛琛》、《尧乎尔来自西至哈至》和回族的《马五哥与尕豆妹》等。《沙娜玛珂》表达了裕固族人民对民族女英雄沙娜玛珂的怀念；《黄黛琛》吟唱了女主人公黄黛琛的爱情悲剧故事；《尧乎尔来自西至哈至》追诉了裕固族当年大迁徙的历史；而《马五哥与尕豆妹》，则是根据清朝末年发生在甘肃河州回民中的一场真实的爱情悲剧而编唱的。

除了史诗和长篇叙事诗之外，甘肃少数民族的其他民间歌谣也十分丰富，特别是仪式歌、情歌和劳动歌等种类尤见其长。藏族情歌（拉伊）、酒歌，哈萨克族的阿肯弹唱，裕固族的婚礼歌，蒙古族的赞歌，回族的宴席曲等，传播久远，特色鲜明，在民族生活中有着重要的地位。裕固族中劳动歌传唱也非常普遍，在放牧、奶幼畜、割草、垛草、挤奶、打酥油、剪羊毛、擀毡、捻线等生产活动中，都有专门的歌谣相伴；东乡族的"了略"、"洛洛"、"连格哇拉达"（连枷歌）、扬场歌、"当奴杜调"等，也是典型的劳动歌谣。

在甘肃的少数民族中蕴藏着丰富的民间传说、民间故事，而创世神话、风物传说也源远流长，别具意味。如裕固族就有创世神话《九尊卓玛》、《日父月母》和英雄神话《莫拉》、《火种》，宗教神话《贡尔建和央珂萨》、《三十三重天》等，以及《阿拉木汗的传说》、《裕固族头目都姓安》、《三墩的来历》、《白天鹅和天鹅琴》、《金银姐妹与木头姑娘》、《黄莺妈妈》等民间传说和民间故事。这些口头文学遗产，在表达各个民族的情感认同、美好愿望和价值观的同时，也传递出民族成长过程中的某些信息，如保安族民间故事《保安三庄的由来》、《保安三庄远走高飞》（藏族）就曲折地反映了保安族人民勇敢反抗统治者压迫，历经磨难并得到兄弟民族帮助的史实。

甘肃的少数民族多生活在草原和山区，长期的游牧生活使他们对大自然的依赖更多，和朝夕相伴的马牛羊群建立了更加亲密的关系，更容易接受众生平等的理念。他们以朴素的感情和丰富的想象力，创造了大量关于天地自然的传说,以及以动物为主人公的民间故事,如《长江和黄河》(藏族)、《葡萄山和高陵峙》(东乡族)、《骆驼的角哪去了》(裕固族)、《喜鹊为啥跳着走》(东乡族)、《猴子与乌龟》(回族)、《兔子上天取雨》(保安族)等。这些传说和故事成为甘肃口头文学遗产的重要组成部分,也是富有特色的部分之一。

三　丝绸之路的历史记忆

甘肃境内有 3000 里长的丝绸之路,这段道路被称作"丝绸之路黄金段"。它东接长安,西通西域,既是一条历史的商贸之路,又是中外文化交流的桥梁。从敦煌莫高窟到陇东的南、北石窟,丝绸之路甘肃段的佛窟数量之多、内容之丰富、历史之悠久属全国之冠。秦、汉、明长城的西端都在甘肃,甘肃境内长城总长度约有 4000 公里。在几千年的中华民族文明史上,甘肃是中原文化与西北少数民族文化交会的地带,又是中国与欧亚旧大陆交通、经济、政治文化交流的主干道。据考古发现至迟在 4000 年前,甘肃与西方就有交往与交流。季羡林先生认为:"世界上历史悠久、地域广阔、自成体系、影响深远的文化体系只有四个:中国、印度、希腊、伊斯兰。而这四个文化体系汇流的地方只有敦煌和新疆。"这条丝绸之路黄金段形成 2000 多年以来,经历了多少历史风云,走过几多高僧大德,接纳了多少商旅驼队,还有那金戈铁马、公主幽怨……他们的足迹虽已被黄沙掩埋,却化作美丽的传说和故事在这片土地上生长。如《三危佛光》讲述了乐尊大师和徒弟智勤开凿敦煌千佛洞的故事,这就是莫高窟的来历;而《释迦牟尼涅槃》,则说的是佛祖知道自己就要圆寂,想在东土找一块风水宝地涅槃,于是将自己化身为兄弟三人东行,分别在甘州、山丹、凉州找到了涅槃之地,以卧、坐、立三式成像,以示对甘州金、山丹铜、凉州银的留恋,张掖大佛寺巨大的佛祖涅槃卧像即由此而来;《千眼千手佛的来历》讲述了妙庄王的三女儿成佛救父的故事,该传说在甘肃多地流传,明显地融进了华夏民族的道德伦理观念。丝绸之路上的这类佛教故事是相当多的,可见当年佛教东传之兴盛。

也有一些传说是关于丝绸之路上商旅的故事,这些传说往往和历史遗迹联系在一起。如《玉门关》，传说丝绸之路有个叫"马迷上"的地方，商队到那个地方常常迷路。后来，一支贩运玉石和丝绸的商队按大雁的启示，在小方盘城城楼上镶了一块夜光绿玉，日夜发光的绿玉就像一座灯塔，商队走到那里就再也不迷路了，自此小方盘城就改名叫玉门关。《五岳天子与西华娘娘庙》、《炳灵寺的药水泉》、《晒经台》等许多民间传说，都讲的是发生在丝绸之路上的故事。文成公主当年也是经由甘肃，然后翻过青海日月山至吐蕃的。甘肃境内许多地方都有公主留下的铭记和传说。

我国的丝绸、瓷器、茶叶以及火药、印刷术沿着丝绸之路传到西亚和欧洲，而域外的良马、狮子、苜蓿、石榴、西瓜、葡萄、胡麻等也经由丝绸之路传进了中原，大大促进了国家之间的交往和社会的进步。这种物资和文化的交流，在甘肃的口头传说和民间故事中也得到了反映，如《西瓜的来历》、《胡麻名字的来历》、《胡杨树》等。

四　丰富多彩的民间想象

甘肃省的民间叙事文学丰富多彩，除了前面所论述过的始祖神话与英雄名人传说、少数民族口头文学、丝绸之路的历史记忆之外，地名传说、人物传说、动植物传说、风俗传说、动物故事、幻想故事、鬼狐精怪故事、生活故事、机智人物故事、笑话、寓言等也应有尽有，各具特色。

位于黄土高原、青藏高原和内蒙古高原交会地带的甘肃省境内，地形地貌类型多样，六大地理区域之间的生态环境、气候、物产乃至生活、生产条件和风俗习惯诸多方面均存在着较大差异，故而其口头文学生态也就呈现出多样化状貌。这种差异性首先体现在各自然区域的地方传说和风俗传说中。地方传说中一是关于自然山水形成的传说，如《马啣山的传说》、《祁连川的传说》、《岷山的由来》、《祖厉河》、《大凤川和小凤川》，等等。《祖厉河》的传说来自甘肃中部干旱地区的会宁县，故事讲述了李祖、李厉父子为改变家乡干旱面貌而英勇献身的悲壮故事。大凤川和小凤川位于陇东子午岭附近，当年抗大七分校的学员们曾在这里垦荒种田,自己动手,丰衣足食,度过了陕甘宁根据地的经济困难。《大凤川和小凤川》这一传说,反映了历史上凤川百姓面对猛兽出没和生活压力的双重恶劣环境,勇敢抗争的生活现实。人们根据当地山川的名字和自然形态,通过丰富的联想和想象,编织一个个美丽的故事,也把自己美好的愿望融进了关于山水自然形成的传说之中。

还有一些地方传说,则和神话人物、历史事件以及可能出现的事象联系在一起,用独特的民间想象演绎了地名的来由,或为其今天的状貌寻找所以然,如《禹王坪》、《贰师泉》、《石槽与马踏井》、《开边古城的来历》、《桥湾的传说》等。从《吞没锁阳城》、《黑水国》中,我们不难看出沙尘暴在历史上对河西地区的危害。

十里不同风,五里不同俗。与各地多姿多彩的民俗风情相伴,陇原风俗传说和故事也十分丰厚。《社火的由来》、《五穷土》、《二郎山花儿会》、《枕头上留洞的秘密》、《棺材头上画蟒的由来》、《给哈哈下跪》、《辛店石子馍》、《腊月二十四祭灶神》、《端午节的由来》、《新娘骑白马新郎骑青马的由来》(裕固族)等各种关于风习的传说,为多姿多彩的陇上风俗蒙上了一层神秘的面纱,令人神往。

甘肃地区还流传着众多的动植物传说,反映了劳动人民朴素的生命意识和以形象思维探寻事物本源的独特方式,既生动有趣又意味深长。还有大量的幻想故事和鬼狐精怪故事,在或奇幻或曲折的故事情节推演中,创造了一个个生动的艺术形象,显示了人们丰富的创造力和价值取向。来自民间的生活故事,则通过各种关系的人物,如兄弟、父子、翁婿、夫妻、财主和长工、师与徒等,通过他们之间发生的故事,传递了陇原人的生活理念和美好愿望,风趣幽默而富含哲理。

机智人物故事各地都有,这类故事在甘肃少数民族中蕴藏尤为丰富,具有代表性的如回族的"阿布都系列"、保安族的"哈比卜系列"、裕固族的"木拉"和"智破天"系列,还有藏族的"阿克顿巴和尼基桑布"等,大多都表现了"高贵者愚蠢,卑贱者聪明"这样一个主题。

五　以"花儿"为代表的民间歌谣

甘肃民歌在全国具有重要的地位和影响，其中最具代表性的是花儿。花儿于 2009 年进入世界"人类非物质文化遗产代表作"名录。花儿过去是一种定期在花儿会上演唱的山歌，今天已唱进城市的茶馆、公园和文艺舞台。花儿在回、汉、藏、东乡、保安、撒拉、土、蒙古、裕固等民族间流传，均用汉语演唱，有时也夹杂一些本民族的土语，俗称"风搅雪"。花儿主要有两大流派：一是河州花儿，在甘肃主要流行于临夏回族自治州及周边地区；二是洮岷花儿，主要流传于岷县、临潭、康乐、卓尼、舟曲、临洮、渭源、宕昌一带。近年，有人提出"陇中花儿"、"关陇花儿"或"六盘山花儿"说。过去，人们习惯于把这些花儿归于河州花儿，但这些在陇中陇东民众中传唱的花儿的确有不同于河州花儿的特征，因此"关陇花儿"或"六盘山花儿"的说法也逐渐为学界认可。关于花儿的起源，种种说法不一，但至少在明代，甘肃地区就已经流行花儿了。

"花儿本是心上的话，不唱是由不得自家。刀刀拿来头割下，不死还这个唱法。"花儿感人，首先在它感情的真挚和表达的直率泼辣，可谓酣畅淋漓，切肤入心，具有强大的震撼力。在艺术上花儿擅长比兴，常常选用具有地方特色的事物形象入歌，准确贴切，令人叹绝！

甘肃各地的花儿中，情歌比重最大。

上去高山者望平川，平川里有一朵牡丹；尕妹妹是麝香鹿茸丸，阿哥是吃药的病汉。（《一天三趟的鞋跑烂》）

抒写了深切入骨的爱恋之情。

金葫芦开花先搭架，花败时葫芦儿吊下；抓不住心病难搭话，只害怕尕妹妹臊下。（《抓住尕手问一句话》）

白牡丹白者耀眼哩，红牡丹红者破哩；尕妹的半个里有人哩，没人是我陪者坐哩。(《白牡丹白者耀眼哩》)

前一首写一个男子爱上了对方却不敢上前搭话，于是抛出一句试探性的话语；后一首则采取了激将法，迫使对方表态。

　　姜太公钓鱼渭水河，搬兵者聚了个将了；一晚夕想你者睡不着，夜长者等不得天亮。(《想死谁知道哩》)

　　青石头尕磨左转哩，要磨个雪白的面哩；肝花五脏的想烂哩，把阿哥啥时候见哩。(《啥时候见哩》)

极写相思之苦。

　　湿柴干柴架一笼火，火离了干柴是不着；尕妹是肝花阿哥是心，心高了肝花是不活。(《两个身子一条心》)

　　板子打了九十九，出了衙门手拉手；大老爷堂上定了罪，回来还要同床睡。(《断了死罪也缠呢》)

二人海誓山盟，表达爱之坚贞。前面一首是一个男子的表白，后一首大抵是女子的口吻。

　　进了园子拔白菜，心昏者拔了个刺芥；不吃炒面背皮袋，空名声背了个落怜。(《空名声背了个落怜》)

　　青茶滚成个牛血了，我当成隔年的醋了；烂木头搭下的闪闪桥，我当成常走的路了。(《你把我闪了这一遭》)

两首歌都是对负心人的谴责，前一首表达对有名无实"相好"的怨气，后一首直接揭穿对方的虚情假意。

对恋人之间种种感情状态的描写，花儿堪称极致！

花儿歌词在形式上比较严整。河州花儿基本是每首四句，前面两句一般为比兴，后两句主旨；一、三句单字结尾，二、四句结尾必须是双字尾。还有六句式河州花儿，俗称"两担水"或"折断腰"，在一、二句和三、四句之间各增加一个短句，实际上是前一种形式的变体。洮岷花儿有"洮州"和"岷州"两个中心，唱词多为七字句式。"洮州花儿"常见的是三句式、四句式，还有六句式等，并且有"单套"、"双套"之分；"平套"为基本样式，每首三句，第一句比兴，其余句表达主旨。"岷州花儿"没有"单套"、"双套"之分，基本段式为三句式或四句式。花儿的曲调称作"令"，如"河州大令"、"莲花山令"等。

其他山歌和民间小调在甘肃各地蕴藏也十分丰富，主要有劳动歌、时政歌、仪式歌、情歌、生活歌、儿歌种种。在历史上，甘肃地处边远，大部分地方交通闭塞，尤其是在山区，人烟稀少，生活条件艰苦，人们吆牛耕地或上山放牧，为解寂寞，便会不由自主地放开喉咙漫几句山歌。脚户、货郎一个人行走在崎岖山道上，为了驱赶孤独和疲乏，山歌也是他们最好的伙伴。男人们出门干活去了，妇女姐妹们在家里操持家务、缝补衣衫，尤其是在漫长的冬季，一支支民间小调便会信口而出，伴着她们打发时光，倾诉心曲。正是这样的生态环境，造就了甘肃歌谣的丰盛。直到20世纪五六十年代，广袤的甘肃大地还是民歌的热土。陇东是中华文明的重要发祥地之一，传统民歌资源丰厚。20世纪二三十年代之交，谢子长、刘志丹等在陇东播撒革命火种。1934年11月7日，陕甘边苏维埃政府在华池南梁的梨园堡成立，习仲勋当选政府主席，刘志丹当选革命军事委员会主席兼政府军事委员长。南梁根据地是第二次国内革命之后全国红色政权的仅存硕果，红军到达陕北后，大半个庆阳地区遂成为陕甘宁边区的重要组成部分，成为共产党领导全国人民抗战的战略大后方。人们熟知的《绣金匾》、《军民大生产》、《咱们的领袖毛泽东》等民歌就产生于这里，收入《中国歌谣集成》（甘肃卷）的《跟上咱们的刘志丹》、《送郎当红军》、《边区十唱》、《做军鞋》等，就反映了当年陇东老区人民闹革命、搞支前的热烈情怀。

陇人敬祖崇礼，重祭祀，因此仪式歌的种类比较齐全。其中比较普遍的是"节令歌"，如《九九谣》、《十二月》、《二十四节令歌》等。在陇南的西和、礼县一带，就有专门走乡串户唱诗说春送农历的春倌，一般在冬至节前后出门，春节前后回家。此外，某些传统节日里的仪式歌在一些地区得到了较为完好的保留，如每年春节到元宵节期间甘肃各地普遍闹社火，地摊社火中的"文社火"，基本就是一种民歌加舞蹈的娱乐样式；陇东社火队的灵魂——春倌，个个都是诗人，每到一处，即兴编词，出口成章尽是民谣。还有乞巧节，也有专由女孩子们演唱的《乞巧歌》。在中国乞巧文化之乡的陇南西和县，从迎巧、祭巧、坐巧到送巧，各类传统乞巧歌完完整整保留下来的，竟达一两百首之多。还有酒宴歌，包括赞酒歌、划拳歌，以及酒宴场合的风俗性表演唱等，在临夏和兰州等地还比较流行。

　　大量的陇上民歌为生活歌、劳动歌、时政歌、情歌和儿歌。生活歌主要包括各类人的苦歌、讽喻劝诫类歌谣、生活世态事象歌和情趣歌。劳动歌包括田歌、牧歌、工匠歌，以及劳动号子和夯歌等。时政歌包括颂歌和讽喻歌两个大的种类，而以讽喻时政为多见，从一个侧面反映了近百年甘肃不同历史时期的社会面貌。甘肃的汉族儿歌，较少数民族儿歌为多，儿歌主要有游戏娱乐、传授知识、催眠三大功能，歌词浅显押韵，形象生动，故事性强，符合儿童的情趣。

　　孔子编《诗》，《关雎》为首，说明了情诗在先秦民歌中的显赫地位。同样的道理，花儿之外的陇原民歌中，情歌乃是其中最具亮色的部分。在形式上，陇南多山歌，陇东流行信天游和民间小调，陇中和河西地区以小调较为普遍。随着现代科技的发展和多媒体娱乐方式在城乡普及，民间歌谣在大部分地区日渐式微。可喜的是甘肃的某些地区在21世纪之初还保持了较好的民歌传统，比如在甘肃独属于长江流域的陇南市，民歌"好家子"就很多。2006年8月，西和县举办了首届仇池山歌艺术节，来自十几个乡镇的民歌队争相献艺，气氛热烈感人。节会期间，一个民歌"好家子"在自家院里举办歌场，每天晚上乡邻们聚在一起唱山歌，积极性之高让人感动，歌手之多令人欣慰，要不是亲眼所见，还真不敢相信呢！当地有一个干部叫杨克栋，早年在林场工作，从1958年开始搜集陇南山歌，几十年下来经他搜集整理公开发表的就有7000多首，先后出版了《仇池风》、《大美陇南·山歌卷》等山歌集。

六　不同自然文化生态孕育出的多样化谚语

谚语是一种在民间流传的固定语句，是人们在长期的生产实践和社会实践中所获取的经验、教训和知识的总结，简单通俗而富有意义。甘肃是一个多地理类型共存和多民族构成的省份，这种不同自然生态环境和多元文化孕育出的谚语，也就有了多样化的特征。

首先是它的多民族性。谚语是人们生活的教科书，伴着人们生命的足迹，从小到大，由生到死。甘肃各地都有很多谚语活在人们的生活中，尤其在少数民族地区，使用谚语尤为普遍。据《中国谚语集成（甘肃卷）·后记》知，该卷最初是按民族分类的，因不符合《中国谚语集成编辑细则》规定的按内容分类的标准，又按谚语内容重新进行了分类。由此可见，多民族性必然会是甘肃卷的一个显著特色。事实上也是如此。这种多民族性主要体现为"形式多样，内容丰富；音韵和谐，节奏感强；用语古朴，善用比喻及风格豪爽"[①]。

差异较大的自然生态环境，也带来了生活习俗和文化方面的差异性。这种差异性也表现在各地的不同谚语上，特别是那些关于自然的谚语，就反映了地处大西北腹地三大高原交会地带特定的自然环境与人文环境的知识系统。甘肃谚语在形式上也有特别之处，一般谚语多为一句式或两句式结构，而《甘肃卷》中的一部分谚语却是多句式结构，如"不欢乐强装笑的，是少年出征的时候；无悲伤强哭泣的，是姑娘出嫁的时候"；"无云雾的天气美，无疾病的身体美，有父母的孩子美"。这种多句式结构的谚语，主要来自少数民族语言习惯的影响，比如讲道理时喜欢使用比兴手法。此外还有民歌，特别是花儿的影响，有的谚语就直接来自整段的"花儿"，如"孬狗娃拉下的银铁绳，孬羊娃拉下的草绳；维下个好人长精神，维下个坏人是祸根"[②]。至于这类谚语和民歌的出现孰先孰后，是民歌吸收了该段谚语，还是该段谚语来自民歌，则难有定论，要做具体分析。可以肯定的是，影响是相互的。

[①]《中国谚语集成（甘肃卷）·前言》，中国 ISBN 中心 2009 年版，第 4 页。
[②] 见郭正清《河州花儿》。

谚语作为民间文化的一种，由于其形式简短和表意的明确性，是最能表现创造者及使用者的价值观念和行为风范的，活跃在甘肃各地各民族中大量丰富生动的谚语，正是陇原儿女聪明才智和精神风貌的直接体现。

七　结语

"丝绸之路三千里，华夏文明八千年"，这就是甘肃。2013年1月21日，国务院办公厅正式批复了甘肃省建设华夏文明传承创新区，这是经由国务院办公厅批复的全国唯一的华夏文明传承创新区项目。早在2010年5月，国务院办公厅在《关于进一步支持甘肃经济社会发展的若干意见》中就明确指出，甘肃发展的战略定位是中华民族重要的资源宝库，要努力建设工业强省、文化大省和生态文明省，积极发展文化产业、旅游业和物流业，构建具有甘肃特色的现代产业体系。这是从国家层面上给予甘肃的战略定位，这一定位实至名归。

从"泾川人"的出土到大地湾考古发现，从伏羲女娲神话到周、秦先祖崛起于陇上，历史告诉我们，华夏文明的源头曾从这里流出。天工造化成就了今天甘肃丰富多样的神奇地貌，从乐府民歌"陇头流水"和"陇头歌"中翻越陇坂的感叹，到边塞诗中"春风不度玉门关"、"西出阳关无故人"的千古绝唱，历代文人一踏上这块土地便有了不一样的感受和特别的想象。从汉唐京畿辅地的陇东到玉门关外，3000多里的丝绸之路黄金段是历史形成的东西交通大动脉，又是中华多民族文化、中外文化的交会地带。甘肃，就像一支楔子，揳在大西北腹地；又像一条丝带，处中联六，将陕、甘、宁、青、新扎束成一个整体，且可北进内蒙古南下四川。毫无疑义，在中国的大格局中，甘肃省有着其他省份不可替代的重要战略地位。悠久的历史文明、瑰丽多样的自然景观、多民族的人口构成，铸就了甘肃文化也是口头文学的多民族色彩、西部风情和源头文化的性质，中华民族多元一体的文化特征在这片土地上得到了鲜明的体现。天佑甘肃，使其成为中国西部资源大省，世世代代传承至今的口头文学便是甘肃非物质文化遗产资源的重要代表。然而，随着农业文明的急剧衰退，民众生活方式、价值观念和娱乐手段均发生了重大的改变，在新形势下这一宝贵的文化资源正面临严峻的挑战。综观当下甘肃各地口头文学遗产的生态现状，呈现出一种不平衡性。总体来看，由于文化传统和自然环境等方面的原因，少数民族地区的生态要优于汉文化地区。即使像陇南这样的多年来口头文学传承较好的地区，其传承也同样面临危机，诚如《大美陇南·后记》所言："过去，生活在甘肃南部的人们，不管春夏秋冬、农忙农闲，只要一出家门，就能听到遍山遍野高亢、悠扬的山歌声。现在只有在遥远、偏僻的山村才会偶尔一闻。多数年轻人已不问津山歌，会唱的人大多年过'花甲'，陇南山歌面临'人亡歌息'的厄运。"[1]

由文化部、国家民委、中国民间文艺家协会主办，中国民间文学集成全国编辑委员会联合各省中国民间文学集成编辑委员会编辑的《中国民间文学集成》（包括民间故事、歌谣、谚语等）省卷，已陆续由中国ISBN中心出版，并于近年建立了中国口头文学遗产（一期）数据库，这是一项功在千秋的划时代的中华民族基础文化工程，它为全国口头文学遗产的保护、传承做出了重大贡献。包括口头文学在内的文化遗产乃是民族文化之根、民族精神的魂魄所在，唯有根深才能花繁叶茂果丰。这里，我们在为甘肃省丰富的口头文学遗产感到自豪的同时，也怀着深深的焦虑。在向现代化迈进的途中，如果处理不好，前人创造的这类文化遗产资源将会大量消失，如何既能使各族人民享受到现代化带来的便利和优越，又守护好民族文化之根，今天的我们任重道远，责无旁贷。

（责任编辑：张多勇）

---

[1] 杨克栋：《大美陇南（山歌卷）·后记》，见陇南市文联选编的《大美陇南（山歌卷）》，2012年内部印刷，第191页。

庆阳农耕文化研究四题

刘治立[*]

(陇东学院历史与地理学院　甘肃庆阳　745000)

摘　要：从庆阳农耕文化的基本概念入手，对相关理论问题、研究状况、重大争议等进行全面的探讨，并对未来研究方向提出前瞻性的预测，以推动庆阳农耕文化的深入开展。

关键词：庆阳；农耕文化；周祖

庆阳是农耕文化资源的富矿，在研究和开发农耕文化资源的过程中，由于认识上的模糊，往往会不由自主地走入误区，在一些概念上产生歧义，基本文化事项厘定不准。因此，很有必要从相关概念入手，做更加具体的界定，在此基础上廓清基本理论问题，概括庆阳农耕文化的研究得失，以更好地推进研究的全面深入开展。

一　庆阳农耕文化的相关概念

人类文明史表明，每一种文化的最基本特质就在于传承和发展，并对未来产生深远的影响。把握各种文化的内涵和特点，是深入开展研究的逻辑起点，庆阳农耕文化的研究也不例外。界定庆阳农耕文化，必须先将与其密切相关的几种概念澄清。

---

[*] 刘治立（1965—），河南洛阳人，陇东学院历史与地理学院教授，历史学博士。主要从事史学理论及史学史研究。

（一）周祖文化

关于周祖文化的概念，研究者提出了各种不同的认识。李仲立认为，"周祖文化既是周部族起始阶段的文化，也是一种区域文化，与周部族活动联系在一起的地域文化"①。据《史记·周本纪》记载，从不窋到古公亶父十二代住在豳地，"即今陇东庆阳地区为主，旁及山西、陕西、宁夏、甘肃平凉等的部分地区。这里所说的周祖文化，主要是豳地文化"②。刘文戈认为，"周祖文化，就是周祖不窋及其子孙们在庆阳生活的阶段中创造的文化。周祖文化是中华民族文化的一部分，是中华民族文化于夏朝初期在庆阳这片黄土地的地理环境范围内所表现的形式和发展成果"③。结合以上诸说，本文认为，周祖文化是先周时期历代周祖及广大民众在实践过程中创造出物质文化和精神文化的综合体，其概念类似于先周文化或早周文化，但又与先周文化或早周文化有时段上和侧重点的差别，实际上是先周文化的重要组成阶段。④

（二）农耕文化

中国是古老的农业国，古代社会经济的主体是农耕自然经济，中国文化是以农耕文化为根基。农耕文化，是指人类在农耕生产实践过程中所创造的一切物质财富与精神财富（包括农耕技术，石器、陶器生产，定居方式、自然崇拜与祖先崇拜等方面内容）的总和。换言之，农耕文化主要指与农业有关的物质文化和非物质文化的总和，其内容可以分为农业科技、农业思想、农业制度与法令、饮食文化、耕作农具、作物遗存、农田遗迹、仓储遗迹与遗物，以及农耕民俗和反映农耕的雕塑绘画作品、诗词、谚语等。中国古老的农耕文化集合了儒家文化，以及各类宗教文化，形成了自己独特的文化内涵和特质。农耕文化是中国农业发展留下来的宝贵财富，是古人与大自然和谐共处的传承体，由于中国地域辽阔，经济文化的发展呈现多样性，包含南稻北麦、水田旱地、红壤

---

① 李仲立：《先秦历史文化探微》，甘肃人民出版社2006年版，第115页。
② 同上书，第119页。
③ 刘文戈：《周祖文化源远流长》，《庆阳先周历史与农耕文化论丛》，中国文史出版社2009年版，第405页。
④ 按照邹衡的解释，先周文化是指武王克商以前周人的早期文化。

绿洲、果园牧场以及相应的农牧方式、耕作技术、生产工具、作业周期、除病防灾等农事表现和过程；祈盼风调雨顺、五谷丰登、瓜果飘香、六畜兴旺。因此，农耕文化不仅具有多姿多彩的农业形态，还有与之相匹配的祭祀、崇拜、禁忌传统，如社稷神、五谷神的祭祀，对自然环境或某种特定物，如树木、花草、动物、山体、江河等的神秘崇拜，各种庙祭、节会中的禁忌仪式等，还包括在此基础上创造的关于天象、季候、动植物、自然周期等的神话、谣谚、巫术、咒语等。

恩格斯指出："农业是整个古代世界的决定性的生产部门"[①]，农业是人类的衣食之源和赖以生存的基本条件，也关系到社会政治的稳定，国计民生的安危。重视农业，解决农业发展中诸如保护劳动力、土地，改进生产工具，提高生产效率，合理灌溉，改良品种，消除自然灾荒、疾疫等问题，便成为历代王朝统治者关注的重要内容。

（三）周祖农耕文化

2002年中国民俗学会命名庆阳市为"周祖农耕文化之乡"，从夏朝孔甲年间算起，至商代康丁年间古公亶父南迁周原，周祖在庆阳共传承12代，达400年左右。周祖文化起源于农耕，发展农业、时序其德是周先祖的良好传统。周先祖时期，在农业生产和管理中创造的物质和精神财富，我们称之为周祖农耕文化。因此，周祖农耕文化的涵摄性比较宽泛，包括农业生产成就、农耕技术发明、生产经验总结、农业生活礼俗等。周祖农耕文化是历史的产物，是一笔宝贵的农业文化遗产，值得我们认真挖掘和继承。

需要辨析的有三点：第一，周祖农耕文化虽然是周祖文化的突出特色，但周祖农耕文化不等于周祖文化或先周文化，它仅为周祖文化或先周文化的一个重要方面。第二，周祖农耕文化不等于农耕文化，从时空范围讲，农耕文化的内涵相当宏阔，周祖农耕文化仅仅为人类创造的农耕文化的一个构成部分，二者是局部和全局的关系。第三，周祖农耕文化自身也有一个演变的过程，后稷弃以农业传世，农业为周人重要的生产领域。但在进入庆阳之初，受到戎狄的影响很深，与戎狄同俗，经营

---

① ［德］恩格斯：《家庭、私有制和国家的起源》，人民出版社1972年版，第146页。

畜牧业，同时以其农业经验传授和影响当地人。《史记》称"公刘虽在戎狄之间，复修后稷之业"，"古公亶父复修后稷、公刘之业"，说明农业在生产结构中的比例逐渐上升。李仲立认为不能过高估计农业在先周经济结构中的比例，周祖文化的特点是非纯农业文化，[①] 这种评断是很切合实际的。

（四）庆阳农耕文化

庆阳农耕文化是庆阳历代先民辛苦稼穑所创造出的各种物质文化和精神文化的总和，庆阳农耕文化的源头开始于仰韶文化时期，在公刘时期得以改进，以先周以来历代庆阳先民的农业文化成就和经验（农业文化遗产）为流，以探讨当代农耕事业及农耕文化产业的发展为归宿点。因此，研究庆阳农耕文化，首先要对其源头周祖农耕文化进行更加深入的探索；其次是对庆阳农业发展史做较为系统的阐释，只有这样才能认清庆阳农耕文化源远流长；第三是研究当代农耕文化发展的方向和潜力，研究农耕文化产业的未来发展趋势。

二 庆阳农耕文化的特点

农耕文化是因人类生存和发展的需要而产生的，随着社会生产力水平、价值观念、生产及生活方式的不断进步，农耕文化赖以存在的土壤随之发生变化。概括地讲，庆阳农耕文化的特点主要有六点。

第一是地域性。许多地域文化资源丰厚的地区，通过卓有成效的地域文化研究，使许多不为人所知的历史名胜、地方风物、重大事件的相关遗址、历史人物的生平与活动场所等，成为观光名胜，取得经济效益与社会效益的双丰收。农业是"地方性的艺术"[②]，农耕文化不仅能为庆阳区域经济社会发展提供精神动力、智力支持和文化氛围，而且通过与地域经济的相互融合，形成颇具潜力的文化产业，产生巨大的经济效益和社会效益，直接推动区域的综合发展，成为庆阳地方经济社会全面发

---

① 李仲立：《先秦历史文化探微》，甘肃人民出版社2006年版，第121—122页。
② ［法］孟德拉斯：《农民的终结》，社会科学文献出版社2010年版，第32页。

展的重要推动力量和增强经济竞争力的基础因素。庆阳农耕文化作为中华文化的重要组成部分，为地域经济发展提供了强大的精神动力、智力支持和良好的文化氛围。随着知识经济的兴起和经济社会一体化进程的不断加快，庆阳农耕文化尤其是其中的人文精神已经成为增强庆阳经济竞争能力和推动社会快速发展的重要力量。科技在腾飞，时代在发展，前辈的劳作方式逐渐退出了历史舞台，消失于人们的视野。但在人类历史漫长的发展历程中，正是这种充满希望、饱经沧桑的平凡生活，推动着社会进步和文明发展，那些朴实的劳作和生活背后，有着厚厚的文化积淀，犹如我们赖以生存的黄土，散发着自然的芬芳。

第二是包容性。农耕民族反对敌对和冲突，在面对利益分歧的时候，处理人际关系上遵循和谐、和睦、和平相处。[①] "农耕文明的深厚土壤直接培育造就了包容、和谐、内敛、天人合一的儒家文化，是本源文化发育成长的摇篮。"[②] 周祖农耕文化开创于戎狄之间，周祖不窋在戎狄之间修筑城池，向戎狄学习畜牧业，同时对戎狄原始的农业技术进行改造，教戎狄稼穑，得以立稳脚跟，他们不敢怠业，朝夕勤恪，守以敦笃。其后公刘、古公亶父积德行义，将之发扬光大，凸显了周祖农耕文化的包容性，"从某种意义上说，这一包容性对于后世甚至可能具有国家精神的意味"[③]。

第三是历史传承性。农业文明的典型特征就是传承，耕作经验、耕作方式和由此产生的生活方式靠世世代代传承积淀、发展延续下来。庆阳农耕文化是人类最古老的原生性文化遗产，至今仍然可以在庆阳乡村的某些习俗和方言中发现先周农耕文化的踪影，诸如祈年求雨仪式、祭山祀神习俗、窑洞民居风格等。这些风俗大都产生于比较古老的农耕时期，从中能够透视上古农耕文化的各个层面，反映岁时习俗在农耕文化中所占的重要地位，"仪式、习俗、观点等从一个初级文化阶段转移到另一个较晚的阶段，它们是初级文化阶段生动的见证和活的文献"[④]。丰富

---

① 毕方方：《农耕文化对现代农业的影响与启示》，《中国商界》2009年第8期，第313页。
② 唐珂：《关于农业与文化的关系》，载农业部农村社会事业发展中心、甘肃省庆阳市人民政府编《农耕文化与果业产业化论文集》，中国农业出版社2011年版，第62页。
③ 林拓、申立：《全球视野下周祖农耕文化的特色、价值及创新》，载周强、陈望衡《儒源新探——周先祖与中国文化》，中国社会科学出版社2012年版，第156页。
④ [英]泰勒：《原始文化》，上海文艺出版社1992年版，第15页。

多样的农耕仪式可以见证这片土地之上的农民在认识、改造自然过程中的复杂的心理与行为,它是农耕文化蕴含在岁时节日中的具象反映,是"活的文献"。随着生产力的发展,许多生产工具或生产技术在历史进程中逐渐消歇,但一些相对偏僻的地区却依然在使用和传承,由此构成庆阳农业文化遗产[①]的古今链。在漫长的岁月中,农耕文化既是历史发展的根脉,又是未来发展的基础。

历史传承性是所有文明发展的共同特点,"某些信仰、制度和习惯法的存在本身就表明,那些按照它们而生存的人都获得了益处。过去遵照它们而生存的那些人与生活在以后或现仍活着的人没有根本的区别……它们恰恰使个人得以以一种戏剧性的形式,而集体更以渐进和默默无声的方式,获得诸多伟大的成就"[②]。农耕文明的传承性至少在程度上与游牧民文明有差异。这是因为粮食种子、生产技术、对季节变化的认识、生产工具的制造和使用等方面知识积累具有传承性。一个作物种子被培育,那么它就会一代代被传下来,人们会不断地加深对这种植物的认识。农耕与天气季节变化密切相关,对季节变化的观察总结也是不断地积累,先周时期便有了较为完备的天文知识,《诗经·七月》篇中各月的生产活动便是鲜明的例证。

第四是复合性。农耕文化与工业文化的显著区别之一在于它与自然联系得更为紧密。农耕文化是在人与自然的长期作用下形成的,是自然环境与人文环境紧密结合而形成的统一体,是社会—经济—自然复合生态系统,因而农耕文化也与和谐的自然环境不可分。在内容上也具有物质因素(农业景观、土地利用系统、农具、农业动植物系统等)与非物质因素(农业知识、农业技术、农业民俗等)相结合的特征,它既包括基础性的耕作器具等物质因素,也包括如农事节日、祭奠仪式等非物质因素,二者相辅相成。庆阳被确定为民俗文化之乡,原因有多方面,而农耕文化的深深渗透是其重要的原因。

第五是民间性。农耕文化与农业、农村和土地密切联系,与农业生

[①] 曹幸穗:《中国农业文化遗产的保护与开发》,载农业部农村社会事业发展中心、甘肃省农牧厅、庆阳市人民政府编《农耕文化与现代农业论坛论文集》,中国农业出版社2009年版,第51页。
[②] [美]爱德华·希尔斯:《论传统》,上海人民出版社2009年版,第353页。

产者农民共生同存，具有鲜明的乡土文化特色。[①] 有学者提出："乡土性是传统中国农业文明的底色，是传统农民的重要心理与行为特征……乡土性是农村农民对土地这一谋生的根基和种地这一基本的经济活动事实的一种顺应。"[②] 庆阳农耕文化产生于乡土乡村，它与农民和土地紧密相连，与平民百姓共生共存。农耕文化的民间性决定了它在历史风云变幻中，既不完全受王朝演替的影响，也不全部因时尚文化而改变，这就是农耕文化的顽强生命力。它在一定程度上能抗御文化进程中的时尚文化的冲击与同化，保持自己的特色，在日常的生产和生活中延续传承，深深植根于乡村生活的土壤之中（如民歌、方言、习俗）。庆阳农耕文化给人以积极向上的、充满希望的、美好享受的人文理念，让人的灵魂提升而不是下降，给人希望而不是绝境。

第六是脆弱性。农耕文化受自然条件变化的影响较大，农作物生长过程中面临许多自然灾害的威胁。庆阳的农耕文化延续了几千年的农业生产模式，春耕夏耘，秋收冬藏，顺应自然，四季分明。牛耕是翻土播种的主要形式，粮食作物以夏熟的小麦为主，秋作物则有豆类、糜谷、高粱等。庆阳是典型的旱作农业区，对自然的依赖性很强，历代多有灾荒之年，所以储粮成为农民生活的一大习惯，《诗经·公刘》中就有"乃积乃仓"的说法，体现了农民浓厚的防灾荒意识。物产丰富和交通不便形成的自给自足型农业经济是庆阳昔日农耕文化的主要特征。婚丧嫁娶等人生大事是庆阳人情感联结的纽带，天灾人祸则奠定了人们与自然抗争的群体意识和凝聚力量。因此，庆阳农耕文化的发展面对不可抗力又具有很大的不稳定性。"百姓有自己的活法"是庆阳人祖祖辈辈流传的最朴实的语言。他们日出而作，日落而息，承受着天灾人祸，期待着四季平安，在嬉笑怒骂间驱散煎熬和烦恼。农耕活动往往又会对自然环境造成一定的负面影响，如水土流失、植被破坏等。

除了自然因素的影响外，民族迁徙、政令的改变也会产生很大的影响。东汉中后期，羌人起义发生，东汉政府下令将庆阳（当时分属北地

[①] 唐珂：《关于农业与文化的关系》，载农业部农村社会事业发展中心、甘肃省庆阳市人民政府编《农耕文化与果业产业化论文集》，中国农业出版社2011年版，267页。
[②] 周晓红：《传统与变迁——江浙农民的社会心理及其近代以来的嬗变》，生活·读书·新知三联书店1998年版，第46—47页。

郡和安定郡管辖）居民内迁，"百姓恋土，不乐去旧，遂乃刈其禾稼，发彻室屋，夷营壁，破积聚。时连旱蝗饥荒，而驱愚劫掠，流离分散，随道死亡，或弃捐老羽，或为人仆妾，丧其太半"[①]。此后的几百年间，农业生产从庆阳退出，代之而起的是各民族的畜牧业。庆阳在历史上曾经是多个民族活动的大舞台，有时"沙田积蒿艾，竟夕见烧焚"（喻凫《晚次临泾》），有时"羌笛悠悠霜满地"（范仲淹《渔家傲》），有时"苜蓿春原塞马肥"（马祖常《庆阳》），有时"烽火楼边处处耕"（李涉《奉使京西》）。研究表明，庆阳历史文化是农耕文化与畜牧文化不断碰撞和重组的结果，由于农牧格局的嬗变而引发的农业和畜牧业的进退直接影响了庆阳农耕文化的发展。

庆阳农耕文化有着深厚的渊源，近年来相关研究往往与先周文化研究结合起来。有关先周历史文化的研究，很长时间以来一直是学术界争议不休的话题。随着考古资料的增加、研究队伍的壮大、学术视野的拓展、研究方法的多样化，有关先周史的研究更是异彩纷呈，新见迭出，对于庆阳农耕文化的研究也相应产生了新的认识。

三　庆阳农耕文化的研究与思考

先周文化的考古学研究是庆阳农耕文化研究的前提。1933年，徐旭生带领北平研究院史学研究所的研究人员到陕西进行考古调查，拉开了先周历史研究的帷幕。1934—1937年，北平研究院史学研究所在宝鸡斗鸡台进行了三次考古发掘，后来发表的《斗鸡台沟东区墓葬》中，苏秉琦对瓦鬲墓进行分期，为探索先周文化开辟了道路。新中国成立后，特别是进入新时期，陕西省凤翔南指挥西村先周墓地、武功岸底先周遗址、扶风北吕周人墓地，甘肃省崇信于家湾先周墓地、赤城香山寺先周墓地、平凉市庙庄先周墓地、大陈先周墓地、合水兔儿沟先周墓地、庆阳市西

---

① （宋）司马光：《资治通鉴》卷49，《汉纪》永初五年正月己丑，中华书局1956年版，第1587页。

峰区巴家嘴先周墓地等处进行了调查和发掘，并发表了相应的考古报告。[①] 尤其是宝鸡市考古工作队发掘的武功郑家坡先周文化遗址以及周原考古队发掘的扶风刘家文化墓地，是比较完整、比较典型的先周和姜戎的遗址，为进一步开展先周历史研究提供了丰富的实物材料。[②] 中国社会科学院考古研究所对长武碾子坡遗址进行大规模发掘，发现其早晚遗存均为先周时期文化，[③] 从而将先周历史研究的视野延伸到古公亶父以前。

20世纪八九十年代以后，随着大量考古资料的出土，以及夏商周断代工程的启动，研究硕果累累。孙作云《诗经与周代社会研究》（中华书局1966年版），邹衡《夏商周考古论文集》（文物出版社1980年版）及《续集》（科学出版社1998年版），苏秉琦《苏秉琦考古论述选集》（文物出版社1984年版），陈全方《周原与周文化》（上海人民出版社1988年版），陕西省博物馆《周文化论集》（三秦出版社1993年版），胡谦盈《胡谦盈周文化考古研究选集》（四川大学出版社2000年版），王玉哲《古史集林》（中华书局2002年版），刘军社《先周文化研究》（三秦出版社2003年版），尹盛平《周原文化与西周文明》（江苏教育出版社2005年版），于俊德、于祖培《先周历史文化新探》（甘肃人民出版社2005年版），李仲立《先秦历史文化探微》（甘肃人民出版社2006年版），中国社会科学院考古研究所编著《南豳州碾子坡》（世界图书出版公司2007年版）等专著先后出版，研究论文更是成倍地增加。

为了配合中国庆阳香包文化节和农耕文化节的召开，庆阳市先后召开了数次以周祖农耕文化为主题的研讨会，如2005年6月第四届香包节期间在庆城县举办"周祖农耕民俗文化暨庆阳特色农产品发展研讨会"，2006年5月第五届香包节期间在西峰举办"先周历史文化论坛"，2009年和2011年以"传承农耕文明、弘扬民俗文化、发展现代农业、推动区

[①] 韩伟、吴镇峰：《凤翔南指挥西村周墓的发掘》，《考古与文物》1982年第4期；陕西省考古研究所：《武功岸底先周遗址发掘简报》，《考古与文物》1993年第3期；罗西章：《扶风北吕周人墓地发掘简报》，《文物》1984年第7期；甘肃省文物工作队：《甘肃崇信于家湾周墓发掘简报》，《考古与文物》1986年第1期；魏怀珩：《甘肃东部地区的先周文化》，《丝绸之路》1996年第5期；许俊臣、刘得祯：《甘肃庆阳、合水出土的早周陶器》，《考古》1987年第7期。

[②] 宝鸡市考古工作队：《陕西武功郑家坡先周遗址发掘简报》，《文物》1984年第7期；陕西周原考古队：《扶风刘家姜戎墓葬发掘简报》，《文物》1984年第7期。

[③] 中国社会科学院考古研究所泾渭队：《陕西长武碾子坡先周文化遗址发掘纪略》，载《考古学集刊》（六），中国社会科学出版社1989年版。

域发展"为主题，举办农耕文化节，期间先后召开"周祖农耕文化与庆阳特色农业研讨会"、"周先祖与中国文化研讨会"和"苹果产业与庆阳发展"研讨会。地方政府与专家学者编写了一些反映庆阳农耕文化发展和研究状况的论文集，如《周祖农耕民俗文化暨庆阳特色农产品发展研讨会论文集》（内部交流，2005年），庆阳先周历史与农耕文化论丛编委会编《庆阳先周历史与农耕文化论丛》（中国文史出版社2009年版），农业部农村社会事业发展中心、甘肃省农业厅、庆阳市人民政府编《农耕文化与现代农业论坛论文集》（中国农业出版社2009年版），庆阳市文化局编印《创意与发展——全国文化创意产业发展论坛论文集》（内部资料，2009年9月），农业部农村社会事业发展中心、甘肃省庆阳市人民政府编《农耕文化与果业产业化》（中国农业出版社2011年版），周强、陈望衡主编《儒源新探——周先祖与中国文化》（中国社会科学出版社2012年版），庆阳市社科联组织撰写的《庆阳特色文化研究·农耕文化卷》（甘肃文化出版社2014年版）等。这些吸纳了区内外学者研究成果的论文集，不仅集中反映了庆阳市农耕文化研究的水平，在一定程度上也代表了国内在该领域的研究水平，对中国农耕文化研究具有一定的引领作用。

此外，地方学者对庆阳农耕文化做出许多探索，编辑出版了一些个人论文集或著作，如刘文戈《周祖文化与古庆阳》（内部资料）、路笛《中华农祖——兼论庆阳是我国农耕文化的重要发源地》（内部资料，2011年）等。这些著作依据地方文史资料，对庆阳农耕文化做出了许多有益的探索

综观上述成果，可以发现，有关庆阳农耕文化的研究主要集中在五个方面。

第一是先周文化的研究，先周时期创造的物质和精神文化，是庆阳得天独厚的文化资源，是庆阳农耕文化的根源。周祖文化并不局限于农耕文化，但先周经济形态和生产状况无疑是先周历史研究的重要构成部分，考古学研究和历史学研究成果成为深化庆阳农耕文化的基本前提。

第二是庆阳农史研究，许多研究者从庆阳古今经济结构（农牧兼作）的变化、农产品的种类、生产工具的更新、区域农业文献的整理等，主要采用典籍文献与考古材料相结合的二重证据法，不断发掘庆阳农业发

展史的丰富事实。如《庆阳通史》对庆阳各个时期经济发展状况都进行了专门的探讨。

第三是农业民俗的研究，包括民俗、民歌、方言、庙会、节庆礼仪活动等。古人说，礼失而求诸野，民俗文化是一种活动的文化形态，保存着丰富的农耕文化的记忆。民俗文化研究的繁荣从一个方面揭示了庆阳农耕文化的丰富内涵。

第四是农业思想的研究，主要是探讨先周时期的礼乐文明对后世的深远影响，武汉大学陈望衡教授《儒源——周祖文化意义新探》中提出周祖文化对中国几千年的传统文化具有奠基作用，从七个方面对儒家文化产生重大影响。

第五是农耕文化产业的研究。庆阳市着力打造以"两园区一基地"（周祖农耕文化产业园区、香包民俗文化产业园区、环县道情皮影基地）为龙头的文化产业区域布局，农耕文化产业在庆阳文化产业发展中具有重要的地位。庆阳周祖农耕文化产业园已经上升为国家级产业园，围绕发展文化产业，近年来的学术研讨会中多有触及。

四　问题与思考

先周文化的研究涉及多个方面的问题，即内涵、特点、地望、族源、世系以及与之相邻文化的关系，等等。先周文化的讨论更趋热烈，各种观点纷出，既有对固有认识的印证，也有依据新材料提出的新见，可谓众说纷纭，见仁见智。有人做过统计，有关先周文化来源、面貌、世系、积年、分期等问题的不同意见达50余种。[①]

（一）关于先周文化的源流

1963年，夏鼐在《在日本京都同志社大学史前殷周考古学座谈会上的发言》中提出西周文化可能源于"客省庄二期文化"。徐锡台认为，没有发现齐家文化被周文化叠压的现象，早周文化可能是从客省庄二期

---

① 宗礼、刘栋：《先周文化研究六十年（1933—1993年）》，载《周秦文化研究》，陕西人民出版社1998年版，第277页。

文化的基础上接受了一些齐家文化因素发展起来的。① 卢连成认为，甘青地区的辛店文化和寺洼文化有可能是先周文化形成的重要源流之一，而齐家文化则可能是辛店文化、寺洼文化乃至先周文化的祖源；根据已知的考古资料，还看不出客省庄二期文化同先周文化之间的必然联系。先周文化绝不是单一部族文化或部落文化，而是陕甘地区许多部落经过长期融合、分化而形成的周民族文化，因此，甘青地区早期青铜文化有可能成为先周文化的源头。② 尹盛平、任周芳认为，"虽然郑家坡先周文化与客省庄二期文化之间还存在着缺环，但大体上可以看出是有继承发展关系的"③。关于客省庄二期文化与先周文化的关系，也有学者认为其间还隔着二里头文化时期和二里岗时期这两个相当长的历史阶段，先周文化以高领袋足分裆鬲著称，客省庄文化晚期以单把连裆罐形鬲为其文化的显著特征，两者当不属于一个谱系。④

邹衡指出，先周文化的形成是多种文化因素相互融合的过程，这些文化因素的主要组成部分有以来自殷墟为代表的商文化，有从光社文化中分化出来的姬周文化，有来自辛店、寺洼文化的姜炎文化。⑤ 胡谦盈认为，寺洼文化应是姬周文化的形成与发展的一个十分重要因素。"既然姬周文化是寺洼文化的继续与发展，而寺洼文化乃是中国古代戎狄族的文化遗存，不言而喻，姬周文化也就是戎狄文化的一种继续与发展了。所以，无论我们从史书记录的姬周族源，还是从周人遗留下来的物质文化资料，都可以得出姬周是属于戎狄族的一个分支的结论来。"⑥ 而李峰则认为，"寺洼文化占比例最大的器类是马鞍形口双耳罐，这种罐根本不见于先周文化；寺洼居址中常见一种罐腹鼎，亦不见于先周文化。相反，先周居址的主要器类盆、深腹罐、尊、瓮等也不见于寺洼居址。总之，两者的区别是一目了然的，这不是个别器物，而是陶器群整体，是文化系统的区别。寺洼文化是甘青地区一种非常独殊的文化遗存，既找不到

---

① 徐锡台：《早周文化的特点及其渊源的探索》，《文物》1979 年第 10 期，第 59 页。
② 卢连成：《扶风刘家先周墓地剖析——论先周文化》，《考古与文物》1981 年第 2 期。
③ 尹盛平、任周芳：《先周文化的初步研究》，《文物》1984 年第 7 期，第 47 页。
④ 张忠培：《客省庄文化及其相关诸问题》，《考古与文物》1980 年第 4 期，第 12—13 页。
⑤ 邹衡：《论先周文化》，载《中国考古学会第一次年会论文集》，文物出版社 1980 年版，第 153—154 页。
⑥ 胡谦盈：《姬周族属及其文化探源》，载《胡谦盈周文化考古研究选集》，四川大学出版社 2000 年版，第 101 页。

源头，也找不到去向。从年代与分布看，它应该是周人迁到关中以后进入泾水流域的考古学文化"[1]，"现已知最早的先周文化分布在泾水中上游，主要遗存是碾子坡早期居址和早、晚两期墓葬，其年代大约在古公亶父迁岐之前。它的来源既不是辛店文化也不是寺洼文化，而可能是该地域一种更古老的考古学文化，需要进一步探索"[2]。

（二）关于先周地望的研究

《史记·周本纪》指出，周人最早活动于邰（今陕西武功），不窋时期迁至戎狄之间，公刘时期迁豳，古公亶父又举族迁至岐山。古公亶父以后的活动区域，争议不是很大。对于后稷居邰、不窋窜"戎狄间"及公刘迁豳之所在，学术界存在着很大的分歧。

1. 邰地之争

20世纪30年代，钱穆提出周人早期活动地为山西汾水流域的晋南地区，"窃疑邰在山西汾城，逾梁山乃西避，非东迁。周人祖先之活动区域，亦在大河西部之一隈，稍后乃误以凤翔岐山说之"[3]。钱穆之"山西说"出现后，得到许多学者的赞许，如吕思勉认为："汾即邰，亦即豳，然则公刘旧邑，实在山西，太王逾梁山，当在今韩城。岐山亦当距梁山不远也。予案：……山西之地，三面皆山，惟自蒲津渡河入渭域为平坦，钱氏之言，衡以地理情势，固无不合矣。"[4] 许倬云《西周史》亦持此说，王克林也认为邰地在今晋南。[5] 邹衡提出先周文化来源于山西光社文化。齐思和在其《西周地理考》（1936年）中主张周族发祥地在泾渭水中上游一带，对钱穆的论点提出了驳议。戴彤心也表示，"检查山西考古材料，光社文化遗址发掘简报刊布至今，在山西境内，特别是在晋西南地区，始终没有发现与光社文化遗址类似的文化遗存。至于光社文化如何经晋中进入陕西境内，如何同存在于周族发祥的先周文化融合等问题，都是难以用考古资料加以论证的"[6]。此外，景

---

[1] 李峰：《先周文化的内涵及其渊源探讨》，《考古学报》1991年第1期，第280页。
[2] 同上书，第282页。
[3] 钱穆：《国史大纲》，商务印书馆1994年版，第36页。
[4] 吕思勉：《先秦史》，上海古籍出版社1982年版，第118页。
[5] 王克林：《姬周戎狄说》，《考古与文物》1994年第4期，第65—66页；《先周文化再研究》，《文物季刊》1995年第1期，第40页。
[6] 戴彤心：《试论先周文化（摘要）》，载《周文化论集》，三秦出版社1993年版，第58页。

以恩认为周族应当源出于今山东的海岱地区,周族始祖弃所受封的邰在山东齐地,《淮南子》九州中有"台州",《汉书·地理志》济南郡条下有"台"邑,先周族即源于该地,其地在今山东章丘市。[①] 杨朝明认为:"夏朝时期,周族很可能一直在今天的山东,其具体的地点或许正在景以恩先生所指出的山东章丘以南,这应该就是周族渊源探究的合理结论;不窋至公刘在今晋南和陕西西安东南古杜国一带;公刘迁到豳,古公亶父又迁至岐山以南的周原。"[②]

2. 不窋迁入地之争

史载夏政衰,去稷不务,不窋失其官而奔于戎狄之间。据《括地志》记载:"宁、原、庆三州,秦北地郡,为义渠戎之地,周先祖公刘、不窋居此,古西戎地。"杜佑说:"安化,汉郁郅县地,今名尉李城,在白马两川交口,亦曰不窋城。"[③] 嘉靖《庆阳府志·古迹》记载:"不窋城,即府治,夏政衰,不窋失官,自窜于斯,所居成聚,故建城而居焉。"钱穆、许倬云、王玉哲、王克林等人认为不窋所迁戎狄之地在山西。饶宗颐说:"余谓《周语》、《周本纪》俱称不窋居戎狄之间,《史记正义》引《括地志》:'不窋故城在庆州弘化县南三里。'《元和郡县志·关内道》三云:'庆州,古西戎地,……今州城东南三里有不窋故城是也。'又《顺化县》下云:'不窋墓在县东二里。'……唐人之说,非无根据。"[④] 江林昌认为:"先周族'窜于戎狄之间'时的活动范围主要有两个点。先是在甘肃庆阳地区,然后沿马莲河由北向南行100多公里,进入陕西境内的泾水中上游的豳州地区,即现今长武、彬县、旬邑一带。"[⑤] 刘军社认为:"不窋所窜的'戎狄之间'的地域当在庆阳地区,马莲河流域的可能性最大。庆阳地区在先周文化研究中的地位由此便凸现出来。"[⑥]

3. 豳地之争

史书记载公刘迁豳,而豳地究竟在何处,也出现了各种不同的说法。

---

① 景以恩:《华夏血缘族团源于东方新探》,《复旦学报》(社会科学版)1999年第1期,第104页;《夏商周同祖同源考》,《齐鲁学刊》2000年第1期,第49—50页;《华夏文明崛起于东方考》,《管子学刊》2013年第1期,第115页;《再论先周族源于今山东章丘考》,《齐鲁学刊》2015年第1期,第64—69页。
② 杨朝明:《先周文化渊源研究管见》,《人文杂志》2001年第4期,第121页。
③ (唐)杜佑:《通典》卷173《州郡三·庆州》,中华书局1984年版,第918页。
④ 许倬云:《西周史》,生活·读书·新知三联书店1994年版,第35页。
⑤ 江林昌:《姬周族"窜于戎狄之间"与泾水流域考古遗存》,《齐鲁学刊》1999年第5期,第5页。
⑥ 刘军社:《对寻找泾水上游先周文化遗存的思考》,《文博》2006年第5期,第20页。

第一种是陕西旬邑、彬县说。班固说："栒邑，有豳乡，《诗》豳国，公刘所邑。"① 曹魏到晋初，栒邑被撤并入漆县（治今陕西彬县），因此西晋时期杜预说："豳，周之旧国，在新平漆县东北。"② 唐初魏王李泰组织编写的《括地志》中说："豳州新平县，即汉漆、沮县，《诗》豳国，公刘所邑之地也。"据此，豳的地望在今陕西长武、彬县、旬邑三县之间。这种说法目前最为盛行，各种《诗经》注释本在解释《豳风》时多持此说。

第二种是甘肃庆阳说。杜佑说："宁州，夏之季公刘之邑，春秋时戎地（即义渠戎国），战国时属，秦始皇初为北地郡。"③ 北宋碑刻《宁州承天观之碑》说："兹县据罗川之上游，实彭原之属邑……豳土划疆，本公刘积德之地。"康熙《宁州志·古迹》："公刘旧邑，在州西一里，周之先公刘居此。诗云乃积乃仓，即此地也。掘土颇多古瓦。"汪受宽认为，《资治通鉴》卷40胡三省注："宋白曰：三水县东北二十五里邠邑原上有栒邑故城"，《中国历史地图册》将西汉栒邑县治定在今旬邑县东北约25公里之与北地郡泥阳县交界处；再看《陕西省地图册》（西安地图出版社2005年版），旬邑县城关镇向东北至县边界的直线距离不足20公里，为子午岭西延段之山脊，山脊之北今属庆阳市之正宁县及宁县，汉代之栒邑县治不在子午岭南麓的今旬邑马栏镇，就在今正宁县后坡、林家坡一带。因此，不窋、公刘活动之豳地，在今庆阳市南境，而公刘所居之豳邑则在今庆阳市宁县境内。④

第三种山西汾水说，王玉哲在钱穆观点的基础上，认为豳为山西汾水旁边的一个地方。⑤ 胡谦盈说："我们认为钱说不可取……迄今在山西常发现殷遗存，但从未发现过先周遗存。所以，我们认为豳都在山西的可能性是不存在的。"⑥ 李学勤等认为："碾子坡居邑略早于古公迁豳之前，属于先周文化早期偏晚，以此为标尺，有可能找到比它更古老的先周文化，然应扩大到甘肃马莲河流域庆阳地区去寻找。"⑦

---

① 《汉书》卷28上《地理志上》，中华书局1962年版，第1547页。
② 《春秋左传集解》卷19，上海人民出版社1977年版，第1121页。
③ 《通典》卷173《州郡三·宁州》，中华书局1984年版，第917页。
④ 汪受宽：《豳国地望考》，《中华文史论丛》2008年第4期，第16页。
⑤ 王玉哲：《先周族最早来源于山西》，《中华文史论丛》1982年第3辑。
⑥ 胡谦盈：《论寺洼文化》，载《胡谦盈周文化考古研究选集》，四川大学出版社2000年版，第227页。
⑦ 李学勤主编：《中国古代文明与国家形成研究》，云南人民出版社1998年版，第485页。

（三）关于先周世系及迁徙的研究

研究周祖文化，需要澄清其谱系，然而周族先代的世系在夏、商、周诸族中是最模糊的，《史记》中所列周人世系，存在着许多疑点，这就为人们正确解释先周历史带来了一定的困惑。首先是后稷与不窋的关系，谯周说："按《国语》云'世后稷，以服事虞、夏'，言世稷官，是失其代数也。若以不窋亲弃之子，至文王千余岁唯十四代，实亦不合事情。"毛诗疏云："虞及夏、殷共有千二百岁。每世在位皆八十年，乃可充其数耳。命之短长，古今一也，而使十五世君在位皆八十许载，子必将老始生，不近人情之甚。以理而推，实难据信也。"二者均认为史书记载中存在缺环断档。孟子说："由尧舜至于汤，五百有余岁。"[①] 弃生活在尧舜时期，不窋失稷之官在夏朝后期，公刘生活在夏桀时，500年间传了四代人（后稷、不窋、鞠、公刘），显然是不合情理的。吕思勉分析《史记·周本纪》中的"曰后稷，别姓姬氏。后稷之兴，在陶唐、虞、夏之际，皆有令德。后稷卒，子不窋立"这段材料时说："此三十余字之间，后稷二字，凡有三解，'号曰后稷'之'后稷'，指弃；'后稷之兴'之'后稷'，括弃以后居稷官者；'后稷卒'之'后稷'则不窋之父也。盖自弃至不窋之间，其名与世次皆不可考矣。"[②] 这种解释很有道理。李学勤提出，周人的先祖后稷，传说是尧舜同时代人。中国古史传说中的人物，大凡均具有二重性格，一是某个实在的个人，二是代表某氏族部落所经历过的一个发展时代，二者的关系在于被命名者亦大抵均为该时代该氏族部落先后产生的一批酋首人物，未必仅仅指一位。后稷即属此时空氛围的代表人物之一。[③] 因此，弃是第一个"后稷"，而不窋是夏朝最后一个"后稷"，他是弃的后代，但并非弃的儿子，是与弃相隔着若干代的末代"后稷"。宗德生认为，先周的世系本身并没有错，的确是仅15代，问题在于弃这个周族祖先的存在时代。稷本是一种官职，稷之官不自弃开始，在弃为农官之前，烈山氏子柱早已任稷官。弃应是夏末商初人，他在那个时代做农官，所以从他算起到文王，世系总共15代，年代

[①] 朱熹：《四书集注·孟子》，巴蜀书社1985年版，第34页。
[②] 吕思勉：《吕思勉读史札记》，上海古籍出版社1982年版，第113页。
[③] 李学勤主编：《中国古代文明与国家形成研究》，云南人民出版社1997年版，第488页。

无扦格，并无缺代可言。[1]

其次，补先周世系之缺环。先周谱系应当比《周本纪》所记载的要长，史书所载可能存在着许多缺漏，一些学者试图根据文献材料补史书之缺漏。王玉哲提出先周世系的新构拟，认为先周诸公名字凡四个字的（如公非辟方、亚圉云都等）都不是一人，而可能是兄弟两人，六个字为名的（如太公组绀诸盩）则是兄弟三人。具体地说，周的先公世系，辟方是公非的兄弟，侯侔则为高圉的兄弟，云都为亚圉的兄弟。公叔祖类、太公、组绀、诸盩、公祖诸名至少是四兄弟。古公亶父是古公和亶父兄弟二人。[2] 顾颉刚认为古公亶父是公亶父之误称，《诗经·绵》称公亶父前加"古"，表明时代久远，公亶父与太王并非一人。[3] 张春生依据相关材料认为在弃（后稷）与不窋之间尚有台玺、叔均、后稷三代。[4]

再次，何人可称为周人真正的初祖，学术界也做了多方面的探索。《史记》认为，传说中的弃是周人的初祖，这种观点2000多年间很少引起质疑。徐中舒认为，"周祖后稷，后稷乃古代农官通称，并非私名，周之先祖应自不窋始"[5]，而有关姜嫄与弃的传说出现于古公亶父迁入周原之后，因此周人世系只能从不窋开始。[6] 李仲立从五个方面论证后稷始邰之不可信，进而指出周人始祖应为不窋。[7] 顾颉刚认为周人始祖并非后稷，而是公亶父，其时代比《史记》的追溯要更靠后一些，"我敢断言，公亶父一定在公刘之前。后稷本是农神，未必有这人。乃是周家里是时代第一人"[8]。

（四）关于周人的图腾

图腾（"totem"）是原始人群体的亲属、祖先、保护神的标志和象征。图腾崇拜是人类历史上最早的一种文化现象。关于周人的图腾崇拜，说法很不统一。孙作云据《史记·周本纪》"姜嫄履大人迹生后稷"的

---

[1] 宗德生：《先周世系考》，《南开史学》1980年第2期，第267—274页。
[2] 王玉哲：《古史集林》，中华书局2002年版，第50—57页。
[3] 顾颉刚：《从古籍中探索我国的西部民族——羌》，《社会科学战线》1980年第1期，第122页。
[4] 张春生：《周先公世系补遗》，《文博》2003年第2期，第37—38页。
[5] 徐中舒：《先秦史十讲》，中华书局2009年版，第69—71页。
[6] 同上书，第72页。
[7] 李仲立：《试论先周文化的渊源》，《社会科学（甘肃）》1981年第1期，第50—51页。
[8] 顾颉刚：《从古籍中探索我国的西部民族——羌》，《社会科学战线》1980年第1期，第122页。

记载，认为大人之迹"就是熊迹，姜嫄履大人之迹而生子，就是履熊迹而生子，周人以熊为图腾"①。赵光贤不同意孙作云的说法，认为周族的图腾为天鼋，"孙先生喜用图腾解说初民习俗，《周先祖以熊为图腾考》，根据《史记》黄帝号：'有熊氏'，而周人与黄帝同姓姬，因谓周祖以熊为图腾，立论殊为牵强。后人以夏、周、商各族同为黄帝之后，这是传说，不能视为信史。古代传说分歧，董理不易。《周语》记伶州鸠之言：'我姬氏出天鼋'，据此说周人以鼋为图腾，不是更有力吗？"②也有以植物为周部族图腾的。齐思和认为，"周人以稷为始祖，以稷为谷神，以社稷为国家的象征，可见周族以为始祖，稷大概是周人的图腾"③。此外，还有认为先周在不同的历史阶段有不同的图腾，周文王的图腾是龙，周武王则大有以鸟为图腾的可能，还有周族"以龟为图腾"、以麒麟（即麋鹿之属）为图腾、以犬为图腾、以虎为图腾等观点。④

（五）关于先周社会制度

先周时期社会制度状况，学术界也有不同的看法。金景芳认为，公刘时期，由于尽力农垦，人口日渐增多，也有了阶级的分化，而且粗具国家规模，有了"三单"的军队。⑤徐中舒认为，《世本》称高圉为高圉侯侔，亚圉为亚圉云都，公叔祖类为太公组绀诸盩，古代中国人名皆用单字，这些名可能有戎狄语言成分在内。11个人中有三人称公，说明周人已在部族内自尊为公，说明部族之间已有阶级分化了。⑥孙作云认为周人与商人同时在夏朝末年进入阶级社会，公刘已是一位国王，不窋也是一位国王。⑦李学勤等人根据"周道之兴自此始"的记载分析指出，所谓"周道之兴"，即周人由酋邦迈入了早期国家发展之道，公刘兴周道是承后稷事业发展起来，反映了与后稷酋邦阶段间的连续性，但却又突出对统治制度的"修"，此种变革亦早已在不窋时发生，故可以说，周早期国家的产生，实是一个过程，而不是一个机械的突发事件，没有必要硬定

---

① 孙作云：《〈诗经〉与周代社会研究》，中华书局1966年版，第8页。
② 赵光贤：《古史考辨》，北京师范大学出版社1987年版，第113页。
③ 齐思和：《中国史探研》，河北教育出版社2000年版，第28页。
④ 周庆明：《周族姬姓虎图腾考》，《世界宗教研究》1984年第1期，第123页。
⑤ 金景芳：《中国奴隶社会史》，上海人民出版社1983年版，第105页。
⑥ 徐中舒：《先秦史十讲》，中华书局2009年版，第72页。
⑦ 孙作云：《〈诗经〉与周代社会研究》，中华书局1966年版，第25页。

其起点。[①] 许兆昌认为公刘统治时期，是周人早期国家的草创时期。[②] 杨宽认为，在先周世系中，公刘第一个称"公"，这一称呼应是当时周族人对国君的尊称。从公刘第一个称"公"来看，周族创建国家的时代当在公刘时期，公刘时期实际上已经进入城邑国家阶段。[③] 李亚农根据《诗经·公刘》篇所描述的情况，认为先周在公刘时期还处于氏族制时代，不过已经出现了家族和私有制。[④] 祝中熹认为公刘时代处于父系氏族公社末期，此时周人已开始迈入文明期的大门。[⑤] 张建军认为在公刘时期，周族由前国家形态向雏形国家迈出了一步，"公刘时代，周人正生活在由氏族、部落阶段向国家阶段过渡的时期，公刘本人所具有的是由部族大酋长向国王过渡的一种身份，当时的周人处于由部落社会向雏形国家过渡的一种形态下"[⑥]。启良则认为古公亶父时期，周族进入国家形态，"古公亶父是周族发展的关键人物，其政治行为标志着周族脱离'戎狄之俗'而开始进入国家状态"[⑦]。

（六）关于社会经济问题

周人为农业部族，这在古公亶父以后的周原时代是很清楚的。但是窜入戎狄和迁居豳地的几百年间，其经济发展状况如何，成为争议很大的问题。《国语·周语》记载，不窋率领族人窜于戎狄之间后，"不敢怠业，时序其德，纂修其绪，修其训典，朝夕恪勤，守以敦笃，奉以忠信，奕世载德，不忝前人"[⑧]。近年来一些研究者结合考古资料认为周人窜于戎狄之间，其经济生活顺应当地的实际情况，走向"戎狄化"，这期间的经济应当以畜牧业为主。胡谦盈认为，泾水上游及其支流地区的先周文化遗址往往分布在河溪旁50—80米的台地上，适于农业生产之地实在有限。姬周在农业生产方面有较大的进步和发展，是迁岐以后

[①] 李学勤主编：《中国古代文明与国家形成研究》，云南人民出版社1997年版，第493页。
[②] 许兆昌：《夏商周简史》，福建人民出版社2004年版，第122页。
[③] 杨宽：《西周史》，上海人民出版社2004年版，第33—34页。
[④] 李亚农：《李亚农史论集》，上海人民出版社1962年版，第19页。
[⑤] 祝中熹：《公刘与先周历史》，《青海社会科学》1992年第2期，第74页。
[⑥] 张建军：《从氏族、部落到雏形国家——〈诗经·大雅·公刘〉考论》，《语文知识》2007年第2期，第5页。
[⑦] 启良：《中国文明史》，花城出版社2001年版，第207页。
[⑧] 董增龄：《国语正义》，巴蜀书社1985年版，第31页。

的事情，在此之前，他们在农业生产上似乎还是比较幼稚和原始的。所谓"戎狄化"，似应理解为游牧生活或畜牧业在经济生活中占主要地位的意思，不宜仅仅依据"后稷善于务农"的传说，就主张甚至断言周人很早（初期阶段）就是一个擅长农业的民族。[①] 许兆昌认为："大概从此（指不窋窜于戎狄——引者注）开始，周人的主要的生产方式也发生了一定的变化。由于当地不适宜种植农业，因此，周人只好改以畜牧业为主要的经济方式。但是周人毕竟原本是一个农业民族，对于畜牧业经济不会十分熟悉，因此，这一阶段是周人早期历史发展的低落时期。"[②] 而李学勤等持相反的意见，认为周人对农业的经营不曾出现中断。"通常将此说成不窋自弃于农业文化圈外，改采戎狄的游牧业方式（见徐锡台《西周诸王征伐异族的探讨》，《庆祝武伯纶先生九十华诞文集》，三秦出版社，1991年；又许倬云《西周史》，第34页，三联书店，1994年）。这不免有先入想当然之嫌……不窋奔戎狄，仍有其定居邑聚。所谓'去稷不务'，应指原后稷酋邦分裂，'隆播种'的社会经济结构体系解体。所谓'失其官'，乃是不窋失去了原本作为中心部落资格而担任的酋邦最高首脑地位。其实，不窋奔窜戎狄之间，只是迫于原先酋邦分裂的苦衷下，另辟新地，继续创业，并未改变周人固有的生活方式。"[③] 樊志民认为："周人长期经营的有邰、北豳、豳、岐阳等地，大致皆属泾渭及其支流的黄土台原地区。他们结合地域特征，与历史早期人类改造、利用自然的能力相适应，充分利用黄土所具的疏松易垦、自然肥效等特性，形成了以黍稷为主的旱农经营特色，发展了最初的旱农耕作技术。"[④] 江林昌认为："周人在窜于戎狄之间时，除深受戎狄文化影响外，还有其较发达的青铜业和农业。"[⑤]

研究庆阳农耕文化，不能漠视先周历史文化研究的成果。先周史研究已经取得了引人注目的学术成果，但毋庸讳言，仍然存在着许多的不足。先周文化更早的源头究竟在哪里？周人的迁移轨迹到底是什么样子？

[①] 胡谦盈：《姬周族属及其文化探源》，载《胡谦盈周文化考古研究选集》，四川大学出版社2000年版，第101页。
[②] 许兆昌：《夏商周简史》，福建人民出版社2004年版，第121—122页。
[③] 李学勤主编：《中国古代文明与国家形成研究》，云南人民出版社1997年版，第491—492页。
[④] 樊志民：《先周考古与先周农业史研究》，《西北农业大学学报》1990年第1期，第84页。
[⑤] 江林昌：《姬周族"窜于戎狄之间"与泾水流域考古遗存》，《齐鲁学刊》1999年第5期，第8页。

周祖时代的社会经济结构如何？关中西部诸文化与先周文化的关系是什么？都是一些需学术界长期努力探索的问题。夏商周断代工程对先周史的研究起到了推进作用，但其探索仅限于古公亶父时期，古公亶父以前的具体历史状况，地下资料依然缺乏，缺乏完整的资料链，还需要做许多的发掘和研究。

考古工作者为先周文化的深入研究做出了许多贡献，为进一步开展先周文化研究奠定了基础。在先周史研究方面，既存在着考古资料展示不够的问题，许多资料还沉睡在地下或各地方的博物馆，同时也存在着已经公开的资料未得到充分利用的问题。缺乏完整材料链的支撑，成为一些研究成果无法实现重大突破的重要原因。同时，各地学界的封闭性（地域条块分割、自说自话）和倾向性，也使得研究成果呈现出区域特色，甚至有失偏颇。

孔子说：周文化"监（鉴）于二代，郁郁乎文哉，吾从周"，他对周文化充满了敬仰。先周历史研究能够帮助我们更好地认识周文明，更好地探索庆阳农耕文化的深旨。先周历史漫长，历史内涵丰富，社会变革急剧，单凭个人或一地的力量是无法揭示其全貌的。在先周史的研究中，如何更好地发掘资料，使文献资料与考古资料相互印证，值得研究者认真思考。因此，应当进一步加大对考古资料和文献资料的挖掘力度，充分利用文献资料和实物资料，加强各个地区学术研究队伍的协作，促进学术交流和资源共享，以更加全面、更加细致、更加严谨的实证研究和逻辑论断，推进先周史研究的发展和创新。

（责任编辑：张多勇）

庆阳民俗文化生存现状及保护与开发关系探讨

吴怀仁

（陇东学院　甘肃庆阳　745000）

摘　要：民俗文化资源的神秘性、真实性和体验性对民俗文化产业的兴起具有很大的拉动作用。在由农业文明转向工业文明的现代化潮流中，民俗文化的传承与发展不可避免地遭遇到了诸如经济发展、技术更新、文化变迁等因素的冲击与改造。庆阳民间保存着大量的民俗文化，在甘肃省华夏文明传承创新区建设和丝绸之路经济带建设的大背景下，为大力发展庆阳民俗文化产业的开发，在生产中保护和传承庆阳悠久而丰富的民间民俗文化，我们以庆阳地区民俗文化为具体研究对象，从文化生态学的角度，通过历史状况与现实情形的比较，整体、动态地考察庆阳民俗文化的当代变迁及其影响因素，探讨其中变化发展的某些成就与存在的问题，为进一步探索更为有效的保护与发展道路提供些许借鉴与指导，因而具有一定的现实意义。

关键词：民俗文化；庆阳；文化生态；当代变迁；保护与开发

民俗文化是长期发展形成和遗留下来的有形或无形遗产，是地域文化符号的精髓、象征和代表。传统民俗文化包括四大类：物质民俗包括衣食住行、生产劳动方面的生活文化，社会民俗包括婚姻家庭和人生礼仪文化、节日文化、民间传承文化、科技工艺文化，语言民俗包括民间

---

* 基金项目：国家语委项目"泾河流域语言民俗历史流变研究"；甘肃省高校研究生导师计划项目"陇东语言民俗研究"的阶段性成果（12001）。

** 吴怀仁（1966—），男，汉族，甘肃庆阳人，陇东学院文学院教授。主要从事写作学和陇东方言与民俗教学与研究。

故事传说、笑话谚语、民歌俗讲等，精神民俗包括宗教信仰和巫术文化以及民间艺术等。民俗文化旅游是对那些可以对旅游者产生吸引力，为旅游业所利用，能产生经济、社会和生态效益的传统民俗文化进行旅游开发来满足旅游者需求的产业形式。民俗文化与农村原始生活有着千丝万缕的联系。随着人类社会生产的进一步现代化，面对人际的疏离和冷漠、生活本身的程式化、竞争的无情、环境的破坏和传统意义的丧失，人们渴求返璞归真，希望能通过旅游找回生活中失落的朴素、真诚、热情、简单。这种主体旅游需求促进了民俗文化旅游的产生。作为民俗文化旅游必不可少的旅游资源，即一部分传统民俗文化，由于它并非主体民俗，因而其文化形态与其他文化有一定的差异，且这种差异越大，对外来人的文化震撼就越大，从而对国内或国际游客产生的吸引力也就越大。它能满足人们"求新、求异、求乐、求知"的心理需求，满足人们返璞归真的渴求。因此，民俗文化旅游资源的神秘性、真实性和体验性对民俗旅游的产生起了很大的拉动作用。

庆阳民间保存着大量的民俗文化，在甘肃省华夏文明传承创新区建设和丝绸之路经济带建设的大背景下，为大力发展庆阳民俗文化的旅游产业，在生产中保护和传承庆阳悠久而丰富的民间民俗文化。我们以庆阳地区民俗文化为具体研究对象，从文化生态学的角度，通过历史状况与现实形态的比较，整体、动态地考察庆阳民俗文化的当代变迁及其影响因素，探讨其中变化发展的某些成就与存在的问题，为进一步探索更为有效的保护与发展道路提供些许借鉴与指导。

庆阳的生态环境与民俗文化类型

庆阳地区，地处黄河中上游，为黄土高原腹地，包括今甘肃省东部的大部分区域。地理上处于温带半干旱气候与温带半湿润气候的过渡带，宜耕宜牧宜林，大体经历了以牧为主、农牧并重和以农为主的漫长演变过程，最终形成了以农为主的经济生活方式，积淀了深厚的农耕文化。历史上，这里曾经是华夏始祖轩辕黄帝最早的生息地及周祖文化的发祥地，又是戎、狄、羌、荤粥（匈奴）等少数民族过往交融之地。春秋时有义渠戎国，战国秦修筑长城，秦通直道，汉代开拓丝绸之路后丝绸之路有三条干道从这里经过。[①] 这里民众多聚族而居，以家族为村，讲究家大业大，重视礼节，婚丧嫁娶、满月过寿等都要摆席宴客，对丧事和清明节、寒衣节、祭祀公刘等祭祖性质的节日和仪式较为重视。如春节要置办年货，烹制珍馐佳肴，缝制新衣鞋帽，蒸面花，贴春联、窗花、门神等。端午节小孩要穿戴"五毒背心"、虎头鞋、虎头帽等，胸前戴着各种香包，避邪求吉；家家户户的媳妇、姑娘要在节前，以五彩绸布、丝线缝制各种香包。婚俗中还有"摆陪房"的风俗，女方家待客坐席的同时，在庭院中把为新娘做的衣服、鞋袜、枕头、门帘、鞋垫等刺绣工艺品一一摆出，让客人观赏，以显示新娘及母亲做针线的手艺。这些在漫长岁月中所形成的祭祀、纪念、祈福、迎送等风俗文化，在世代相传的过程中，逐渐成为具有深厚意蕴的民俗文化，经过漫长的历史积淀，逐渐完善而成熟，形成鲜明的地域文化特色。庆阳民俗文化历史悠久，积淀深厚，形成了富于庆阳地域特色的民俗文化。庆阳代表性民俗文化景观：一是庆阳民居文化。庆阳民居文化的地方特征非常鲜明，有只见炊烟不见人家的地坑院，有依塬边山畔而建的崖庄，也有在平地上修建的高大宽敞的瓦房等。二是饮食文化。面食在庆阳种类繁多，常见的有刀削面、拉面、刀拨面、擀面、猫耳朵、饸饹、搓搓、搅团等。比较著名的风味名吃有臊子面、荞剁面、锅盔、麻花、油糕、糖油饼、粘面、焖饭等富有庆阳特色的饮食。三是娱乐文化。庆阳民间娱乐文化有陇东道情、秦腔、眉户、华池弹唱、民歌、锣鼓、社火、徒手秧歌、狮子舞、龙舞、高跷、旱船等。这些民间娱乐文化经常出现在大型庆典活动和民间节庆中，浓郁的地方气息、鲜明的民族风格、强烈的时代风韵，观赏后令人激动万分。四是庆阳民间工艺文化。有香包、剪纸、刺绣、面塑、泥塑、纸扎、特色服饰等。五是庆阳民间节会。有富有地方特色的庙会、节庆等。六是庆阳生产民俗。有富有农耕文化特色的农具和耕作方式。七是庆阳民间口头文学。有富有庆阳地域特色的民间故事、解释性传说、农谚、歇后语等。

这些民俗文化在20世纪50年代以前，尽管地方经济文化有繁荣或

[①] 张多勇：《丝绸之路陇山以东走向考察报告》，载《金塔居延遗址与丝绸之路历史文化研究》，甘肃教育出版社2014年版，第663—668页。

衰退的更迭，但由于民俗文化生态环境基本没有变化，庆阳民俗文化一直处于相对稳定的发展状态，主要表现在以下几个方面：第一，庆阳是典型的农耕社会，民俗文化是农事生活的补充。第二，聚族而居的庆阳民间居住形态决定了民俗文化以家族、村落等形式传承成为地域文化传承的一种方式，本身也成为地域文化的组成部分。第三，庆阳相对封闭的地方文化和交通状况使民俗文化的生存保持了单一的文化环境，受到现代化的冲击相对较弱，地方特色浓郁鲜明。

庆阳民俗文化的当代变迁

20世纪80年代以来的改革开放，使中国农村发生了巨大的变化，民俗文化受到巨大冲击，失去了传统赖以生存的生态环境和社会基础，庆阳亦不例外。面对冲击，为更好地生存与发展，庆阳民众积极进行调整，使传统民俗文化发生了巨大变化。大体而言，主要表现在以下几个方面。

一是民俗文化的活动和生产方式的变化。传统民俗文化的基本形式是村落、家族活动和手工生产，像民间工艺品无论其工艺流程多么复杂，一件手工艺品的制作从构思、设计到完成，通常都是由一个制作者或者在一家手工作坊中完成。而在现代文化产业化背景下，随着市场的拓展和消费需求的增加，活动的公开化和生产的扩大化成为必然，传统的村落家族活动方式和个体生产方式受到挑战。为拓展民俗活动的参与度和提高生产效率，民间民俗文化活动的社会展演性和手工艺品的现代集约式生产方式逐渐取代了家族村落活动和家庭作坊式的生产方式。如随着机械化程度的提高，农业生产由集体化的牛拉人背变为机械操作，传统的生产农具和生产已逐渐退出人们的生活。再如庆阳香包随着市场经济的不断发展，形成了一支专门从事设计、构图、购料、制作、运输、销售的香包生产队伍。这种生产模式已经是典型的集研发、设计、生产、收购、销售于一身的现代企业规范化模式，被称为"公司+农户"产业模式。这种由公司订单作业，农户加工，批量生产的生产模式，一方面设计与制作分化，工艺生产变成集体行为，提高了生产效率，其经济效益不言而喻；另一方面，个人、家庭和村舍的技艺伴随着规模的扩大和技艺的模仿而成为标准化的模式，造成了产品式样的趋同和人性化色彩的淡化。

二是生产主体与消费群体的变化。在传统活动和生产环境中，民俗文化的活动和生产主要是以家族村落和家庭作坊式传承和发展，自给自足的生产和消费方式占有主导地位。在这种传统的乡土环境中，民俗文化活动者往往是接受者，活动和生产与接受是一体关系，不存在买卖关系，即使有，也仅是简单的交换关系。随着市场经济体制的不断发展，民俗文化活动和生产由单一生产主体和消费主体被集约的社会个体和群体所替代。一方面，由于活动的展演化、广场化和生产经营的产业化、市场化，民俗文化的活动和生产以个体、家庭、村落为主和人工耕种的生产格局被打破，民俗文化活动成为一种广场式的展演活动，使民俗文化活动和生产行为成为民众收入的主要的经济来源。另一方面，民俗文化活动的传承人和生产者的社会地位也不断提高，被社会认可，成为职业的民间艺术家。这种社会地位的改变促使和激励民俗活动传承人不断创新，也吸引着更多人加入到这个行列中来。与此同时，随着民俗文化的产业化发展和对外宣传力度的加强，以及外部消费市场的拓展，越来越多的外部消费者了解和认识了民俗活动和生产。借助现代传媒和市场运作机制，在政府和媒体的积极推介下，庆阳民俗文化成为庆阳地域风土人情的表征物，其接受者更加广泛。这种由以本地居民为主体到以外部消费者为主体的民俗文化消费市场的转向，一方面刺激民俗文化产业化的更深发展，另一方面，因为消费主体的变化带来审美倾向的变化，使得民间手工艺在风格上逐渐趋向自由发展，文化符号拼贴现象凸显，地域特色趋于消失。

三是民俗文化形式的变化。庆阳地区原生态的民俗文化与庆阳民间老百姓的生产生活关系紧密，其活动形式、题材、艺术语言都源自民间，合乎实用，形式古老而厚重。随着城市文明的渗透，非民间艺术、传媒、商业等带来的讯息渗入，使当下庆阳民俗文化在活动题材、形式、组织上都发生了明显的变化。如庆阳香包的种类已大大突破了历史上以满足本地区生产、生活之需的规模，由过去的十二生肖、狮子鞋、虎头枕等几个简单的品种，发展到现在的花鸟虫鱼、人物典故、民间故事等上百个品种，工艺样式从题材、主题到表现形式，体现着"新语境下"喜闻乐见的创作理念，非本土传统的图案大量出现，都市化、生活化、时尚性也逐渐增多，不同风格的内容、形式在工艺生产中的拼贴也较为明显。香包是庆阳民俗文化的一个种类，同庆阳民俗文化一样是以乡土文化、农耕文化为根底，深受古风土俗的浸润，寓意往往古奥含蓄，造型古拙质朴、图案变形夸张，散发浓郁的乡土气息和地域特色。但在产业化过程中，传统的寓意深刻的纹样造型越来越少，而一些异地传播来的和网络上流行的造型和图案，如喜羊羊与灰太狼、奥运福娃等越来越多地出现在手工艺产品中。同时，因为原有的民俗活动逐渐减少甚至消失，与民俗活动密切相关的民俗文化的功能也随之发生转向，民俗活动中原有的祭祀、宗教、祈福、馈赠、定情、娱乐、禁忌传承等民俗功能意义削弱或消失，在对外服务和多元功利的驱动下，市场开发倾向于以经济利益为主，民俗活动的装饰功能、纪念功能和地方形象象征功能，逐渐取代了与传统民众生活紧密相关的物质功利性和精神功利性。

庆阳民俗文化变迁因素的分析

传统民俗文化在现代社会的兴衰，总有其社会经济文化背景转化的复杂性。人类社会在不断的发展变化，与此相适应，生产方式、娱乐方式、行为习惯、礼仪风俗和审美情趣等文化形态，往往也呈现相应功利的改变。进入21世纪后，民俗文化的生存土壤迅速改变，在此情境中，庆阳民俗文化生态发生变迁是必然的。这种变迁，一方面促进了自身的繁荣与发展，另一方面也导致了诸多问题。由于地域相对封闭，庆阳在民国时期受现代文明的影响较少，风俗习惯改变不大，使庆阳民俗文化为适应普通民众生活需要与审美需求存在。民俗文化作为民众日常生活的一部分，其活动、传承与演变都是与特定地域、特定民众的历史文化传统、经济状况、风俗习惯等文化生态紧密相关的。关于民间民俗的文化生态性，与一个地区的文化生态变迁相伴随，正如民艺学家吕品田所说的那样："纵观百年历史履迹，原生形态的衰落与蜕变形态的生发，构成中国民间美术随社会文化变革而呈现两种基本态势。"改革开放以来，中国社会发生了巨大变革，逐步由传统农耕社会向工业社会转变。在此过程中，以传统农耕文明为生存根基的民俗文化，遭受了巨大冲击，出现了传承危机，许多传统民俗逐步从人们的生活中消失。但危机与机遇并存，在此过程中，一些地区或某种民俗文化形式却充分抓住机遇，适应社会发展变迁，促进了自身的生存与发展。如庆阳的香包、剪纸、皮影、民间戏曲、民间节会、节庆祭祀等非但没有萎缩，反而在新的社会文化背景下，呈现出一片繁荣的景象，引起了许多专家学者的关注。庆阳地区的民俗文化始终是和庆阳民众的日常生产、劳作、生活紧密结合在一起的。在他们的生产、劳作和生活的过程中，对宇宙、自然、社会、人生、心灵的长期观照而形成集体经验，以相对稳定的民俗活动、种类、造型、图式和色彩凝聚在具体的民俗事象中。特殊的地理环境和相对封闭的文化交往，使庆阳民俗文化中凝聚的地域文化特征保持了相对的稳定性，生活在这片土地上的民众在劳作、祭祀、娱乐的时候，也通过行为、心理在不断强化、稳定和传承自己的独特文化，这种状况延续了上千年。然而在当下全球经济文化一体化的趋势之中，由于文化边界的相对模糊，以及现代媒体的冲击，庆阳民俗文化的相对稳定的文化意义、文化功能正在逐步消解，呈现出一种明显的"地方性文化疏离"。民俗活动中的注重形式、轻视传统的实用性、民间性和地方性知识的倾向正是"地方性文化疏离"的一种表现。如传统的皮影雕刻工艺非常讲究皮子的选用，由于皮影用途的拓展，雕刻制作中使用机器制皮，而不再讲究皮子的薄厚，传统的浆皮工艺和处理程序也被简化，手工牛皮也不再是唯一选择，工艺过程与原来有了很大的区别。另外，在技术层面上，机械加工工艺取代了不少的传统技艺，工业制作痕迹明显，复制的成分提高。工厂化的生产，流水作业的粗制滥造和千篇一律，虽然扩大了生产规模，但其中的文化内涵和意义却被抽离，这种规模化的复制导致了传统民间工艺的标准化、统一化，消解了民俗文化中的个性和地域特色。

综上所述，当下庆阳民俗文化的生存现状体现了传统文化在现代化进程中多种社会、文化力量的多元互动，在被迫改造的同时也在积极适应。庆阳民俗文化经过20多年的恢复和发展实践，不仅带动了地方经济和文化产业的发展，同时也带动了地方传统文化的复兴。在政府积极倡导和各种力量的合力推动下，这些民俗文化在一定意义上已经成为地方经济发展的一种重要形式，文化旅游的勃兴，手工艺产品的销售，民间节会的兴盛，使农民的收入增加，村史民俗文化产业的队伍明显壮大，产业化带来的利益，使农民的生产积极性被充分调动起来。这一切尽管还存在一些不尽如人意之处，但还是向我们提示了一条适合在当代社会条件下的民俗文化发展道路。

处理好保护与开发的关系

生活在工业文明时代的我们，已不能也不必直取民间艺术的原生形态来"超越现实"。因为所谓原生态根本就不存在，民俗文化是一直随着社会的变化而变化的。因此，我们也必须要破除那种认为最老的、最原始的就是最地道的观点。今日工业文明的强大力量，注定我们要在现代工业文明既定的发展模式中探索民俗文化建设的可行之路。基于此，针对这些地区民间手工艺的当下生存境遇，就其产业化发展之路提出以下几点看法。

首先，处理好经济发展与文化传承之间的关系，采取适度规模的文化产业开发。民俗文化产业的发展应遵循传统文化的运行规律和运作方式，保持规模的适度化，不能追求数量多、规模大和速度快，而要在保守核心技术的前提下强调质量，守住纯正作风和经典程式，实现传统手工艺与现代经济之间的张力性共存。

其次，处理好民俗文化生态保护与产业开发之间的关系。文化遗产的生存环境是文化传承和发展的重要条件，没有文化生态基础维护的产业化道路，如同釜底抽薪、杀鸡取卵，不能带来持久的经济利益。传统民俗文化往往与当地的风土人情密切相关，其应时循节的活动及制品通常成为民俗文化活动的重要组成部分，更多地要靠民俗机制而非单纯的市场或行政手段为之造就社会需要和生产动机。因此，需要保护的就不仅仅是民俗文化活动本身，更要注意保护民俗文化所赖以生存的文化生态。如果没有了后者作为依托，民俗文化就永远只能是表层的民间狂欢，成为一种没有心灵、随处漂荡的无根浮萍。

最后，处理好民俗文化产业开发与资源保护之间的功利关系。在强调产业开发的同时，政府和文化机构还应有较强的资源保护意识，兼顾保护与开发。对原生资源,尤其是对濒危的民俗文化技术和传承人的搜集、整理、保护与研究应在更大规模上展开。对民俗文化的传承人,不能只满足于拉网式的普查与抢救,更应抱有一种同情与理解的态度对他们进行人文关怀,在保护的同时,还要改善他们的生存境遇。因此,必须积极创造条件让他们走向现代社会的前台,直接参与到现代社会的运作与发展过程之中。

总之,庆阳民俗文化的当下存在状态是一种包容了各种复杂因素的发展状态,是交融过去、现在和未来的一种可能和现实的存在,它既交融着传统文化的变异,交织着焦虑和失望,同时也孕育着新的希望。在传统与当下的对接中,这些民俗文化继续扮演着维系、传承、强化传统文化、地方性知识的重要角色。在日益开放的文化背景下和市场等多种力量的驱动之下,这些民俗文化还会发生诸多的变异。面向未来,我们还应持续探索积极有效的文化产业发展之路,适应现代市场环境的调整,从而走上更为健康的发展轨道。

(责任编辑:徐克瑜)

明清时期陇东地区社会信仰及相关问题[*]

雷兴鹤[**]

(陇东学院历史与地理学院　甘肃庆阳　745700)

摘　要：周祖文明发源地的陇东地区，历史上以农耕为主。农业容易受到自然灾害的影响，这原本是一件很正常的现象，但由于人们对灾害原因和规律的认识是非常肤浅的，当自然灾害降临时，除了施以积极救助之外，还常借助神灵以避之。这就使得灾害与农耕社会文化有了密切的联系，在古代漫长的应对灾害的过程中，就产生了社会信仰。陇东地区的社会信仰是当地社会生活中的特有现象，是当地居民实践活动的重要因素。文章考察了陇东地区社会信仰庞杂，祭祀神祇众多，民俗节令有商周用火烧龟骨占卜的遗风。文章认为，明清社会通过祭祀，培养各级官员的敬畏之心：敬畏天地、敬畏神灵、敬畏自然，以达到敬畏民众的伟大功效，培养官员的民本思想。社会信仰还是维系明清社会民间自治的精神支柱。

关键词：明清；陇东地区；社会信仰

　　社会信仰是人类社会生活中的特有现象，是人类实践活动的重要因素。社会信仰是以社会为主体的信仰，是处于某一社会文化共同体的人们在共同的经济文化生活中，在追求并实现共同利益的过程中，相互协调、相互融合而形成的一种共同性、普遍性的信仰。社会越进步，越需要对社会的共同信仰问题进行研究。通过探讨社会信仰的本质和规律，可以促进社会共同体增强凝聚力，减缓社会冲突，并为社会成员提供强

---

[*] 基金项目：陇东学院青年科技创新项目（项目编号：XYSK1401）。
[**] 雷兴鹤（1985—），男，甘肃环县人，硕士、讲师。主要从事中国社会史和西北史的教学和研究工作。

大的精神动力支持，更好地发挥社会共同信仰对人类实践活动的推动作用。① 不同物质条件往往产生不同的意识，所以在一定的地理条件下形成独特的历史文化形态，该种文化形态会最大限度地反映该地的历史文化。传统的农业社会，到处可见信仰与崇拜，而其深层原因是对物质基础的反映。

一 陇东民间神祀与信仰

在农业社会，自然灾害对农业的影响是一种很正常的现象，但灾害与社会文化却有了密切的联系，灾害在很大程度上影响着社会文化的变化。同时，社会文化也反映着自然灾害。在古代社会科技不发达，民众文化素质较低，人们对灾害原因和规律的认识是非常肤浅的。当自然灾害来临时，除施以积极救助之外，或借助于神灵以避之，或外逃乞讨以应之。在漫长的应对灾害的过程中，社会上逐渐形成了一些非常独特的风俗与信仰。

陇东地区在传统社会主要为农耕区，自然灾害频发，当地民众较强的"农本"意识给民间信仰带来广泛的影响。当地的民间信仰活动多与农耕有着密切的关系，"民间信仰"普遍具有明显的实用性功能，主要体现为求神佑护和盼望粮食丰收。恩格斯在《反杜林论》一文中曾谈道："一切宗教不过是支配着人们日常生活的外部力量在人们头脑中的幻想的反映，在这种反映中，人间的力量采取了超人间的力量的形式。"② 可见，任何一种信仰并不是"天然"产生的，它同人类生活的自然环境关系密切。

陇东地区深处大陆内部，降水年际变化大，受温带大陆性季风气候的影响显著，在传统的"以农为本"的社会里，水、旱、蝗灾对农业影响较大。为了让农业丰收，每遇灾害，都求助于神灵。据笔者查阅陇东地方志等相关资料，发现在陇东地区"水神庙"的崇拜较多，这很可能

---

① 谷生然：《社会信仰论》，博士学位论文，华中科技大学，2009年，第1页。
② [德] 恩格斯：《反杜林论》，载《马克思恩格斯选集》第3卷，人民出版社1995年版，第666—667页。

是与陇东地区农业社会多旱涝灾害有关。

（一）水神祭祀

在六盘山以东的陇东地区，地处暖温带黄土高原的中腹地带，降水量在400—600毫米之间，属于干旱半干旱过渡带。在这个干旱地区水神祭祀范围较广，从地方志反映出明清时期，当地的水神庙比较普遍。

第一，关于龙王的祭祀。陇东地区由于旱灾较多，所以"龙王"崇拜较多。通过下面的资料可以看到祭祀龙神"祈雨有应"的记载：静宁州"龙王庙，一座在州南山，有神湫，旱祷应"[1]。一座在县西门外，"宋时有五龙庙，九龙堂以祈雨龙王之祀"[2]。灵台县"一在县南城外，知县贾应昌建，今废；一在县西三十里石塘镇，旱虔祈祷有应"[3]。

第二，关于河神和湫池等的祭祀。陇东的民间存有小范围诸如神泉、湫、潭等祈雨场所，每遇灾害，民众自发地去祭祀。例如，"灵沟，在城北五十里，北流入东河，有祠祷雨辄应"[4]；"圣水泉，在府城北三十里，外水清冽，上有龙堂祷雨辄应"[5]。宁州"马莲河，在州南四十里，有神庙，祷雨多验"[6]。"□□崾岘，在府城西四十里，有菩萨殿、甘湫潭，祷雨辄应，郡丞李本固有碑记。"[7] 正宁县东60里，有"要册龙湫，泓然不涸不溢，祷雨必应，旁设龙神祠"；40里外的"新庄沟有湫，方圆数亩，祷雨辄应，人比之灵湫，上建龙神庙"[8]。

由此可见，陇东地区河流和池塘祭祀的记载也众多，且多和旱灾有密切关系。

（二）城隍庙

城隍神在中国民间信仰中极为重要。古代以土谷为重，所以自天子以下重社稷神，后世易封建为郡县，专以城池为固，"于焉请祷，亦理势

---

[1] （乾隆）王烜纂修：《静宁州志》卷1，《建置志坛庙》，第76页。
[2] 同上书，第395页。
[3] （康熙）黄居中、杨淳纂修：《灵台志》卷二，《祠庙》，第15页。
[4] （清）赵本植纂修，华池县志编写组：《庆阳府志》卷7《庆阳府·山川》，1979年手抄影印本。
[5] 同上。
[6] （清）赵本植纂修，华池县志编写组：《庆阳府志》卷7《庆阳府·山川》，1979年手抄影印本。
[7] （清）赵本植纂修，华池县志编写组：《庆阳府志》卷8《庆阳府·关梁》，1979年手抄影印本。
[8] （乾隆）折遇兰纂：《正宁县志》卷3《地理·山川》，第3—5页。

之不得不然者也"①。唐宋时代，我国城市人口较为集中，商业繁荣，作为城市守护神的城隍地位日显重要，当然香火就日益旺盛起来。城隍之名，见于《周易》。关于城隍神的起源，有始于尧、始于先秦、始于汉、始于三国诸说。《礼记》卷 11《郊特牲》载："天子大蜡八。祭坊与水庸，事也。"据郑玄注："天子蜡祭八神，水庸居七。即谓尧时始祭水庸（水沟）之神。元刘博《州城隍庙记》谓：周典以吉礼事邦国之神，城隍有祠，其殆始此。"②元吴澄《江州城隍庙后殿记》载江州城隍神："相传以为汉丞相颍阴侯灌婴。郡志言高帝六年，侯筑溢口城，即今州地，则侯之配城隍也宜。"③唐开元五年（717年），荆州大都督府长史张说撰《祭城隍文》曰："城隍以积阴为德，致和产物，助天育人。人之仰恩，是关祀典。说恭承朝命，纲纪南邦，式崇荐礼，以展勤敬。庶降福四氓，登我百谷，猛兽不搏，毒虫不噬。"④此为城隍有祭文之始。唐代祭城隍文，多为淫雨祈晴、天旱祈雨之作，地方守宰为民请命，祈求城隍神显灵消灾，保佑地方安泰。唐代城隍之祀已成风俗，"水旱疾疫必祷焉"⑤。宋代城隍神已列为国家祀典。《宋史·礼志八》载："自开宝、皇祐以来，凡天下名在地志，功及生民，宫观陵庙，名山大川，能兴云雨者，并加崇饰，增入祀典。……其他州县城隍……皆由祷祈感应，而封赐之多，不能尽录云。"⑥元朝亦崇祀城隍。元世祖至元五年（1268年），上都建城隍庙。至元四年（1267年），兴建大都，亦立城隍神庙，敕封大都城隍神为佑圣王。元虞集《大都城隍庙碑》称："自内廷至于百官庶人，水旱疾疫之祷，莫不宗礼之。尔来六十有余年，国家治平，民物繁阜，日盛一日，而神之所依亦厚矣。"⑦明代城隍神信仰趋于极盛。明太祖朱元璋"于临御之初，与天下更始，凡城隍之神皆新其命"⑧。清承明制，依然崇祀城隍之神。由于城隍神信仰在民间影响扩大，纳入道教的神仙体系之中，城隍成为剪恶除凶、护国安邦、旱时降雨、涝时放

---

① （清）秦蕙田：《五礼通考》，台北商务印书馆 1983 年版，第 493 页。
② 《水云村稿》卷 3，《四库全书》第 1195 册，台北商务印书馆 1983 年版，第 355 页。
③ 《吴文正集》卷 38，《四库全书》第 1197 册，台北商务印书馆 1983 年版，第 405 页。
④ 《全唐文》卷 233，《全唐文》第 3 册，中华书局 1983 年版，第 2357 页。
⑤ （唐）李阳冰：《缙云县城隍神记》，《全唐文》卷 437，《全唐文》第 5 册，第 4461 页。
⑥ （元）脱脱：《宋史》卷 150，中华书局 1977 年版，第 2561 页。
⑦ 《道园学古录》卷 23，《四库全书》第 1207 册，台北商务印书馆 1983 年版，第 335 页。
⑧ （明）丘睿：《大学衍义补》卷 61，《古今图书集成》，《礼仪典》第 239 卷，第 73 册，第 87981 页。

晴，并管领一方亡魂之神。

明清时期，陇东地区凡是州县，有城便有城隍庙。地方志中对城隍庙和城隍祭祀多有记载。例如，静宁《重修城隍庙记》载：

> 自古有天下、国家者，莫不建邦、设都，以为屏翰。凡京、省、郡、县，创立城池，以保障生民，捍御寇盗。孟子曰："天时不如地利。"正谓此也。
>
> 夫筑土甓为城，拟山之险，凿池为堑，曰"隍"，拟川之阻及其成也，有神存乎其中，乃名城隍，幽明是典，祸福攸司，春祈秋报，与风云、雷雨之神得以受享，三时厉祭无祀，城隍实为主宰守土，莅任例应神，誓告用彰无私，望率众拜谒，以至雨阳有祷，疫疠有祷。①

静宁县"城隍庙在州治西，宋元为二吴王祠。明洪武五年（1372年）知州欧阳信改建。成化间，知州郭增宏治，十二年（1476年）知州阁重（修），隆庆三年（1569年）知州张世威并重修"②。

其他各州县方志亦不乏记载。泾州"城隍庙，在治后街"③。合水县"城隍庙在县治右，近西门。其进深与县署相等，当街，石牌坊一座"④。灵台县"城隍庙，在县城外南关，灵台之北，明末被毁，复修。清同治初年，城陷复毁。光绪五年（1879年）复修"⑤。

由此可见，在陇东地区城隍庙和关于城隍的信仰很普遍，而且分布范围也较广。至今，很多古城已毁，但庙宇仍然保留。如泾川县城隍庙保存较好。镇原县中原乡杜寨子北魏安定县城墙没有保留，但城址瓦砾滩上民间恢复修建了城隍庙。还有许多古城遗址，今天虽没有庙宇，但民间盖有简易的小房或利用崖面修挖土龛，供奉神祇。可见城址废弃，信仰保留。

---

① （乾隆）王烜纂修：《静宁州志》卷7《艺文》，第345—348页。
② （乾隆）王烜纂：《静宁州志》卷1《坛庙》，第75—76页。
③ （乾隆）张廷福修，李瑾纂：《泾州志》上卷《诗观》，第72页。
④ （乾隆）陶会纂修：《合水县志》卷2《坛庙》，第51页。
⑤ （民国）高维岳、张东野修，王朝俊等纂：《重修灵台县志》卷3《风十志·祠祀》，第475页。

(三) 其他神庙祭祀

陇东地区信仰庞杂，祭祀众多，除了土地神、龙王庙、城隍庙祭祀外，还有其他祭祀。

第一，太白庙祭祀。例如，灵台县有太白庙的祭祀，在"县西五十里，内有灵湫三处，旱虐祈祷必应。顺治十二、十三年（1655年、1656年）春夏旱，知县黄居中命乡民祷于神，随沛雨泽。十四年春夏复大旱，祷取灵湫，复应乡民王守友、贾抚恩、田隆、杜聪等。因募众重建前殿门坊"。[①]

第二，关帝信仰。镇原县"关圣庙，在县城东街，元至正时建，明耆民张于有募增后殿三间。康熙四十二年（1703年）邑人重修。《张氏纪闻》载，乾隆三十六年（1771年）邑侯易文基捐奉，重新钟鼓楼二座；乾隆六年（1741年）额设春秋二祭，并五月十三日致祭，道光二十六年（1846年）邑人募化补葺"[②]；崇信县"关帝庙，在县城中街……光绪三十二年（1906年），邑人保万钟等集资重修，春秋致祭"[③]。

第三，八蜡神信仰。八蜡是古代汉族人民所祭祀八种与农业有关的神祇。陇东地区降水较少，久旱不雨会诱发蝗灾，官府和民间视八蜡为除虫捍灾御患的神祇，每遇蝗灾多祭祀八蜡神，有些地方建有八蜡庙。例如，灵台县八蜡庙在"县东郭外，知县郭之屏建，今废，后复建"[④]。"顺治十年（1653年），夏五月二十一日灵台东原大雹伤麦，抵省城止，六月紫胖虫生，遍食禾谷，知县黄居中虔齐自责，致祭于八蜡庙，随有乌鸦变抵啄食。"[⑤]静宁州八蜡庙"康熙三十一年（1692年）夏五月，不雨，疫病大行，知州董守义建于东郊"[⑥]；"知州董守义创建，知州杨国攒重修"[⑦]。八蜡庙的祭祀比较少，主要是由于蝗灾的发生次数比旱灾少，甚至八蜡庙的祭祀时兴时废，如康熙时期，宁州"八蜡庙，在州城西，

[①]（康熙）黄居中、杨淳纂修：《灵台志》卷2《方舆汇祠庙》，第15页。
[②]（道光）李从图纂修：《镇原县志》卷9《建置志·坛庙》，第7—8页。
[③]（民国）张明道等修，任赢翰等纂：《重修崇信县志》卷1《建置志·坛庙》，第57页。
[④]（康熙）黄居中、杨淳纂修：《灵台志》卷1《建置·坛庙》，第15页。
[⑤]（康熙）黄居中、杨淳纂修：《灵台志》卷4《灾异》，第42页。
[⑥]（乾隆）王烜纂：《静宁州志》卷8《杂集志·祥异》，第15页。
[⑦]（乾隆）王烜纂：《静宁州志》卷2《建置志·坛庙》，第13页。

庙废"①。

此外，值得一提的是陇东地区也常常受到雹灾的危害，所以在有的地方还建有供人们祭祀的雹神庙。如平凉县"雹神庙，在城隍庙西，光绪二十八年（1902年）补葺并建乐楼"②。

（四）民间庙会

明清时期，围绕着民间宗教活动而定期唱戏、进行市贸交易的活动，称为庙会。《庆阳县志》记载："大小乡村各有庙宇，岁以演剧三日，乡镇更有十日者，借以酬神，买卖牲畜、货物，以通有无（俗名骡马会）。又有作佛事或诵经者。十月，农功毕，各村祭山神、土地，或延巫祝祷（俗名喜神），或夜演影戏，报答岁功。"③

这些庙会活动盛行于清代前期，延及民国时期。现以庆阳县庙会活动为例，如表1所示。

表1　　　　　　　　　庆阳县庙会统计

月份	日期	地点	内容
三月	三日	县北十里坡桃花山	庙会
四月	月初	各乡村	请阴阳先生诵经，宰羊祭神，制五色纸幡，遍插田中，谓之祭夏虫；七月间又一次，谓之祭秋虫；间有一次者，但其日期均不等
	二十八日	广严寺	酬神演戏，居民皆焚香求止雹雨，古今相沿，习为惯例
七月	一日	八蜡庙	演戏三日，夏秋在此祭虫

资料来源：张精义：《庆阳县志》卷4《民族志·报赛》，甘肃文化出版社2003年版。

通过上述材料我们可以看到，民间通过庙会"祭山神、土地、祭虫、焚香止雹"等都与农业生产密切相关，这种民间活动都是祈求风调雨顺、五谷丰登、家庭平安、子孙绵长等。同时，我们也可以看到人们对自然

---

① （康熙）晋显卿修，王星麟纂：《宁州志》卷2《建置·祠祀》，第342页。
② （光绪）郑濬、王安民纂：《平凉县志》不分卷《祠祀》，第516页。
③ 张精义：《庆阳县志》（点校本）卷4《民族志·报赛》，甘肃文化出版社2003年版。

的无奈和对自然的崇拜。

乾隆《合水县志》描绘了当地男女赶庙会或举办赛神会的场景："每岁二月二日，城南药王庙会，远乡士女毕集……二月十八后土会；四月二十八日城隍会；五月十三关庙会……其村中自为祈祷者，多用影戏。冬至前后，农功大毕，各庄合会，以报赛田祖（农神）。虽喧闹杂逻，而酗殴博弈之人无有焉。"①

可见，清代陇东地区有举办庙会的风俗，而这种庙会又与农业关系密切，也很有区域特色。

二 自然崇拜

自然崇拜，来自先民的万物有灵观。陇东民俗保留了较浓郁的自然崇拜色彩。通过前文的论述，我们看到土地、山水崇拜，是因为在生产力水平低下的陇东先民那里，认为父母给了自己肉体的生命，而要一代一代地活下来，却是靠了土地、山水的神异力量。于是，敬而畏之，祷而祭之，各村社都有龙王等庙宇。

（一）水

水，在干旱的陇东更有特殊的意义，敬河神、湫神也就十分普遍，地方志中保留了大量的记载。泾河是陇东最大的河流，最晚自唐就有泾河龙王的传说。《泾州志》记载："凡水旱疾疫螟蝗作孽，有求必应，一方之内依旧敬信，时致祭。"②

正宁有湫头乡，兹因有名湫而成一方名胜。据乾隆年间修撰的《正宁县志》载，此湫为："祷雨之所，旁设龙祠，规模壮观。唐开元中建，僖宗封应圣侯，昭宗封普济王。宋太平兴国二年（977年）封显圣王，详载碑记。今每年四月初八日，各州县农民以旗幡鼓乐至湫取水注净瓶，归置本境龙祠。"③

---

① （清）陶奕曾：《合水县志》卷下《风俗·仪文·祈报》，乾隆二十六年（1761年）刻本。
② （乾隆）张廷福修，李瑾纂：《泾州志》下卷《艺文》，第218—222页。
③ （乾隆）折遇兰纂：《正宁县志》，乾隆二十八年（1763年）刻本。

（二）土地

在传统社会，以农耕为主的甘肃陇东地区，土地是其祭祀的主要对象之一。先农与社稷则是在自然崇拜的基础上更加抽象而具有哲学气息的农业之神。社是土地神，稷是五谷神，两者是农业社会最重要的根基。

在历史文献中有很多关于土地以及土地神祭祀的记载，《国语·鲁语上第四·海鸟曰爰居》曰："共工氏伯九有也，其子曰后土，能平九土，故祀以为社。"韦昭注："社，后土之神也。"[1] 后土是水神共工的儿子，佐黄帝为土官，也是原始时代的土地神，称为"社"。儒家的《孝经援神契》云："社，土地之主；稷，五谷之主，俱土神而所主之功异。所主既异，故所配亦异。"[2]《淮南子》第11卷《齐俗训》云："有虞氏之祀其社用土"；"夏后氏其社用松"；"殷人之其社用石（高诱注：'以石为社主也。'）"；"周人之礼其社用栗祀灶"。[3]《礼记·祭法》："王为群姓立社，曰大社；王自为立社，曰王社；诸侯为百姓立社，曰侯社；大夫以下成群立社，曰置社。"[4] 以后又有郡社、州社、县社等。由于大地是万物之母，而民以食为天，所以社稷（土地神与谷神）又成为国家政权的象征，所谓江山社稷是也。大约秦汉以后（尤其是宋代以后），县一级以上各级政府直至朝廷，都设立社稷坛，所谓"社稷之祀，自京师以及王国府州县皆有之"[5]。

《汉书·五行志》载："建昭五年，兖州刺史浩赏禁民私所自立社。"其所禁者大概就是属于这种非法的社。张晏注："民间三月九月又社，号曰私社。"臣瓒曰："旧制二十五家为一社，而民或十家五家共为田社，是私社。"[6] 明代规定，每百户立坛祀土谷之神，也叫"里社"。[7] 顾炎武说："社之名起源于古之国社、里社，故古人以乡为社。"[8] 近代民间所

---

[1]《国语·鲁语上第四·海鸟曰爰居》，徐元诰撰，王树民、沈长云点校，《国语集解（修订本）》，中华书局2002年版，第155页。
[2] 同上书，第166页。
[3]《淮南子·齐俗训》，上海古籍出版社影印（二十二子本）1986年版，第1254页。
[4]《十三经注疏》第2册，上海古籍出版社《四部精要》本1993年版，第1589页。
[5]《明史》卷49《礼三》，中华书局校点本1974年版，第1265页。
[6]《汉书》卷27中之下《五行志》，中华书局校点本1962年版，第1413页。
[7]《明史》卷49《礼三》，中华书局校点本1974年版，第1269页。
[8]（明）顾炎武：《日知录》卷22"社"，甘肃人民出版社1997年点注本，第977页。

信仰的土地神，可以说凡有人烟处，都敬土地神。

民间调查发现，在农村人们普遍认为二月二日为土地神（俗称土地公）诞辰。供奉土地公的庙宇，在这一天都要张灯结彩，较大的庙宇还演戏助兴，而一般信徒还要敬备牲醴香烛到庙烧香致祭，并于家内祭祀地基主。八月十五日中秋节，民间相信是土地公成神升天的日子，亦视为土地公的生日庆祝，较大规模的土地庙，演戏庆贺，盖取"秋报"之意，感谢土地公一年来的保佑。在中秋节的前夕，农民们必备牲醴至土地公庙致祭。

通过调查发现，在陇东地区，人们建造房屋之前都要祭祀土地神，看老皇历，选择吉日动土，这个禁忌又和姓氏联系在一起，不同的姓氏在一年中不同的月份不能动土建造房屋。建造完之后，要感谢土地神，称之为"谢土"，有时候还要请阴阳风水先生诵经，称之为"补土"。环县"酇侯土神祠"①没有详细的记载，据字义理解，"酇侯土神"应该是地方土地神。

（三）山川

自然崇拜也是特定区域民众人地关系调适的一种手段。"崇德报功之典，圣王所以神道设教，自社稷山川百神及有功德于民者，皆祀之，即渺乎一隅而有其举之，莫敢或废，盖一邑而境内之象具焉。"②《环县志》也载："圣王先成民而后致力于神，自山川社稷以及历代之御灾捍患者，莫不有功德与民，即莫不载在祀典，所以大报本厚风俗也。"③

民间调查中发现，在庆阳一些地方还有雷神的崇拜，认为举头三尺有神灵，人的一举一动都在神的眼中，干不道义的事情和坏事都会遭到天谴，会遭到雷劈。因为在庆阳常有阵雨天气雷劈树木和劈牲畜的现象。后来人们崇拜雷神，用于威慑干坏事的人。

传统的农业社会，日月星辰、山川河流、风雨雷电、动物植物自然崇拜较多，我们从清代甘肃陇东的民间信仰中可以看到这种自然崇拜的影子。任何一种信仰并不是"天然"产生的，它同人类生活的自然环境

---

① （乾隆）高观鲤：《环县志·庙坛》，西北文献丛书，成文出版社有限公司2008年印行，第372页。
② （民国）折遇兰修：《正宁县志·祠祀志·庙坛》，成文出版社有限公司2008年印行，第622页。
③ （乾隆）高观鲤：《环县志·庙坛》，西北文献丛书，成文出版社有限公司2008年印行，第370页。

关系密切。"民间神灵"普遍具有明显的实用性功能,求神佑护的心理预期是各种神祀产生的重要基础。

陇东地区的自然崇拜是"农本"意识的直接体现。这与该地区长期形成的以农业生产为主要成分的经济基础是相适应的。但"农本"并非目的,考究起来,只能是在生命本体论上派生出来的第二崇拜。因为"以农为本"归根到底是"以人为本","农本"最终还得追溯到"为了生存"这个根本上。其次,从生命本体论出发,人根据自身的生理、心理推想到自然亦如人,于是便有了泛灵论的自然崇拜,有了尊崇、迷信的集体禁忌心理特征及随之相生的仪礼规范等表征形式,有了精神传承的需要,有了以农为中心的仪礼规范向现实生活的辐射和对历史的穿透。

三 岁时祭祀与"农本"思想

岁时祭祀,既是一种现实文化现象,更是一种历史文化现象。信仰,总是特定土壤孕育出来的。以农为本的陇东社会,农业是生活的物质基础,所以陇东信仰中有浓厚的"农本"意识。陇东社会信仰与陇东的历史、地域及民众的生活方式有着深刻的因果关系,首先来自该地区悠久的农业历史。毫无疑问,"农本"思想在陇东地区影响深远,一些"农本"思想都可在《周礼》中找到原始的文字依据,如祭地大礼的一些仪程。

古朴、原始,是陇东民俗的一个重要特色。在当今社会,流行于陇东的祈农民俗事象依然闪烁着我国农耕文化初创期的古朴露珠。尤其是周文化对陇东风俗的影响,可以说是全方位的,许多至今仍很盛行的习俗从周文化中不难找到直接的联系。精神文化的传承是延绵不断的,并不都随物质文化的改变而消失。在陇东一些偏僻的山区,古习俗在物质文化上也有反映,表现出某种原始性。

一代代的陇东人把自己的人生经验似传家宝一样交给生命的延续者,陇东的孩子们从幼儿到长大成人,浸泡在浓厚的"农本"思想氛围中,这对其成长起着十分重要的作用。农本,也是做人之本。陇东乡间,"耕读传家"、"勤为本"一类门匾随处可见。正是一代一代的"农本"思想教育，陇东地区的方志才有了"不是（事）商贾，唯知力稼……如《豳风》所咏，咸备物焉"①。"泾居秦西鄙，地瘠民朴，半多穴处，郁郁之遗风焉。地广、原多用少，畏旱潦，宜五谷、蔬菜，农民务稼穑，耕耘之外无他能……"②

随着社会的进步，尽管读书升学已成为当今家庭的普遍追求，但"农本"思想还在继续传承。

（一）岁时祭祀概况

明清时期，陇东每逢季节性节日、节令性节日、宗教节日及纪念性节日时，均有一系列的岁时节日习尚，内容相当丰富。现据方志资料，将陇东地区的岁时节日风习，列表如表2所示。

表2　　　　　　　明清以来陇东岁时节日及民俗活动概况

月份	日期	节日名称	主要民俗活动
正月	初三日	立春节	立春节前一日，清代时，官府迎春于东郊。备春牛，是日鞭春（牛）。毕，乡民争抢春牛，得少许，涂牲畜槽头，谓平安畅旺。立春日，啖春饼，名曰"咬春"
	初五日	"五穷"日	食荞面（搅）团，号"填穷坑"
	十五日	元宵节	街市遍张灯火，放花炮。乡村各演春傩，鼓乐、歌舞，俗名"社火"。男女游观，以为丰年之兆，并云"驱逐瘟疫"，三日乃止
	十六日		士庶出游，向北方，谓之"散百病"。女人焚艾灸柏树，亦云"灸百病"
	二十三日	燎疳节	插谷草于门，夜在院中焚干柴，撒油盐，子女相跳，俗名"燎疳"。既而扬其灰，名曰"六谷花"。次早寻谷实，以占丰年
二月	初一日		祀土神，祈丰年，由是播种与农事

---

① （清）赵本植纂修，华池县志编写组：《庆阳府志》，1979年手抄影印本。
② （乾隆）张廷福修，李瑾纂：《泾州志》，乾隆十九年（1754年）刻本。

续表

月份	日期	节日名称	主要民俗活动
三月	初三日		散步郊外，名曰"踏青"，以舒阳气。小儿女以柳枝削木刀佩之，被除不祥
	十八日		妇女朝子孙娘娘庙，供献花果。南乡朝公刘殿，男女骈臻，借以赏春
四月	初四		朝菩萨山灵湫神会，拜迎圣水祈年
五月	初五	端午节	亲朋馈角黍，插艾于门，饮雄黄酒。小儿女头戴艾叶，制彩，手足系五色彩绳，耳鼻涂雄黄，意取避毒
六月	六日		汲水造酒曲。土墓泼豆汤。晒衣囊、书籍
十二月	初八	腊八节	以杂粟做"腊八粥"，弹门户，彼此相送。食粥时愈早为佳，又欣剩余。相传，斯粥剩之愈多愈美，主来年大有。亦有于水沸时，舀出盛碗器，入夜冻之，视冰之薄厚，以验岁之丰歉。是日取水酿酒，名曰"腊酒"

资料来源：（清）赵本植：《庆阳府志》卷12《风俗》；张精义：《庆阳县志》卷4《民族志·风俗·岁时》。

笔者现在来分析表2中的一些祭祀，将这些祭祀现象放在农业社会的历史条件下，分析其特定的意义。

（二）岁时祭祀与"谷神"崇拜

在农业社会，"祭祀"和信仰表达了人们盼望丰收、要求丰衣足食的美好愿望，但许多事项在仪式上具有迷信色彩，这主要反映在对自然山川的神化膜拜上。迷信，是在生产力不发达的条件下，人们对自然现象由不理解而产生崇拜心理的必然结果，经历代统治者的提倡而作为相对稳定的形式被传承下来。其中，"燎疳节"和"腊八"极为突出。

第一，燎疳节。陇东的正月二十三是"燎疳"日，"插谷草于门，夜在院中焚干柴，撒油盐，子女相跳"。俗名"燎疳"。这是在天黑之后，人们将当天撕下来的门神像和春联投到院中央的一堆柴火上。这些柴火是白天从野外打回来的。点燃柴火，人们从厨窑中拿出碗、筷、菜刀等，一一在火焰上掠几遍，掠的动作很快，人跳过火堆去或者抬起腿来燎一燎。这就是"燎疳"，其实是一种用火消毒的医疗保健措施。

火熄后，有经验的老人便用扫帚拍打火堆，使火花飞溅，或用铁锨把火籽拍碎，拢成圆圆尖尖的一堆，铲起朝天扬几下，根据溅起下落的火花的大小、形状预卜当年的五谷收成。"燎疳"之后，用碗盛清水放在窗台。第二天早晨，看冰纹的形状预卜当年作物收成。看"冰心"与扬火籽的含义是一致的。"燎疳"还有占卜丰歉，是"农本"文化的深层反映，这可能是商周用火烧龟骨占卜的遗风。

燎完"疳"之后，各家还要点燃一根由谷秆扎成的长长的火把，在居住处绕过，一直把燃烧的火把送到村外。在那儿，各家的火把都堆在一起，"瘟神"就这样被送走了。显而易见，"燎疳"在人们心目中的祛病免灾的含义是肯定的。燎疳，是流行于陇东地区的一种定期驱邪仪式。英国著名民俗学家詹·乔·弗雷泽在考察了世界众多的驱邪仪式后，指出："就定期普遍驱邪这一方式而言，前一次和后一次两次仪式之间的间隔通常是一年，而举行仪式的时间一般又和季节的某种明显转变恰好一致，如北极和温带地区于冬季开始或结束时，热带地区则在雨季开始或结束时……但是，不论在一年的哪个季节举行，普遍驱邪总是标志着新年的开始。因为进入新年之前，人们急于摆脱过去苦恼他们的祸害，所以许多社区都在新年开始时举行庄严的、群众性的驱除妖魔鬼怪的仪式。"[①]

陇东"燎疳"是符合弗雷泽这一论断的，"燎疳"也在寒冬已尽新春伊始的新旧交替之时，面临的是一年中疫病易行、病亡率上升的时期。可以推想，陇东的先民们是如何深受病患和灾难的煎熬，于是就把驱除灾邪的希望寄托于能够毁灭一切的火，希望用火净化生存环境。尽管社会已大大地前进了，一些神秘现象已不再神秘，但这一古老的祓除仪式却代代相传，保留至今。

有关研究表明，人类进化到农业定居阶段以后，原始宗教的重心便从狩猎巫术、原始的图腾崇拜转向了自然崇拜。由于近似联想的作用，火在他们心中是很可能被当作太阳的替身的，相信火能够驱除虫害，使其不得危害庄稼。这是一种既含祈求又带威胁的祈祷丰收仪式。关于火的驱虫意义，在一些少数民族传说中尚可找到。

可见，"燎疳"兼具驱病邪与祈丰收两重含义。但探本求源，陇东的

---

① [英] 弗雷泽：《金枝》，徐育新、汪培基等译，大众文艺出版社1987年版，第819页。

"燎疳"和农业活动有着更多的联系。这不仅反映在"燎疳"的结果是"打粮食",是农家预测全年作物收成的重要方式,而且就"燎疳"节的时间和活动内容上也可以找到与农业生产的联系。

"燎疳"是陇东过年的最后一个节日。"燎疳",其本初意义当是一种祈祷丰收的仪式。"燎疳"在每年正月二十三日,时值春天,各项农事活动就要开始。"燎疳"结束后,年节规定的一切禁忌都解除了,人们又开始忙碌起来,投入繁忙的春耕生产准备。"燎疳"这一古老的祈祷丰收仪式在陇东产生并遗存至今,是有其深刻的历史渊源的。陇东,是中华民族的发祥地之一。据《史记·周本纪》载,由于太康之乱,后稷之子不窋失官而率族人"奔戎狄之间"(即今庆阳),"教民稼穑",时为北豳。后历经鞠陶、公刘三代,使"周道之兴自此始"。这就使得"朴勤力穑"[①]成为陇东的重要风尚,正月二十三日的"燎疳"节正是诞生于这种重农崇农风俗之上的谷神崇拜仪式。由于陇东地区的地理位置远离中心城市,使得"燎疳节"这一古老的民俗事象代代相传,保留至今,成为"农本"文化的一个重要方面。

第二,腊八节。在我国远古时期,"腊"本是一种祭礼。人们常在新旧交接时,用猎获的禽兽来举行大祭,以祈福求寿,避灾迎祥。当时,"猎"、"腊"是同一个字,"腊"字原是"合"的意思,并有"接"的含义。古人常把祭祖先与天地神灵合在一起称为"腊"祭,所以把岁月的十二月叫"腊月"。

陇东习俗,从这天起就拉开了过年的序幕。如"腊鼓鸣",每天傍晚,各个村落人围在一起打鼓鸣锣取乐。这种习俗源于春秋,《吕氏春秋·季冬》就有"腊鼓鸣,春草生"的记载。吃"腊八粥"象征一年辛勤劳动,五谷丰登,合家欢乐的会餐。腊八前后,家家打扫窑洞房屋中的灰尘,叫"扫穷土"。"腊八"还是个占卜的日子。"腊八"前一个晚上人们往往在窗外放置一满碗糖水。"腊八"日早起,看结冰的糖水碗冰面向何方突起,则预兆这方来年收成好。然后击碎冰块,全家人来吃。好像分享丰收果实似的。镇原一带则盛一碗水放在牲口的"亮槽"即白天吃草的露天槽中,"腊八"早上根据碗中的冰纹是像马还是像驴、像羊

[①] (清)赵本植纂修,华池县志编写组:《庆阳府志》,1979年手抄影印本。

预测来年六畜的生长情况。如果说,预测农业的丰歉是农耕文化的遗风,那么,预测六畜兴旺当是牧业文化的沉淀。

综上所述,在清代,陇东地区仍然是以农业为主导的社会,在自然灾害频发的甘肃陇东地区,民间信仰发达。这些也可以看作本地区在农业生产影响下的民众精神寄托和宗教文化。

社会信仰,是指一个国家、民族或者其他相对独立的文化共同体在长期的经济文化生活中,形成的对世界和本社会的相对稳定的整体性认识和确定性立义,在这种确定性立义基础上,形成不同信仰群体及其个人的和谐的矛盾统一体,而且社会成员对该社会共同体寄托着崇高的精神性情感和归宿。①

四 总结

"信仰"作为一种地域文化,同当地的自然地理、人文环境等紧密相连,不同的地域往往具有不同的信仰。所以,在甘肃陇东的神灵信仰中,具有较强的地域文化特色。

第一,"仪式"约定俗成。不论是"岁时民俗",还是"民间庙会",都有一定的活动仪式。这种仪式通常是指具有象征性的、表演性的,是约定俗成的一整套行为方式。

在信仰仪式上,民间信仰不像国家正统祭典那样有严密的祭礼规范,多是民间自发的组织,仪式是约定俗成的。但是,也有以地方官吏为主要人员的祭祀,如《泾州志》记载:"圣元以来,州重修庙貌,凡水旱、疾疫、螟蝗作孽,有求必灵,屡获感应,一方之内,依归敬信,岁时致祭。泰定改元甲子,起春讫夏,亢阳不雨,禾稼焦枯,将失西城之,望州倅文礼恺,谨发虔诚,恭率僚属士庶,齐沐诣祠。自以失职为责,祝词以告,倏阴云四布,雨降霈沛。秋,五谷胥熟,民免流徙之患。"②

总之,这些信仰的仪式多为约定俗成。由此可见,在民间神灵信仰中,其信仰仪式具有一定的约定俗成性。

---

① 谷生然:《社会信仰论》,博士学位论文,华中科技大学,2009 年,第 1 页。
② (乾隆)张廷福修,李瑾纂:《泾州志》下卷《艺文》,乾隆十九年(1754 年)刻本,第 218—222 页。

第二，信仰庞杂。通过前文的分析，我们可以看到，清代甘肃陇东的信仰较多。另外，还有一庙多神现象，从《太白老庙概说》的记载可以看到："什字镇街三里许有渺坡湾，上有神宫，宫后有洞曰金钟洞……庙内有雌雄二柏，盖商柏也……庙之拜殿前有磬一口，天旱则音清而显，将雨前音则必浊而微。居民常以此卜晴雨之兆焉……洞殿前有湫池三，其上之殿名曰湫殿，其湫池之移凡三……有同治年间，因祷雨，而采来范四将军其骸骨……"①

笔者认为，当地的信仰都是基于当地的自然环境和农业活动，每一个信仰都离不开当时的农业活动。在一定的区域空间内并存的多神崇拜，是每一个人或每一群人和另外的一个人或一群人对同一自然有不同的认识，所以会崇拜不同的神灵。但也不排除另外一种情况，就是在一个大的区域内，又有许多小的区域，这种情况就是自然给每一个人或每一群人都提供了一个适应其生存的特殊环境，所以他们的崇拜就有其独特性。

在传统的农业社会，神灵信仰遍布民间，每遇到天灾人祸，民众便向神灵祷告，使心理上得到慰藉、精神上得到寄托，这通过上文的史料可以看到。将民间信仰看作一个有机、有序的系统，而各个神灵在这个系统内部占据不同的地位和作用，并使得民间信仰这个系统处于动态的平衡之中。所崇拜的神祇，都符合他们主观要求，这样，民间信仰一般没有派系。

综上所述，在清代，陇东地区仍然是以农业为主导的社会，在自然灾害频发的情况下，民间信仰发达。且民间信仰大多是与农业生产关系密切，民众多信奉龙王、城隍等神祇，且祭祀活动盛行。这些也可以看到本地区在农业生产影响下的民众精神寄托和宗教文化。

第三，有众多信仰的原因。民间信仰"是社会在其自身的历史文化基础上形成的一套价值体系，同时，这一信仰体系能够应对纷繁复杂的社会文化变迁"②。民间信仰的思想根源与所有宗教的思想来源应该是一致的，"地方的惯例和神话等，都被包含在宗教性的思维方式中。宗教能够使群体中潜在的恐怖和苦恼得到缓解，并提供驾驭激情和紧张的高明

---

① （民国）高维岳、张东野修，王朝俊等纂：《重修灵台县志》卷4，《杂记》，（曹培栋：《太白庙概说》），民国24年（1935年）南京京华印书馆铅印本，第611页。
② 刘晓春：《一个人的民间视野》，湖南人民出版社2006年版，第24—25页。

手段"①。

首先是通过祭祀达到教化民众的作用。著名的社会学家马克斯·韦伯就谈到过："皇权由巫术的神性中发展出来，世俗的权威与神灵的权威统一于一人之手……皇帝为了获得神性而必须具有个人品质，被仪式主义者与哲学家加以仪式化，继而加以伦理化。皇帝必须依据古典经书上的仪式和伦理规则生活与行事。这样，中国的君主首先是一位大祭司。"②

在传统的农业社会，自然灾害较多，对农业的影响较大，在这种情况下，从中央到地方，都有祭神的风俗。例如，《清朝文献通考》就有如下记载："岁遇水旱，则遣官祈祷天神、地神、太岁、社稷。至于（皇帝）亲诣圜丘，即大雩之义。初立天神坛（于）先农坛之南，以祭云师、雨师、风伯、雷师；立地祇坛于天神坛之西，以祀五岳、五镇、四陵山、四海、四渎、京师名山大川，天下名山大川。"③ 可见，清代官方乃至皇帝在农业社会面对自然灾害时，也派遣官员祭祀名山大川或社坛，以祈求神灵保佑。在传统的农业社会，统治者通过祈祷或祭祀的方式为农业减灾、为民众祈福的同时，其背后的思想还是宣传"君权神授"思想，"天人感应"思想仍然会让他们去参与祈祷，在生活中影响着他们的行为，这也许就是传统社会的一个典型特质。

其次是社会因素。中国封建社会末期的清代，前期政治清明、经济迅速发展；后期的衰落，不仅是清代的衰落，而且是整个封建社会的衰落。

清代后期，中国政治腐败，封建专制加强，灾害、瘟疫、战争频发，面临的是内忧外患，人民生存困难，整个社会矛盾激化，社会动荡不安，民众对生活充满了迷茫、恐惧，心理受到了极大的伤害，于是只能寻求精神寄托。

换一个角度来看，"经济现实性塑造人们思考问题的方式。在不同的意识形态里，有不同的对实在的基本假定，而这些假定又驱使人们以不同的方式去行动"④。在民众面对现实生活，无力改变生存状态且对人生

---

① 慕寿祺辑著，李炳、赵元贞校：《西北文献丛书》卷26《甘宁青史略》，成文书局2008年版，第380页。
② ［德］马克斯·韦伯：《儒教与道德》，洪天富译，江苏人民出版社2003年版，第28页。
③ （清）乾隆官修：《清朝文献通考》卷96《郊社考六》，浙江古籍出版社2000年版，第9653页。
④ 孙尚扬：《宗教社会学》，北京大学出版社2001年版，第140页。

失望后，只好祈求于神灵，于是就产生了民间信仰。

最后是精神需求。在清代，缺乏科学知识的社会中，信仰却在极其恶劣的自然环境和社会环境下延绵不断，而且历经沧桑，今天依然可见。这主要是因为"信仰从终极关怀的角度回答了人生的意义与真谛，丰富、充实人们的思想境界，进而引导人们的社会实践行为"[①]。

宗教学家 N. D. 弗斯特认为：宗教的来源有两个，一个是内在的，即人们的心理设计和对其主观经验积淀的表达。另一个是外在的，即来自人们对自然力量的反应。在中国古代社会生产力极其落后的条件下，人们在自然灾害面前的无能为力，同时也影响了其宗教来源的内心方面，二者的结合，更促进了民间信仰思想的产生。几乎每个人都有成为宗教信徒的可能，"每一个人都是潜在的信仰者"[②]。

综上可见，在古代社会，由于各种原因，一旦具备信仰的条件，人人可以皈依某一宗教而成为其信徒，这是包括民间信仰在内的宗教思想产生的普遍性前提。

（责任编辑：张多勇）

[①] 刘晓春：《一个人的民间视野》，湖南人民出版社 2006 年版，第 24—25 页。
[②] 陈昌文：《宗教与社会心理》，四川人民出版社 2003 年版，第 145 页。

庆阳香包产业现状分析与对策研究

黄亨通　李景波[*]

（合水县一中　甘肃合水　745400）

摘　要：文章通过对国家非物质文化遗产"庆阳香包绣制"历史渊源和文化内涵的研究，并通过对庆阳香包类型特点的介绍描述，分析了发展庆阳香包产业的现状及发展中存在的主要问题，提出了发展庆阳香包产业的可行性对策。

关键词：庆阳香包；文化内涵；现状分析；对策研究

甘肃省庆阳市是关中建都的周、秦、汉、唐各朝代屏蔽关中京畿地区的战略要地，清朝康熙年间陕甘分省，为防止陕西坐大，对中央构成威胁，将陕西的屏障庆阳府、平凉府划归甘肃，以牵制陕西。所以，今甘肃庆阳市、平凉市成为甘肃省东部的突出部分，地处陕甘宁三省交汇地带。[①] 这里是黄土高原腹地，保留了黄土高原最大的残塬，是北方旱作农业的发生地之一，保留了大量的原生态民间民俗文化。以环县道情皮影戏、庆阳香包绣制、庆阳唢呐艺术、窑洞营造技艺、庆阳剪纸等为代表的一大批非物质文化遗产，是千百年来劳动人民在田间地头、爬坡上洼、窑洞炕头用最生活化的构思、最原生态的手段、最理想化的表达创造并传承给后人的生活化原始艺术，是中国文化艺术形式中最独特、最鲜活、最生动的文化记忆。[②] 表现出古拙质朴、抽象寓事、历久弥新等特

---

[*] 黄亨通（1964—），甘肃庆阳人，中学语文高级教师，现任合水一中校长；李景波（1965—），祖籍吉林，大学毕业，在中学任教多年，现供职于合水县文联。

① 张多勇：《陕甘宁蒙毗邻地区石窟寺的特点及地理环境探析》，《陇东学院学报》2009年第1期，第69—77页。

② 张多勇：《关于创建"内陆型"经济特区的构想》，《丝绸之路》2014年第24期，第5—9页。

点。"庆阳香包绣制"是国家非物质文化遗产，为弘扬传统文化、促进贫困地区脱贫致富，我们有必要对国家非物质文化遗产"庆阳香包绣制"的产业现状进行分析，并对产业发展进行对策研究。

一 庆阳香包的文化人类学内涵

（一）庆阳香包的历史概况

香包又称荷包，亦称香囊、佩帏、容臭，庆阳俗称"绌绌"或"耍活"，是庆阳的一种民间民俗物品。制作简单：按照剪纸的图样在丝绸布料上用彩色线绣出各种各样图案，然后缝制成不同的造型，内芯填充上丝棉、香料，就做成一种小巧玲珑、精致漂亮的刺绣品。

庆阳香包历史悠久，文化底蕴深厚，民俗内涵丰富，具有稚拙、粗犷、浑厚、朴实的风格，凝聚着庆阳人民宽厚乐天向上的气质，蕴含着博大浑厚、雄强阳刚的民族魂魄。

据史书记载，庆阳地区有端午节制作佩戴"绌绌"的习俗，形成于公元前2300多年。据民间传说，《黄帝内经》的作者岐伯曾携一药袋防疫驱瘟、禁蛇毒。因岐伯生于庆阳，故此法在当地渐成习俗，流传不断。草药被称为"香草"，因而药袋便称为"香包"或"绌绌"。

明清两代，庆阳香包十分兴盛，成为人们佩戴或馈赠的佳品。历史演化到近代，香包则多半用于民间端午节的赠品，主要功能是求吉祈福，驱恶避邪。20世纪60年代以前，庆阳香包的绣制普及家家户户。20世纪80年代，庆阳香包受到国内外专家的瞩目和认同，惊叹庆阳是一座民俗艺术的宝库。许多香包造型与地下文物相映成趣，被称为"活化石"、"活的地上文物"。这种根系华夏故土、遗内千古的民族文化，涉及人类学、历史学、古医学、民俗学等方方面面。深厚的历史积淀，把远古传说、神话、巫术、宗教等原始形态的文化与远古多民聚居的遗风糅合在一起，通过各种形态的香包造型保留下来，形成了它的基本特征和独有的历史与科学价值。

2001年，庆阳市华池县在对境内金代双石塔进行整体搬迁挖掘时，在塔体内发现了一只香包。据考证，这只香包距今至少有1000多年，仍色泽艳丽，图案如新，被称为"千岁香包"，这是庆阳市迄今发现的最早的香包。"千岁香包"的出土，从实物上印证了庆阳香包的悠久历史。

2002年庆阳市被中国民俗学会命名为"香包刺绣之乡"。会绣香包就是会"绌"。绌，就是穿针引线在布上绣花的动作，动词转换为名词，巧手绌出来的刺绣艺术品就被亲昵地叫"绌绌"了。因己及人，先前那一双给自己扎"陪房"、给新郎纳鞋的巧手，给娃娃开始绌小衣小帽小裹肚了，给男人们扎烟袋了，给闺女精心勾画披肩了……看啥绌啥，想啥绣啥。丝者，思也。日久天长，闺女变成媳妇，媳妇熬成婆婆，艺到老来俏，一出手都是独一无二、绝难复制的精品。仰艺术为生活，视生活为艺术，都变成大师，如正宁县78岁高龄的李改能、西峰区的马秀荣老人等。其中马老被有关部门授予"双学双比女能手"称号，1999年应邀出席了"全国双学双比先进代表大会"。陇东妇女一辈子都在"绌"字上讨生活。这样广义的香包就包括所有的刺绣品。从实用衣物的装饰转向纯粹的艺术，庆阳香包成为华夏刺绣艺术品中一个独特流派：陇绣。无论叫香包，还是荷包，都是陇绣中有代表性的一个大类。现在又发展为独具特色的居室、轿车和节日喜庆活动的装饰品，成为普及庆阳千家万户的文化产业。香包是黄土高原上最鲜艳的民俗旗帜，引领我们高速发展。香包遍布于庆阳人民生活的各个角落，香包是庆阳腾飞的名片。

庆阳香包之所以有如此久远的历史，主要因为庆阳有着浓郁的农耕文化习俗。农耕文化一个最显著的特点是男耕女织。这些香包给人以原始生命的壮美感，饱含和浸透着古代哲学的神秘色彩，内容无所不包，多以人们童年时期的多种崇拜和原始图腾为主题。佩戴在服饰上不仅美观，其香气亦有防病强身、清爽神志之功效。

（二）庆阳香包的主要类型

一是头戴型。主要供孩子们头上佩戴，常用彩色布和彩线做成虎头、猫头、兔头及各种动物头型帽，端午节戴上以驱邪护身。

二是肩卧型。一般以猛虎雄狮为图样，绣成头大身小、有爪无腿的老虎、狮子，缝在孩子们肩上，以驱邪恶。

三是胸挂型。这种类型样式繁多，内容庞杂。一般用双股彩线把香包连起来，挂在胸前衣扣上，少则一两个，多则八九个，内容常为吉祥如意的动植物，表达妇女们祈福求安、五谷丰登的心愿。

四是背负型。这种类型主要为"五毒背心"。刺绣有毒的蛇、蝎、壁虎、蟾蜍、蜈蚣五种小动物的图样，缝在孩子们上衣的衣背上。这些小动物本是有毒的，端午这天却要穿在身上，表达了古人"以毒攻毒"的哲学观念和护身心愿。

五是脚蹬型。多为飞禽走兽头型的图样，如虎头鞋、猫头鞋、蝴蝶鞋等。这种香包左右鞋双双对称，古以左为阳右为阴，寓古哲学阴阳平衡之理，取避邪护身、成双成对、并蹄腾飞之义。

（三）庆阳香包的主要特点

1. 万古流芳的香韵特征

草，亦属草药。作为美术形式反映人类生存需求的香包，除观赏外还有着独特的功用，即驱瘟防病。据统计，分布在庆阳所有沟壑、塄砼、河滩、塬畔、森林里的天然中草药不下800种。庆阳甘草驰名天下，豆蔻是皇室的进贡品。庆阳人以丁香、沉香、山艾、柴胡、苍术、当归、灵草等散发芳香的药物作为各类造型的香包填充物，均是以"香"为特征，也有净化空气的作用。现代医学研究表明，中药散发的大量对人鼻黏膜有刺激作用的气味，可预防感冒和流行性疾病，增强人体免疫力。药物里加樟脑、冰片可防虫蛀，加雄黄可以禁驱蛇毒。不难想象，在洪荒岁月，庆阳人用中草药防病防毒，逐渐约定俗成地将农历五月初五的端午节作为镇恶除毒日，形成佩戴"香草"绌绌的习惯。这是华夏民族聪明才智在群体行为中的集约性表现，是岐黄故里流芳百世的"香韵"文化在民间世世代代的传承。所以，"香"的特征使庆阳香包在世界文化艺术殿堂上独占一席之地。

2. 广泛传承的区域

在进入农业文明社会后，庆阳妇女从小就受香包文化的熏陶。最显著的特征是母传女，婆传媳，祖祖辈辈把做针线活当作评判女人"德行"的标准之一。同时村与村、户与户逢农闲日、茶余饭后或下雨天，几辈人围在一起，互相引带，形成风气。同一个造型，同一个纹样，整村、整乡或一个县都能做出来。一针一线都有讲究，一物一件都有说法。全市七县一区普遍制作香包的习俗，表现出一种传承广泛的区域特征，是庆阳香包在漫长历史中不曾泯灭和消亡的基本原因。

3. 生活实用中的民俗特征

庆阳是轩辕桑梓、岐黄文化传播地，中国农耕文化的发源地。庆阳香包不仅是这种历史积淀的产物，同时又将历史上多部落民族即远古的伏羲族、夸父族、三苗族、羌氐、西戎、犬戎及翟族、韦族、先夏、先商、先周等远古民族，在相互浸润、排斥、拓展、融汇中，从不同层面将他们的原始意识和意味保留下来，并不断传播和向外辐射，为华夏民族形成后的刺绣文化奠定了基础。同时又在历史的发展中兼容并蓄，吸收了国内其他地域的艺术风格。

4. 工稳对称，秀丽隽永，古犷稚拙，神秘怪异，最终成为庆阳香包刺绣的风格

香包刺绣除驱瘟防疫的卫生传统观念外，在历史上又与巫文化结缘。在民俗生活中的趋吉辟邪、祈祥纳福，成为庆阳香包刺绣的主要话题。从配饰、摆饰、挂饰到日常生活、节庆婚嫁的方方面面，都有着自己的内容。做五毒簸箕能除五谷杂粮的毒气；穿五毒兜肚能辟毒气；挂上六合龙凤灯，能吉祥如意。六六大顺等民俗观念，根深蒂固地表现在庆阳人的现实生活中。所以，浓郁的民俗特征使庆阳香包显得丰富多彩，贴近生活。

5. 随意性与意味性

在中国历史上，由于战乱及政治、经济文化中心的大转移，很长时期里庆阳这块区域变成了边缘区。相对的文化封闭，使适应古老造型的香包刺绣得以生存和传承。纯粹的手工针艺与民俗心理、个人灵性相融的香包制作，有着原始古犷、淳厚质朴、夸张变形、借物喻意的地方民间韵味。其根源是中国艺术的母体，而不是专业美术理论指导下的艺术创作。所以，随意性强、意味性强的工艺特征尤其突出。

（四）庆阳香包图案构成及文化内涵

1. 主要图案构成

图案是人类重要的视觉符号语言，具有表达人类思维、理念、情感的重要功能。庆阳香包作为一种古老的民间美术，从它诞生之日起便被打上原始美术的精神与文化烙印。通过不同主题香包图案的造型规律，

可以探寻原始美术的遗物观念与造型方法。

2. 以渴望生育为主题的香包图案造型

渴望多子多福的香包图案主要有：石榴结子、麒麟送子、麻姑献寿、六娃和合、人鱼蛙蛙、五福捧寿、八仙祝寿等。其中组图 A（图略）下部为鱼钻莲，上部为一个童子从莲中浮出。展示了鱼与莲交合，而后莲花生子的过程。该香包图案造型借"莲"与"连"的谐音，表现了莲花生子这一事件的前因后果。相类似的图 B（图略）所示的香包图案也展示了石榴开花、结籽（子）这一动态，表现大众对子嗣的渴求。图 C（图略）所示香包图案中童子挥手驾驭麒麟，麒麟向前奔越，形象地展示了麒麟将童子"送"到人间这一动作。同样地，图 D（图略）所示图案中抓髻娃娃头梳双髻，正面站立，圆头，两腿分开，两肩平张，头立双鸟（双鸡）。双手上举，一手抓鸟（鸡）一手抓兔，按作用分又叫作"招魂娃娃"、"送病娃娃"、"辟邪娃娃"等。体现了民间期盼驱邪消灾，平安健康的意愿。图 E（图略）所示图案中六个童子共用三个头，六只胳臂六条腿，给人以三个童子围绕一个中心点进行旋转而变成六个童子的视觉效果，反映了民间渴望多子的思想，该香包图案通过形与形的重合、互借产生的一种新的造型，属于适形造型法。

3. 以表达爱情为主题的香包图案造型

表达爱情的香包图案有：鱼钻莲、回头鹿、龙凤呈祥、抓髻娃娃、鸳鸯成双、双鱼共首等。在图 F（图略）中鱼口张开，鱼鳍翘起，穿梭于河莲之间，形象地表达了鱼钻莲这一动作，暗指男女交合。图案 G（图略）中梅花鹿一蹄抬起，一蹄落地，脉脉回头凝视，通过这一动表达了神鹿与凡间爱人依依惜别的场景。图案 H（图略）中龙爪伸张，龙身飞动，凤头前探，凤尾飘舞，一龙一凤团团环绕在福字周围，可谓龙飞凤舞，龙凤呈祥。以上三幅香包图案均属于非静止物象造型法。图 I（图略）所示图案中两只鸳鸯互相衔口。通过嘴部的重合，将两只鸳鸯组合成一个整体，给人以比翼双飞、难舍难分之感。类似的图 J（图略）中两条鱼共用一个头，象征阴阳交合，此香包多为结婚陪嫁物品，通过共用形表达了对男女共首百年，下部的公鸡象征吉祥，上部的两只鸳鸯暗示夫妻相随不离、忠贞不贰、同床共枕的美好祝愿，属于适形造型法。这种通过形与形的互借体现主题的方法属于适形造型法。

· 153 ·

4. 以追求财富和地位为主题的香包图案造型

以追求财富和地位为主题的香包图案主要有：连年有余、凤戏牡丹、全福图、葫芦烟袋、金童送宝、刘海戏金蟾等。其中图案K（图略）将象征富贵的牡丹与凤鸟既定在圆形的图形之内，左侧凤鸟尾部自然下垂，右侧凤鸟做倒飞姿态，两个凤鸟的尾部和翅膀形态与圆框外弧吻合，牡丹花也随圆框顺次排布，属于以图案适合图形的适形造型法。图案L（图略）将蝙蝠、鹤、鹿、寿星、喜娃娃等组合在一起，借其谐音或意旨，将福、禄、寿、喜这四个主题通过一个图案来展开。类似地，图案M（图略）将蝙蝠、铜钱、桃子、乌龟等纹样组合在一个画面中，表达了对财富和长寿的追求。同样，图案N（图略）中刘海手舞足蹈，喜笑颜开，手持钱串与三足蟾戏舞，足下金蟾从嘴中不停地吐着钱币，图案均充满了动感，属于非静止物象造型法，有力地传达了民间对财富的向往与追求。

5. 以追求吉祥和平安为主题的香包图案造型

以追求吉祥和平安为主题的香包图案主要有：喜相逢、四季平安、蛇盘兔、辟邪虎、佛手花、五毒蛙等。香包图案O（图略）将一年四季不同时间开放的牡丹、荷花、梅花、菊花综合到一个画面之上，代表四季轮回，又借"瓶"与"平"的谐音，象征了一年的平安吉祥，这种将不同时间的事物组合到一个画面的时空造型法，也属于时间综合造型法。图案P（图略）中蛇属巳火，兔属卯木，中国传统五行观认为火木相生，将兔嵌套入蛇形之中暗喻人遇贵人，是逢凶化吉的符号，这种形中有形的造型方法属于适形造型法。在图案Q（图略）中，既定圆形虎头的框架内，虎的眼、嘴、鼻、眉，甚至"王"字都是适应这一圆形框架而设计的，属于适形造型法。而图案R（图略）在蛙身上绣制出五毒图案迎合了民间认为蛙能食五毒的说法，这种将蛙肚子里的五毒体现在蛙身上的表现手法，提示了蛙食五毒的实质，属于深入物象内部造型法，充分体现了大众趋吉避凶的心理。

（五）内含的文化意义

1. 开天辟地与图腾崇拜

中国古代神话传说中的"创世说"，在庆阳香包刺绣中都有反映，盘古开天、女娲造人、炼石补天、伏羲画卦等都属此类。而反映我国古代图腾崇拜现象的，也比比皆是，如龙、虎、熊、鹰等动物曾经是黄帝族的图腾；鹿、羊、鸡、狗可能是我国以前居住于庆阳一带的羌、犬戎、猃狁、义渠等民族的图腾；鱼、蛙、蛇、火鸟等可能是炎帝族的图腾；象、牛是商族的图腾。在民族的融合和发展过程中，它们的崇拜物也在不断地融合和演变，龙、凤、玄武、麒麟这四种动物被称为"四灵"，它们就是各种动物形象累加复合变化而来的，是人们想象中神奇的动物。西峰区吴玉英的绣品《北豳祥龙》立体挂件所反映的就是在庆阳这块古老而神奇的黄土地上产生演变出的神龙。

2. 阴阳交合与子孙繁衍

在古代，人们总是把多生子女看作传宗接代、延续香火、壮大种族、增加劳动力的唯一途径，由此对生命产生了敬畏；伴随生命崇拜即产生了对阴阳交合的生殖崇拜。可以说，赞颂生命和崇拜生殖是庆阳香包刺绣（陇绣）永恒的主题。如以《凤求凰》、《龙戏凤》、《鸳鸯戏莲》等表示求偶；以《鱼钻莲》、《凤穿花》、《洞房娃娃》等比喻阴阳交合、男欢女爱；以《观音送子》、《麒麟送子》、《莲生贵子》以及鱼、蛙、金瓜、葫芦、葡萄等多子动植物的图案企盼多生男孩，子孙繁衍。

3. 风调雨顺与五谷丰登

在古代，庆阳的先民们总是把风调雨顺、五谷丰登的希望寄托在人和自然以外的力量上，于是就有了反映这一愿望的《神龙降瑞》、《莲年有余》、《五谷丰登》、《蛇盘兔、年年富》等香包绣品。

4. 吉庆祥和与平安如意

吉祥文化是民俗民风的一种重要内容，代表着人们普遍的心理需求，充满着强烈的感情色彩。人们各自不同情况需求尽管不一，但总是将升官发财、富贵长寿、平安如意等作为祈求的主要内容。庆阳香包刺绣中反映这方面内容的不胜枚举，有《吉庆有鱼》、《吉祥如意》、《四季平安》、《太平有象》等，常以祥云、珍禽、瑞兽、仙草和具有祥瑞形态或寓意的事物作为吉祥图案的象征。

5. 福禄寿喜与富贵荣华

庆阳民俗中，常用蝙蝠、梅花鹿、仙桃和松、龟、鹤、喜鹊或蟭子（喜蛛）等取其谐音，隐喻福禄寿喜的愿望。反映在香包刺绣中，有

《五福捧寿》、《福山寿海》、《加官晋禄》、《松龄鹤》等。用芙蓉、牡丹、桂花、桂子、元宝、古钱等来代表荣华富贵的寓意，如《花开富贵》、《丹凤朝阳》、《孔雀戏牡丹》、《刘海撒金钱》等。

6. 辟邪消灾与护身健体

古代庆阳先民对天灾、病死等灾难、灾害不能做出科学解释，便想象以"超自然的力量"——天帝鬼神来实现某种愿望或祈求，这样便产生了巫术活动。庆阳香包刺绣大量反映了这一民风民俗，用符咒、跳神、祈祷等迷信方法来辟邪扶正、驱除毒魔、消灾健身、祈求平安。如庆阳民间端午节佩香包、插艾蒿、系长命缕（花花绳）、戴"五毒（蛇、蝎、蟾蜍、蜈蚣、壁虎）簸箕"，穿"五毒"兜肚等，二月二带桃木棒槌，三月三带柳木刀、剑、弓箭，春节在门上挂桃符等，都与辟邪消灾、驱毒除瘴、送病强身有关。至于绣钟馗像挂于堂屋或门首，与贴门神有同样的用意。

综上所述，庆阳的香包刺绣从构思到表现，都体现着原生态文化。象征和隐喻、谐音和表意是其最大的特征。畅游于庆阳香包刺绣的海洋，你会感受到黄土地的厚重、周祖故里人民的古朴、农耕文化的深邃和庆阳人民的智慧。由此，引发了"走庆阳、看庆阳、话庆阳"现象，并且其热烈的风潮有增无减，正方兴未艾。

二 发展庆阳香包产业的条件分析

（一）良好的政策机遇

党的十七届六中全会通过了《中共中央关于深化文化体制改革 推动社会主义文化大发展大繁荣若干重大问题的决定》这一纲领性文件，并提出 2020 年文化产业的发展目标。党的十八大又对文化发展做出新的重大战略部署。十八届三中全会公报中提出进一步深化文化体制改革。2010 年 5 月国办 29 号文件的出台，第一次对甘肃提出建设文化大省的要求，明确了甘肃是中华民族重要的文化资源宝库这一战略定位。2010 年 11 月，文化部为了深入贯彻落实国办 29 号文件精神，专门制定了《关于进一步支持甘肃文化建设的意见》，从支持甘肃文化建设的总体思路、推进公共文化服务体系建设、大力扶持文化精品建设和特色品牌培育、切实加强文化遗产保护工作、着力加强文化队伍建设五个方面，对支持甘肃文化建设提出了包括"支持文化产业示范基地和园区项目建设"在内的11条具体意见。

甘肃省委省政府在推进文化产业发展方面也做了大量的工作，仅2011年甘肃省委省政府就围绕文化建设制定了两个重要文件——《甘肃省"十二五"时期文化改革发展规划纲要》、《关于贯彻落实党的十七届六中全会决定精神，进一步加快文化大省建设的意见》。2012年2月，又印发了《甘肃省加快文化大省建设重点任务实施办法》，其中第三部分对"推动文化产业超常规跨越式发展"做了五个方面的安排部署。2012年4月的甘肃省第十二次党代会报告中再次强调了包括"深入实施文化产业培育工程"在内的文化大省建设方面的问题。

2013年2月19日，国务院办公厅正式批复了甘肃省建设华夏文明传承创新区。甘肃华夏文明传承创新区建设，按照国家关于甘肃发展的战略定位和建设文化大省的总要求，打破现有行政界限，统筹全省文化资源和各类生产要素，以文化建设为主题，以经济结构战略性调整和经济发展方式根本性转变为主线，确定了围绕"一带"，建设"三区"，打造"十三板块"（以下简称"1313工程"）的文化工作布局。[①]

这是甘肃省迎来的又一个摆到国家层面的战略平台，必将对中华民族文化传承创新和甘肃经济、社会、文化发展起到重大的推动作用和深远的影响。庆阳在甘肃省"1313工程"中属于以始祖文化为核心的陇东南文化历史区；庆阳香包便是属于非物质文化遗产保护传承、文化产业发展这两个板块的主要内容之一。

随着国家宏观文化战略的调整，为了进一步做大做强全市文化产业，积极实现"工业强市、产业富民"战略，庆阳市政府于2009年底出台了《关于进一步加快庆阳市文化创意产业发展的意见》（〔2009〕205号），文件对庆阳市香包民俗文化、红色旅游文化、广告创意文化、演艺文化、影视动漫文化、新闻出版产业、文化会展产业、书画艺术品产业等八大行业进行具体指导，提出了发展目标、任务重点和保障措施。2011年3

---

① 甘肃省委宣传部：《华夏文明传承创新区建设"十三板块"分方案》，2013年。

月市政府又出台了《关于扶持文化产业发展的意见》(〔2011〕35号)。这两个《意见》是近年来庆阳市政府首次明确公开支持文化产业发展的重大举措,大大推动了庆阳市文化产业快速发展的进程。为了进一步深入具体地贯彻这两个《意见》精神,指导八县区文化创意产业快速发展,庆阳市文化出版局下发《关于在我市开展文化创意产业发展实践年活动的意见》、《关于加强全市文化创意产业示范基地建设的实施意见》和《关于加强2010年全市香包民俗文化产品生产及对外展销工作的通知》等文件,为促进庆阳市文化产业开发提供了政策依据。此外,在指导全市文化创意产业发展的工作中,市文化出版局还紧扣市委、市政府提出的发展文化产业的"四个一"总体要求,在全市文化产业开发工作中宣传落实"抓创意、建基地、育人才、出精品、打品牌、拓市场、提效益"七方面工作的任务。根据市委宣传部转发的文化部文件精神,对全市部分符合条件的文化产业企业给予无息贷款资金扶持,共筛选环县龙影文化产业开发有限公司、环县夜明珠道情文化产业有限责任公司、庆阳会香缘绣花鞋有限公司、西峰岐黄民间工艺品有限公司等八家企业作为扶持对象。

(二) 自上而下认识一致形成合力

国务院将甘肃省列为华夏文明传承创新示范区,这对庆阳文化产业的发展无疑起到了强心针的作用。庆阳文化底蕴深厚,特色鲜明,具有得天独厚的优势。近年来,庆阳市委、市政府高度重视文化产业开发工作,大力发展资源型、劳动密集型、复合型、非公型、外向型、科技型等六类文化产业,突出发展庆阳香包、红色南梁、周祖圣地、岐黄故里四大特色产业,重点培育广播影视、演艺娱乐、文化创意、节庆会展等新兴产业,不断促进文化产业的大开放、大开发、大发展。特别是列为省委、省政府"3341工程"战略性项目的西峰区民俗文化产业园建设项目已启动,概算总投资20亿元,建成后将成为国家级民俗文化产业园,西部最大的文化产业基地。国家开发银行对庆阳城市建设、扶贫开发、城投债发行等方面都做出了积极的贡献,在推动庆阳经济社会快速发展过程中发挥了重要作用。20世纪60年代以前,庆阳香包的绣制普及家家户户,庆阳女孩儿多"七岁八岁学针线"。近20年,香包的制作与刺绣又开始复兴,农民的农闲时间被充分利用,香包系列的陇绣艺术品,如香包、兜肚、鞋垫、枕顶大多都是农村妇女利用农闲时间创制的,她们家家都有可能是"车间",人人可能是"工人"。香包刺绣的生力军主要是农村妇女,那些新生的香包企业也把一些外出打工的年轻妇女留在家乡。庆阳市的方针是:"政府搭台,群众唱戏;政府倡导,市场运作。"得名者地方,得利者群众。政府方面强调企业化,催生了200多个大大小小的民间艺术企业,出现了"村村有大师,家家有能手"的整体效应。

(三)成功举办庆阳香包民俗文化节

全市上下以香包民俗文化节为平台,突出文化特色,挖掘文化价值,彰显文化魅力,壮大文化产业,谱写庆阳文化大发展、大繁荣的绚丽篇章,共同构筑幸福美好新庆阳的"发展梦"。

首届中国庆阳香包民俗文化节于2002年6月6日在庆阳市隆重开幕。多位国家领导人题词并担任总顾问,甘肃省领导、国内14位著名学者任顾问,中外嘉宾2950人莅临,亚、欧、美、非、澳各洲14个国家与地区友人与会,20万群众大联欢。中央电视台著名节目主持人李修平、朱军烘托起欢庆的热潮,1万只气球和信鸽,84个彩车和方队,1200名演员的大型文艺节目《荷包飘香》,彭丽媛等九位明星演出的《陇上家园之夏》晚会,周祖公祭大典,万人签名保护民间文化遗产,经济文化论坛,香包商贸展销,25亿元的140多个招商引资项目签约,200多位记者现场采访,20多家媒体报道,盛况空前,硕果累累。

第二届中国庆阳香包民俗文化节与第十五届中国西部商品交易会同时举办,于2003年9月28日开幕,10月8日闭幕。来自美国、日本、巴西、突尼斯、澳大利亚、加拿大、韩国、德国、俄罗斯、英国、格鲁吉亚、西班牙、印尼、喀麦隆、秘鲁、巴勒斯坦、也门、尼日利亚、老挝等19个国家和地区的驻华大使、商务及文化官员、国际友好人士和商界代表,全国31个省、市、自治区的党政及经贸代表,中外著名企业及港、澳、台代表,全国民俗专家、经济文化学者,国内外40多家新闻媒体的记者等,近5000名嘉宾光临盛会。有2万多名演职人员和职工参加了节会文艺演出,直接参加节会活动的群众人数达30余万人。

第三届中国庆阳香包民俗文化节于2004年6月16日至26日举行。

中央和省上的一些领导应邀担任节会顾问，省上领导贠小苏、拜玉凤、秦时玮、姚文仓等亲临指导节会工作，参加了节会重要活动。国内外文化界、工商界、演艺界、新闻界等1600多名嘉宾光临节会，直接参与节会活动的群众达10万多人。

2005年6月，参加第四届中国庆阳香包民俗文化节的外宾有老挝驻华大使馆副大使、商务参赞坎文·帕努翁，越南驻华大使馆商务参赞陶玉章，马来西亚驻上海总领事馆商务领事温有志，中国东盟商务会总干事长许宁宁等。外国客人是应邀专程前来参加第四届中国庆阳香包民俗文化节并寻求合作的，他们对庆阳特色农副产品和民俗文化产业表现出浓厚的兴趣，并表示了加强合作交流的愿望。

2006年5月23日上午，由甘肃省委宣传部、甘肃省文化厅、庆阳市委、庆阳市人民政府主办的第五届中国庆阳端午香包民俗文化节在庆阳市体育场隆重开幕。来自国内30多个省市区的嘉宾和国际友人与全市2万多名观众欢聚一处。

庆阳老区办节会，许多领导同志和全国知名学者给予了极大关注和支持，薄一波赞誉"庆阳香包甲天下"，王光英称庆阳香包为"民族瑰宝"；习仲勋、许嘉璐、布赫、吴阶平等领导同志曾欣然担任节会顾问；《欧洲时报》、香港《大公报》、中央电视台等国内外重要媒体对庆阳进行了大力宣传推介；全国民俗学会年会在庆阳召开，《走庆阳》、《看庆阳》、《庆阳历史文化览胜》、《庆阳民俗艺术之魂》、《庆阳史话》等一批画册书刊的出版以及许多曾参加香包节的全国民俗学专家纷纷出版专著，对庆阳丰富多彩的民族民间文化进行了研究发掘，起到了良好的宣传推介作用。以征集香包节节歌为契机，开展的新民歌创作演唱活动，涌现出了《美丽神奇的庆阳》、《荷包飘香》、《欢迎您到庆阳来》等优秀歌曲，进一步推波助澜。

连续举办香包节，庆阳获得了"中国香包刺绣之乡"、"徒手秧歌之乡"、"民间剪纸之乡"、"窑洞民居之乡"、"五蝠皮鼓——庆阳一绝"，"环县——道情皮影之乡"、"温泉乡公刘庙——华夏公刘第一庙"、"周祖农耕文化之乡"、"荷花舞之乡"、"中国民俗文化及民间工艺美术调研基地"、"中国民俗艺术教研基地"等11大命名，使庆阳增加了11张亮丽的文化名片。

在第二、第三届香包节上,中国工艺美术学会民间工艺美术委员会确定庆阳市贺梅英等48名民间艺人为中国民间艺术大师,甘肃省民间文艺家协会确定庆阳市马秀珍等63名民间艺人为甘肃省民间艺术家,庆阳市民间工艺美术协会还遴选170人为庆阳市工艺美术大师,建立了弘扬民间民俗文化艺术的人才队伍。

通过节会进行的一系列重大宣传活动,极大地提高了庆阳的知名度,通过民俗文化的展示,使更多的人对人文历史悠久、文化底蕴丰厚的庆阳产生了浓厚的兴趣。

香包节扩大了庆阳的对外开放,成为对外合作交流的有效载体和招商引资、抓项目促发展的良好平台,成为庆阳走向世界的桥梁。香包节有力地促进了庆阳民间民俗文化资源开发,繁荣了文化艺术事业,带动了庆阳文化产业的长足发展。以"庆阳五绝"为主的民间民俗文化资源得到了充分开发利用,并带动了草编、戏剧脸谱面具、戏剧服装、根雕、艺术壁挂、石雕、泥塑等工艺美术的发展。

三　庆阳香包产业发展中存在的主要问题

(一) 缺乏龙头企业

目前文化产业发展的必然趋势是走规模化、集团化经营的道路。但由于香包文化产业还处在起步阶段,现在的产业总量规模偏小,还处在小规模分散化经营状态,大型的文化项目缺少,加之缺乏竞争力,因而多数文化企业效益低下,处于小打小闹的状态。

庆阳市委宣传部2013年5月颁布的《全市首批骨干文化企业名录库》资料反映,资产总额或2012年营业收入在100万元以上的企业有37户。其中主营香包刺绣的企业仅有20户,占54%。在这20户经营香包刺绣的企业中,资产总额达到500万元以上的企业仅有6户,占30%;营业收入在200万元以上的企业有13户,占65%;2012年净利润达到20万元以上的企业仅有16户,占80%。[①] 香包加工经营企业不仅数量

---

① 庆阳市委宣传部:《全市首批骨干文化企业名录库》,2013年,第3页。

少，而且绝大部分规模较小、人员少，生产规模小，发展速度缓慢，能够带动产业发展、走向市场竞争的龙头企业还在期待之中。

小规模分散化的经营，容易造成对产品质量的忽视。据调查，庆阳香包文化产业以公司+农户模式为主，香包的制作者主要是以农村妇女为主，单家独户生产的香包参差不齐，质量很难保证。有的为了贪图数量，甚至偷工减料、以次充好、以粗代细，降低了艺术品位，也影响了香包的质量，与庆阳香包的文化内涵大相径庭。调查中还发现，在部分香包图案绣制上，生产厂家往往用了过多的机绣图案，许多色泽艳丽的香包买回家后才发现很大一部分是机绣的，失掉了传统香包的韵味。

面对国际国内的竞争，庆阳香包文化产业的发展规模明显偏小，产业链不长，产业之间的有机联结不密切，产业群体没有很好地形成，产品的规模优势没有得到发挥。就全国来看，庆阳香包文化产业总体处于较低水平，总量和规模已有明显差距，文化产业地位尚未凸显。

（二）产品创新意识不够

经过连续十一届举办的庆阳香包节，使得香包产品的种类日趋丰富，图案样式逐渐增多，香包刺绣品种达到近500个。有些极富地方特色，赢得了广大收藏爱好者的青睐，在国内外享有较高的声誉和市场占有率。但从产业发展的角度看，老产品多，重复制作多，90%以上产品基本是延续传统图案，很少有新图案加入，包括一些动漫造型，产品的创新意识还不够，产品的质量尚需提高。部分产品没有突出实用性，没有跳出原始的"耍活"的用途，这是一个关键性的发展方向，不能忽视。

庆阳香包作为一项产业，要有持续性、协调性、竞争性，其生命力在于不断创新。在庆阳香包创新方面，要做的工作很多，范围很广。笔者注意看了一些香包刺绣大户制作的精品香包，或多或少都有一些瑕疵，特别是为了赶数量，有的刺绣大户把一件产品分开做，或者有的用机绣做，有的用手绣做，混在一起，做工粗糙，很不协调，有些产品设计式样老化、死板、陈旧。有些香包制作者受利益驱动，将粗制滥造的民间艺术品投放市场，严重损害了传统民间工艺品的形象和声誉。如部分香包产品在设计制作上过分贪图"洋"和"新"，去掉了原生态民俗的精华，这些"产品"经不起专家和专业研究人员的"挑刺"，势必影响市场销售、效益、形象。这个问题全市各县区都存在。

（三）扩大再生产资金缺乏

文化产业的发展，要靠政策支持、市场选择和资金投入三方面有机结合，政府搭台、资本运作、市场经营是条值得探索的产业发展之路。资金支持是香包产业起步和发展的必要条件，多数生产企业和营销公司资金匮乏，又争取不到银行贷款和政府投资，只能维持小打小闹的现状，生产规模难以扩大。全市多数民俗文化产业公司，因没有合适的担保人，无法享受下岗职工创业、妇女小额担保贷款等优惠政策。调研中看到，合水县玉珍民俗文化香包刺绣有限公司，成立于 2005 年 3 月，是一个专业从事刺绣生产的个体公司，设计制作人员共 14 名，实际生产厂房只有 60 平方米。从公司成立到现在由于厂房面积小、资金缺乏，生产设备一直没有得到扩容升级。富瑞香包刺绣公司位于合水县城北区乐蟠西路，成立于 2011 年 1 月，拥有大型绣花机一台，生产车间占地 20 平方米，销售展厅占地 20 平方米。目前拥有员工 55 名，其中：管理人员 3 名，技术工 2 名，香包生产户 50 家。受资金因素制约，无力对生产车间进行扩建，致使 55 名员工在各自家中进行绣制，无法对员工进行统一指导，影响了产品质量的提高。一些县区的民俗研究所没有民俗文化产业研发、培训经费，导致文化产品创意设计滞后，影响了文化产业培训工作的开展。

目前庆阳香包文化产业投资渠道单一、不畅通，投资方式不合理，没有建立起多元化的投融资体制和机制。由于受经济条件的限制，市财政支付能力有限，投入文化产业经费不足，许多待建项目和龙头企业，因为资金投入不到位而无法上马。全市急需大量资金投入，着力扶持和建设一批具有带动示范效应的文化创意龙头产业项目，急需投资扶持建设一批大规模、大效应的文化创意产业示范基地，以助推文化创意产业快速发展。

此外，许多文化产业公司尤其是中小型公司的自筹资金、自我发展能力比较差，由于缺乏周转资金，公司业务无法展开。笔者在调查过程中了解到一些公司因资金问题而导致有大单做不了的尴尬局面。政府应该出台一系列的投融资政策如低息贷款等来解决中小企业的资金困难问题。

资金的缺乏，导致香包产业经营分散、规模较小、水平偏低，导致投资民间文化艺术资源的回报低、风险大，客观上造成民间文化艺术产品开发投入资金的严重不足。如此，造成一种恶性循环。

（四）香包制作传承人保护不够

文化产业是一种高智力的活动，它需要高素质的人才，尤其是能够引领市场和进行谋划创意的产业开发创意人才、精于市场营销和企业管理的专业人才。北京大学文化产业研究院副院长陈少峰指出："人力资源问题将是今后发展的一个核心问题，对文化产业更是如此。目前文化产业的很多经营者都没有受过商业训练，大多数都是凭借着自己的经验去做。"[1] 目前，庆阳香包文化产业的主力军以文化程度不高的农村妇女为主，她们特别缺乏本土的原创设计方面的各种专业的高级专门人才。如今，针线活不再是女孩子的必修课，加之很多年轻人外出求学或打工，导致了香包文化传承人的断层，技艺濒临失传，传承体系萎缩。调查表明，庆阳民间艺人80%以上为老年农村妇女，人数少，年龄偏高，平均年龄在65岁。许多民间文化艺术传统技能濒临失传甚至绝迹。无数的民间老艺人在无声无息地逝去，作为文化的携带者他们带走的是一种中国民间文化艺术的断绝。民间文化艺术产业的整体队伍素质不高。虽然从业人员具有熟练的传统技艺，但文化水平普遍较低，小学以上文化程度的不足50%，有10%的艺人近于文盲，接受过系统的专业训练的艺人不足2%。

四　发展庆阳香包产业的对策探讨

（一）学习借鉴外地特色文化产业发展经验

庆阳香包产业的发展，从来就不是一个独立的个体，它必须遵循市场经济规律，它需要与国内外同行业进行交流学习。它的发展，需要吸收借鉴国内外的先进经验，以达到取人之长、补己之短的作用。

---

[1] 陈少峰：《中国文化产业十年》，金城出版社2010年版，第32页。

美国的芭比娃娃，利用互动推销产品。芭比娃娃的"父母"汉德勒夫妇不仅是一对制作玩具的手工艺人，他们也是这个产业的开拓人。他们是美国玩具业最早有意识地系统化改造自己公司，并告别手工作坊式操作的企业家。在公司成长的早期，他们就懂得如何利用消费者喜欢互动玩具的心理推销产品。他们不仅设计各式各样的娃娃，还为这些娃娃提供令人眼花缭乱的穿戴。

砖雕是临夏州文化产业中极具地域特色的文化产品，是临夏县一种传统的建筑装饰雕刻，2006年入选为第一批国家级非物质文化遗产。近年来，临夏县按照"小产品、大产业、大市场"的产业开发思路，从砖雕艺人技艺的传承保护、提升传统工艺水平、解决"小而散"问题，抓好深度开发和扩大规模化生产入手，全力打造"临夏砖雕"这张名片，成功兴办了神韵砖雕公司和能成砖雕公司，砖雕产业从无到有，从弱到强，不断发展壮大，已成为全州重要的砖雕生产基地。截至目前，临夏县生产各类砖雕产品3.4万平方米，实现产值9610万元，砖雕产业已成为该县经济增长的新亮点。产品远销新疆、青海、宁夏等地，市场供不应求。

目前，国外及全国大多数省份都有自己的特色文化产业，且在这一领域已经创造和积累了丰富的经验，这是庆阳香包产业发展应该借鉴的，由于各地情况不同，具体做法各异。所以，应立足庆阳实际，主动学习国外及兄弟省份的先进经验，增强文化自觉和自信，不断改进做法，逐步缩小差距，加快庆阳香包产业超常规发展。

（二）培育龙头企业，促进香包产业发展

着力推进产业集群发展，营造龙头企业成长的产业生态环境。要认真做好产业梳理，在区域产业布局和大项目建设中为产业链延伸预留充分的空间。强化对龙头项目和产业链缺失环节的招商引资和项目引进，形成产业集聚效应。要围绕中部崛起战略、国家产业布局和高新区产业发展战略，以建设国家自主创新示范区为契机，突出抓好庆阳香包产业的发展，争取国家产业项目布局向庆阳倾斜，形成完整产业链。通过产业集群发展，增强龙头企业的竞争实力。加大政策扶持力度，建立支持龙头企业发展的投资保障机制，尽快构建龙头企业发展的政策支撑和投

资保障机制，是龙头企业快速健康发展的关键。

作为市一级地方政府，庆阳市要尽心竭力帮助龙头企业更好发展，一是项目支持。各类财政专项资金，向符合条件的龙头企业倾斜。二是土地支持。为龙头企业进行厂房建设及扩建提供一系列的土地方面的优惠政策。三是资金支持。近年来，省农业产业化扶持资金大幅增加，市里也将进一步加大财政支持力度，增加专项资金。金融部门要把对农业产业化龙头企业的贷款、融资支持作为重点，信托机构要积极为龙头企业提供担保服务。市财政安排农业产业化扶持资金，重点支持企业升级、上市、技改、科技等方面，促进全市农业产业化快速健康发展。四是科技支持。五是税费支持。各级各部门要严格按照文化部《关于进一步支持甘肃文化建设的意见》，认真落实各项税费减免政策，全面清理、取消涉及龙头企业的不合理收费项目，切实减轻企业负担，优化发展环境。

（三）注重创新意识，提高香包产品质量

香包刺绣产品具有艺术性和商品性的双重属性，在追求其艺术性完美的同时，必须提高其商品质量，按市场规则去运作，以质量赢得市场，以诚信占领市场。当前，一是要统一样式标准。比如抓髻娃娃、五福娃娃等产品，已经定型，要注册、有商标，凡生产就要按统一的样式标准去制作，形成相对固定的庆阳香包品牌，而不能自行其是。创新是必要的，但必须在相对定型的基础上去创新。二是要统一工艺标准，如一些定型的香包刺绣品，其用料、针工、填充物、样式都应有一定技术规范，类似工业产品的省、部标准一样，有一定的工艺流程和具体要求。当然民间民俗工艺品也难以完全做到，但必须有一个起码的工艺标准来规范生产。三是有关部门要尽快研究、设计、制定上述标准。比如产品图样定型、香料配制、制作风格、文化内涵等。既保持庆阳香包的原有特色，留住源和根，又符合现代人的审美情趣，使二者有机地统一起来。有关部门、协会、学会要很快组织专家研究制定，并尽快颁布下去，至少在公司+农户这种模式中推广，再通过能人带动，以规范市场生产行为，逐步形成有庆阳特色的香包刺绣品牌。

（四）拓宽投资渠道，增强企业造血功能

以贷款贴息、扶优扶强、以奖代补等方式支持文化产业发展，对重大项目、文化产业研究和市场前景好的文化企业，给予前期启动经费和资金扶持。创造条件，为文化产业发展建立便捷融资渠道，支持和引导担保机构为中小文化企业融资提供担保，推动出版权、著作权、专利权、商标权等无形资产质押贷款业务。完善文化企业融资担保体系，鼓励各类有实力、有条件的企业进入文化产业领域。要进一步拓宽文化产业利用外资和民间资金的领域，逐步形成以政府资金为引导、以企业投入为基础、以银行信贷和民间资金为主体的多元化投融资格局。群力解决发展庆阳文化民间工艺品资金问题。除政府安排必要的研发启动资金外，建议采取"民办公助"、"谁投资谁受益"的原则进行筹集。还可借助传统的民俗心理，适时组织有关民俗节会，开发民间文化活动，进行社会募捐，筹措资金。

加强对民间文化研究的资金投入。学术以原生态为依据。庆阳的民间艺术在全国以至国际民俗学、民艺学界已经有很高的学术地位，这是我国学者多年努力工作的成果。政府要舍得投资，也要吸收民营企业力量，解决资金困难，政府拿一点，企业投一点，市民捐一点，俭办节会省一点，民间与政府齐心协力，事情就能做成。

（五）切实保护香包制作传承人

对于香包制作方面的传承人，应该有系统周全的保护措施，让传承人有传承非物质文化遗产的物质保障与精神动力。

政府应向传承人提供生活补助。定期的生活补助对多数传承人来说十分必要，在边远的新疆地区，传唱史诗的艺人能够定期领取生活补贴。国外的方法也值得借鉴，在日本，一个具有文化财产修复技术的传承人，每年可从国家领到110万日元的补助，用以培养弟子及传授技术。韩国和美国也通过不同方式给予传承人一笔数额不小的生活补贴。

授予传承人名誉称号，为其获取生活资源。政府应制定相关激励政策，为符合条件的传承人授予名誉称号，助力传承人的作品成为收藏市场的宠儿，从而帮助他们获得更多生活保障。

提升传承人的社会声望与社会地位，为其提供相关社会保障。应对传承人健全相关保障制度，为他们购买医疗保险等社会保障服务，主管部门也应该督促安排他们定期检查身体，保证传承人良好的身体传承条件，控制、降低因为生命健康问题给文化传承带来的风险。

尊重他们的人格，了解他们的想法。香包制作传承人大多具有良好的专业素养，对精神的追求往往超过物质。政府相关公务人员要及时掌握传承人的生活状况，力所能及地解决他们的困难，赢得传承人的信任，跟传承人建立密切友好的合作关系。

总之，我们对传承人应从经济帮助、社会保障与精神关怀三方面落实具体的保护措施，让传承人有宽松的创作环境，有传承文化的自觉意愿，这是我们文化保护工作的重中之重。

（六）进一步开拓国内外市场

拓宽庆阳香包刺绣市场营销渠道，必须广纳信息，把着眼点放在外销上，按市场需求组织生产。加深庆阳香包的影响和香包文化传播，增加订单和销售。要把精力放在外销上，要通过展销会、产品推介会等方式，在深、沪、京、津等城市有组织、有计划地举办一些产品交流及展销。充分利用西交会、兰洽会等节会，设庆阳香包展销点，并通过增加庆阳香包宣传载体这些方法，扩大庆阳香包的知名度，打陇绣品牌，吸引外地客商看样订货，签订协议，按订单生产，市场需要什么，就生产什么，需要多少，就生产多少。这样既可以防止盲目生产造成滞销，也可以打开国内外市场，扩大销售。要争取机会，到国外办展览，打开国外市场。要发动文化界人士创作以香包等民俗产品为题材的文艺作品，将庆阳民俗产品搬向舞台，搬上银幕。发展网络销售，建立网站，充分利用微商、电商等网络平台进行销售。目前庆阳香包在网络销售方面，只是些许网店在淘宝上经营，这种销售方式很有局限；如果根本不知道庆阳香包，销售就可想而知了。所以通过地方政府宣传地方文化的途径，与企业联合建立文化产业网站，效果会比较好。

庆阳地区成立总营销中心，整合全地区的资源，接待外来投资和订单客户，避免各自为政、层次不一、相互排挤的老运作模式。与各个大城市的代理商加强合作，实施全国统一的形象品牌、统一的口径、统一的价格策略，实施地区独家代理，发挥代理商的渠道经营和贸易优势；推介名人和大师出巡义演和公关活动，在各地方造势；签订各国独家代理权，与各国文化界友好交流；选文化界名人和中央有关领导做以香包为主的庆阳民俗文化产品的代言人和形象大使，具有权威性、科学性和吸引力。

产品虽小，市场之大。在市场经济发展的今天，我们绝不能把眼光局限于本地区。显然，不扩大开放，就不能发展。不整合和充分挖掘利用优势资源，就不能加快发展。更重要的是要坚定发展的信念，凡是有利于发展的事情，就要克服一切困难，毫不动摇地坚持做下去，直到获得最大的成效。只要万众一心锲而不舍，庆阳香包产业发展之路会更宽，庆阳的明天一定会更加美好。

（责任编辑：张多勇）

【红色文化研究】

抗战时期的苏联援华与甘肃在当时的地位和作用

胡金野　齐　磊[*]

（兰州财经大学　甘肃兰州　730020）

摘　要：在中国全面抗战前期，苏联是当时国际上最先向中国伸出援助之手的国家；从1937年至1942年，苏联实际给予中国购买军火的贷款共1.73亿美元及大批军备物资。在苏联援华的实践中，甘肃及其省会兰州，因其地缘政治的优势，天然与历史地成为西北的地理中心、政治中心和国防中心，成为苏联援华交通线的中点，成为苏联志愿航空队在华的最大空军军事基地与培养中国空军的训练基地。因此，不可或缺地为中国的抗日战争乃至世界反法西斯战争的胜利做出了其他省份无法替代的重要贡献。

关键词：甘肃；抗日战争；苏联援华；地位与作用

苏联援华是一个老话题，甘肃在其中的作用，近几年也有成果问世，但相对来说，对甘肃在苏联援华中的作用，谈显性的较多，述隐性的较少；论军事的较多，述政治、经济的较少。全面、客观地介绍与分析甘肃在抗日战争时期苏联援华方面的地位、作用，认识甘肃对取得中国人民的民族解放战争，及在世界反法西斯战争中所发挥的作用，对于今天重新认识与发掘甘肃在"丝绸之路经济带"上的独特作用，无疑是有着历史的连贯性与延续性的。

---

[*] 胡金野（1958—），男，兰州财经大学马克思主义学院教授，硕士生导师。主要从事中国近代史、中国禁毒史以及甘肃区域史研究。齐磊（1958—），女，兰州财经大学马克思主义学院教授，硕士生导师。主要从事近代以来的毒品问题与中国禁毒史、甘肃区域史研究。

一 抗战时期苏联援华概况

1937年7月，日本挑起了"旨在变全中国为其独占的殖民地"①的全面侵华战争。这场战争，不仅使中华民族到了生死存亡的危急时刻，也对苏联造成了重大的威胁。于是，中国和苏联两国别无选择地走到了一起，在全面抗战爆发一个多月后，迅速签订《中苏互不侵犯条约》，结成了"准同盟"关系。从9月9日至10月4日，中苏双方就军火供给问题展开了四次谈判，最后达成协定：苏联政府1938—1939年先后三次易货贷款支援中国的抗日战争，总额为2.5亿美元。

全面抗战初期，苏联是中国抗日战争的主要支持者，从1937年10月开始，苏联将中国急需的飞机、大炮、机枪、航空和装甲设备、枪炮弹药等军用物资，陆续运到中国。苏联实际给予中国购买军火的贷款共1.73亿美元，居同期各国对华援助之首。②中国用这些贷款偿付苏联援华武器弹药和其他军用品，解决了中国急需获得军火的外汇困难。据苏联学者统计，从1937年9月到1941年6月苏德战争爆发，苏联向中国提供的军火有：飞机904架（其中轰炸机318架），坦克82辆，牵引车602辆，汽车1516辆，大炮1140门，轻重机枪9720挺，步枪5万支，子弹约1.8亿发，炸弹3.16万颗，炮弹约200万发，以及其他军事物资。③

作为对苏方援助的回报，中国每年应偿本息，以苏方所需的我国农产品与矿产品进行偿还，即中国方面以茶、生丝、棉花、羊毛和牛羊皮、桐油、药材、锡、铜、锑、镍等农矿产品折价偿还苏方贷款本息，每年具体交付货品的名称和数量由苏方规定，分期交货，这种贷款形式就是易货贷款。中国偿还贷款的货单中虽然有一部分是农副产品，但主要品

---

① 《中国抗日战争史》编写组：《中国抗日战争史》，人民出版社2011年版，第2页。
② 国民政府财政部：《抗战期间国库有关战争支出折合美金数，美、英、苏历次借款动支数及中美租借法案价值表》（1946年9月），中国第二历史档案馆藏，全宗三（8），卷8782。
③ ［苏］M.G.斯拉德科夫斯基：《苏中经贸关系史（1917—1974）》，莫斯科科学出版社，第138页。该书统计时，指出苏联向中国提供飞机904架，按所列供货细单飞机数相加应为924架，其中驱逐机统计为542架，按所列供货细单相加应为562架。

种还是具有战略价值的矿产品。这些物资是苏联急需的，也是苏联指名要的，这些物资直到 1947 年 6 月底才从新疆运完。① 中国输往苏联的矿产品总量达 53238.74 吨，② 其中以钨、锑、锡为多。输出的农产品有：绵羊毛 21295 吨，山羊绒 304 吨，茶叶 31486 吨，猪鬃 1119 吨，驼毛 1026 吨，生丝 301 吨，各种皮货 5407000 张。③ 历年交货地点，有星星峡、昆明及宜宾等地。

对抗日战争时期苏联的援华，当时蒋夫人宋美龄曾承认："中国抗战三年来得自苏联之物援助，实较自英美方面获得之总和多至数倍之多。"④

国内学者对此普遍认为，抗战爆发伊始，苏联是中国抗战的最主要援助国。⑤ 在中国抗战开始之初，真正站在中国一方公开从道义上和物资上援助中国的，只有苏联。⑥ 在中国全面抗战前期，苏联是当时国际上最先向中国伸出援助之手的国家，也是唯一以军火物资积极援助中国的国家，且苏联援华的飞机及其他军火物资价格优惠，大大低于当时的国际市场价格。⑦ 苏联的军火供应对于改善中国军队的火力配备，增强中国军队的战斗力有着重大价值。它大大地削弱了日本军队在战争的最初几个月中所拥有的火力优势。⑧

总之，在抗日战争的前期，苏联是当时国际上最先援助中国的国家，对帮助中国抗战，解决中国战略物资的匮乏，增强中国军队的战斗力发挥了重要作用。

同时，中国农矿物资输入苏联，对解决苏联的物资缺乏，帮助苏联度过战时的经济困难无疑也是有作用的。中国"向苏联输出的钨、锑、锡等矿产品对苏联军工的发展有重要的作用，而苏联从中国输入的大量农牧产品，在法西斯德国入侵期间，由于苏联大片国土的沦丧，对苏联红军的军需供应无疑也起了很大的作用"⑨。对此，战时在中国服务的美

---

① 中国人民抗日战争纪念馆编著：《抗战时期苏联援华导论》，社会科学文献出版社 2013 年版，第 62 页。
② 李嘉谷：《合作与冲突》，广西师范大学出版社 1996 年版，第 119 页。
③ [苏] M.G. 斯拉德科夫斯基：《苏中经贸关系史（1917—1974）》，莫斯科科学出版社，第 148 页。
④ 李石涵：《从"七七"到"八一五"——八年抗战史料》，扬州苏北新华书店 1949 年版，第 41 页。
⑤ 刘进：《中心与边缘——国民的政权与甘宁青社会》，天津古籍出版社 2004 年版，第 138 页。
⑥ 沈志华主编：《中苏关系史纲（1917—1991）》，新华出版社 2007 年版，第 60 页。
⑦ 《中国抗日战争史》编写组：《中国抗日战争史》，人民出版社 2011 年版，第 299 页。
⑧ 中国社会科学院近代史研究所编，张海鹏主编：《中国近代通史》第 9 卷，凤凰出版传媒集团、江苏人民出版社 2007 年版，第 173 页。
⑨ 中国人民抗日战争纪念馆编著：《抗战时期苏联援华导论》，社会科学文献出版社 2013 年版，第 92 页。

国财政顾问杨格曾评价说:"在整个战争期间,甚至战后若干时间,尽管俄国已改变为反对中国的态度,中国始终忠实地将农矿产品,送到俄国,以偿付1938—1939年信用贷款的本息。……从1938年到1945年10月31日,送货总值达到13100万美元。考虑在战争情况之下取得与运送物资的困难,中国实在做得很好。"①

二　甘肃在抗战时期的特殊地位

(一) 得天独厚的地理位置与地缘政治的区位优势

甘肃地处黄河上游,位于黄土高原、内蒙古高原和青藏高原的交会处,西秦岭山地边缘,地形有若蚁身,东西狭长而两端较大。东西横跨1000多里。东邻陕西、宁夏,南邻四川,西南及西部与青海、新疆连接,北面与内蒙古接壤。这样的地理位置,使甘肃处于西北的中心。

省会兰州依山带河,形势险要,处在中国大地中线偏北的位置,其本身就是中国所有省会城市的中心,既可以环顾四周,也能够统领左右,是抗战大后方的一部分,距离敌后和正面战场都不是非常遥远。这一地理位置的得天独厚,无论从政治、军事、经济、文化各方面讲,都有西北其他城市不可替代的优势。

把地理因素视为影响甚至决定国家政治行为的一个基本因素,这是地缘政治的本意。从地缘政治的角度看,甘肃的地位也是从历史上就已经形成的。甘肃在历史上的疆域非常大,清朝时,甘肃省布政司管辖今甘肃、新疆、青海、宁夏省区部分范围。1884年,新疆分出。在国民政府建立之前,青海与宁夏统属甘肃。甘肃的地盘之大、统治之远可以想见。这一点在20世纪30年代就已经被时人所认识,提出甘肃"无论在内政上、国防上均处于极重要之地位"②,甘肃在西北的地理中心、政治中心、国防中心的位置是不言而喻的。

20世纪30年代之前的甘肃一直处于军阀割据的分裂状态。由于中央政治权威的衰微,地方军阀割地自雄,长期战乱,使本已民不聊生的甘

---

① 《中华民国建国史》第四篇《抗战建国(三)》,第1252页。
② 魏崇阳:《西北巡礼(续)》,《新亚细亚》1934年第8卷第6期,第104页。

肃雪上加霜。1927年4月，蒋介石在南京建立国民政府后，一直在不遗余力地完成对全国的统一，逐渐加深对边疆地区的渗透与控制。在西北为了分而治之，以防止甘肃利用历史的旧制继续割据以与中央政权抗衡，首先要把甘肃的疆域进行分割，缩小甘肃在历史上形成的超大疆域。1928年9月5日，国民党中央政治会议第153次会议议决，"将青海改为行省"[①]。同年10月17日，国民党中央政治会议第159次会议决定，将宁夏道旧属八县（宁夏、宁朔、平罗、中卫、灵武、金积、盐池、平远）和宁夏护军使辖地（阿拉善、额济纳二旗）合并为宁夏省。[②]甘宁青三省分治，对西北边疆社会政治的影响深远。但是，分省后，"甘宁青三省军事，仍同隶于驻甘绥靖公署，而政治上则归各该省政府秉承中央，直接管理"[③]。因此，有论者把甘宁青的关系比作"一家人"，认为"甘肃是老大哥，青海是二房份，而宁夏是小弟弟"[④]。

这样的地缘政治，充分说明甘肃在历史上就有拱卫关中、翼护青宁、襟带新疆的区位优势，已成为西北的地理中心、政治中心、国防中心。

（二）战略大后方的确立

正是由于甘肃具有的东蔽关中、西通新疆、南应巴蜀、北控朔漠的重要战略地位，从而成为国内有识之士关注的焦点。随着南京国民政府的建立，西北乃至甘肃的战略地位逐渐被看重，开发与建设的议论声不断出现。

1930年，国民政府建设委员会制定了《西北建设计划》，1931年5月国民会议第七次会议通过了《开发西北办理工赈，以谋建设而救灾黎案》。1931年九一八事变后，国民党逐渐从战略的眼光看待甘肃问题。1934年《开发西部》杂志创刊，蒋介石亲笔题写刊名。1934年全国经济委员会委员宋子文在考察兰州时指出："西部建设不是一个地方问题，现在沿海沿江各省在侵略者的炮火之下，我们应当在中国发源地的西北赶快注重建设。"又说："建设西北是我们中华民族的生命线，西北人民所

---

① 黎小苏：《青海建省之经过》，《新亚细亚》1934年第8卷第3期，第34页。
② 叶祖颜：《宁夏纪要》，南京正论出版社1947年版，转引自陈育宁主编《宁夏通史（近现代卷）》，宁夏人民出版社1993年版，第102页。
③ 魏崇阳：《西北巡礼（续）》，《新亚细亚》1934年第8卷第6期，第104页。
④ 葛克雄：《会访甘青宁三省主席》，《现实》（上海）1947年第8期，第5页。

负之责任，不仅是充实本身利益。"① 这是国民政府中央大员第一次把西北建设提高到国防战略的高度，把甘肃开发与国防建设的重要性结合起来。戴季陶赴西北考察时说："若就历史上、政治上、经济上之地位而言，则建设西北国防，当先借西安为起点，现在中国整个之国防计划，主力即全集中西北，则建设国防，自当西安始。关中之建设完毕，乃经营兰州，而以甘肃为起点，完成整个中国国防建设。"② 与此相近的论述还有：邵元冲"要知道没有东南就没有西北，没有西北就没有中国了"；张继："西北问题也就是国家民族的生存问题，无论在政治、经济、军事各方面，都有重大关系。"③ 1935 年底，随着全国币制的统一和川、黔、滇地方实力派的"中央化"，国民政府遂将西南与西北相提并论。蒋介石在和龙云谈到建立后方根据地时认为："对倭应以长江以南与平汉线以西地区为主要阵线，而以川黔陕三省为核心甘滇为后方。"④ 从中看出蒋介石已明确地把甘肃视为未来抗战的根据地。

1937 年，全面抗战爆发后，国民政府实行了"抗战建国，同时并进"的战时政策，并对它的大后方进行了总的定位："西南是抗战根据地，西北是建国根据地。"随着战争的深入，西北地位日显重要，为此，国民政府加大了西北建设的力度，出现了近代西北开发的"黄金时代"。甘肃在这一战时政策中居于核心圈，具有西北开发中仅次于西安的优势地位。

1937 年七七事变，抗战全面爆发，作为西北交通重镇的兰州，其战略地位日益凸显。尤其是随着沿海各省相继沦陷，海外与内地的交通中断，使国际联系和进出口贸易都无法进行，从内陆与国际获得联系，并以兰州为基点将物资运送到全国各地，成为迫在眉睫的大事，兰州成为我国战略后方的重要组成部分。

地理位置决定了甘肃乃至兰州战略地位的重要性。于是，自抗战之

---

① 宋子文：《西北建设问题》，《中央周报》1934 年第 310 期，转引自李云峰、曹敏《抗日时期的国民政府与西北开发》，《抗日战争研究》2003 年第 3 期。
② 《戴季陶在西安各界欢迎会上的讲话》，《中央关于开发西北之计划》，1932 年，转引自李云峰、曹敏《抗日时期的国民政府与西北开发》，《抗日战争研究》2003 年第 3 期。
③ 田澍：《西北开发史研究》，中国社会科学出版社 2007 年版，第 395 页。
④ 薛光前：《八年对日战争之国民政府》，台北商务印书馆 1978 年版，第 59 页，转引自李云峰、曹敏《抗日时期的国民政府与西北开发》，《抗日战争研究》2003 年第 3 期。

前就已经启动的西部开发与建设,在抗战八年更是被国民政府倍加重视,重点投资开发与建设。在经济建设上,国民政府对甘肃的交通、水利、农业进行建设。以交通为例,除了修建甘新公路外,还对西兰公路、甘青公路及其他多条公路进行了整修和扩修。在工业建设上,从1938年开始,国民政府所属的资源委员会、中国银行、交通部、军政部、卫生署等机构采取独资或与甘肃省政府合资的方式,对甘肃近代工矿业进行大规模的投资开发,陆续新建、扩建了27家公司和企业。[①] 在政治与军事建设上,省会兰州从抗日战争时期起,先后是第八战区司令长官部、西北行营、西北行辕、西北军政长官公署的驻地,成为蒋介石集团统治西北的军事、政治中心。

三　甘肃在苏联援华中的重要地位

抗战时期,苏联援华物资运输主要有三条路线。

第一,空中运输。空中运输速度很快,但运输能力有限,只限于运送一些紧急物资。空中航线分为南北两线:南线从苏联中亚的阿拉木图起飞,经新疆的伊宁、迪化(今乌鲁木齐)、哈密到兰州。该航线单程需要用汽油400吨,至少有200架飞机穿行在这条航线上。由西伯利亚的伊尔库茨克起飞,经蒙古飞到兰州,称为空中北线。[②]

第二,海上运输。由苏联的敖德萨港口起航,经达达尼尔海峡、苏伊士运河、红海、印度洋和中国南海至广州、香港,航程约25天。从1937年到1939年,苏联借助轮船科克列林勋爵号、希尔拳击号、托乌埃菲尔德号、斯塔克福尔号经海上运往中国的军火近6万吨,包括炮弹、航空炸弹、反坦克炮弹、76毫米加农炮、榴弹炮、轻重机枪、子弹等。[③]

第三,陆路运输。陆路运输是苏联运输援华物资的主要方式。这条运输线,从苏联萨雷奥泽克始,经霍尔果斯入境,再经迪化到达兰州,全程约3000公里,其中在中国境内的西北公路长达约2700公里。这是

---

① 王一林:《试论甘肃在抗战时期的战略地位和作用》,《党的建设》2005年第8期。
② 中国人民抗日战争纪念馆编著:《抗战时期苏联援华导论》,社会科学文献出版社2013年版,第73页。
③ 同上书,第74页。

一条保证苏联援华物资顺利到达中国抗日前线的重要交通线。1938年，应中国方面的要求，苏联又帮助将萨雷奥泽克到达兰州的公路延长到陕西的咸阳，这样公路全长达3750公里。[①]

甘肃因地处西北内陆，在抗日战争时期苏联援华的三条运输路线中，空中陆地两线均要经过，并且陆上运输线和空中运输线的终点在兰州交会，天然地成为连接中苏的重要交通运输通道，成为与苏联之间交通线连接的关键点，是中国抗战的重要战略后方；兰州成为苏联志愿航空队在华的最大空军军事基地；兰州的航空学校成为抗战时期培养中国空军的训练基地。因此，甘肃为中国的抗日战争乃至世界反法西斯战争的胜利做出了其他省份无法替代的重要贡献。

（一）苏联援华国际交通线的枢纽

抗日战争时期，为了建立广泛的国际反法西斯统一战线，进一步取得国际援助，也为了实施苏联援华制日的战略，在苏联和共产国际的帮助下，中苏两国在西北腹地建立了一条以新疆迪化（乌鲁木齐）、甘肃兰州、陕西西安为连接点，包括空中航行、陆路运输和通信联系等功能的西北国际交通线，加强了中国同苏联及世界其他反法西斯力量的联系，在中国抗日战争及世界反法西斯战争中发挥了重要的历史作用。兰州是这条西北国际交通线的枢纽。

早在中苏两国商洽购置兵器的同时，双方还讨论了运输路线。一条是陆路，起始于阿拉木图，经哈密、安西、肃州至兰州，主要用于运输火炮和飞机附件。另一条是空中，其航线为阿拉木图—兰州—汉口，后被称为"空中桥梁"，飞机部件由莫斯科起运后至阿拉木图装配，再经由"空中桥梁"飞往中国。第三条是海路，由敖德萨起航，经达达尼尔海峡、苏伊士运河、红海、印度洋和南中国海运至广州、香港，航程约25天。但此条路线危险极大，因为意大利不久后加入反共产国际协定，成为日本盟国，必从中阻碍，又由于空中航线受到飞机运力的限制，所以主要运输线路在陆路。[②]

[①]《国外中国近代史研究》第11辑，中国社会科学出版社1988年版，第376页。
[②]《抗战时期苏联援华武器清单》，空中网（http：//www.kongjun.com/ztarts/2013_02-28/731.html）。

1. 航空运输与机场建设

完成空中运输的南北空中线路运行的主要城市为：南线：阿拉木图—伊宁—玛纳斯—迪化—奇台—哈密—安西—酒泉—张掖—武威—兰州。北线：伊尔库茨克—兰州—汉口。南线在甘肃境内有四个中继站（安西、酒泉、张掖、武威），兰州是终点；而北线兰州是中点。

为了完成空中运输任务，甘肃省的机场建设成为一个重要的任务。根据《甘肃省志·军事志》记载，民国时期甘肃境内修建的飞机场共有26个，见表1。

表1　　　　　　　　　民国时期甘肃省机场建设简况

编号	机场名称	修建时间	具体位置
1	兰州机场	1932年	兰州市城区东郊
2	兰州西固机场	抗战初期	兰州市西固区
3	榆中东古城机场	1937年	榆中县清水驿乡东古城村1.5公里
4	平凉机场	抗战时期	平凉市东南3.5公里处
5	西峰机场	抗战时期	西峰市北门外刘家岭
6	静宁机场	抗战时期	静宁县城西2.6公里
7	靖远机场	抗战初期	靖远县城东北4公里处
8	岷县机场	1937年	岷县城西265公里处
9	成县机场	抗战时期	成县城东2公里处
10	临洮机场	抗战初期	临洮县城西近郊
11	叶家坪机场	抗战时期	临洮县北20公里处
12	夏河机场	抗战时期	夏河县城西南13公里处
13	临夏机场	抗战时期	临夏城东北1公里处
14	景泰傅家庄机场	抗战时期	景泰县城西北14公里处
15	山丹机场	抗战时期	山丹县城西北2公里处
16	张掖大满机场	抗战初期	张掖市城南12公里处
17	张掖太平堡机场	抗战时期	张掖市碱滩乡太平堡村境内
18	高台机场	抗战时期	高台县城南3公里处
19	玉门机场	抗战时期	玉门市玉门镇东北3公里处

续表

编号	机场名称	修建时间	具体位置
20	安西机场	抗战时期	安西县城南2公里处
21	敦煌机场	抗战时期	敦煌市西南7公里处
22	酒泉机场	抗战初期	酒泉市区以南4公里处
23	武威机场	抗战时期	武威市区西北7.5公里处
24	天水机场	抗战初期	天水市秦城区东二十里铺
25	嘉峪关机场	抗战时期	嘉峪关东北10公里处
26	兰州中川机场	抗战时期	皋兰县西岔乡中川村

资料来源：甘肃省地方史志编纂委员会、甘肃省军区军事志领导小组编纂：《甘肃省志·军事志》（上），甘肃人民出版社2001年版，第267—270页。

1937年七七事变后，为适应抗日战争的需要，特别是为适应苏联援华飞机中转的需要，国民政府指令甘肃省政府，动员农民劳动力，在甘肃各地修建了23个机场，并且对原有的机场进行了整修。其中，河西走廊地区修建的安西机场、酒泉机场、张掖大满机场、武威机场等四个机场，与在兰州及附近修建或改建的兰州机场、榆中东古城机场、西固城机场（现在的兰州六中附近）、中川机场、临洮机场等五个机场，主要承担苏联援华物资与苏联飞机的中继任务。国民党省政府代主席贺耀祖在抗战爆发后，组织动员了大批人力、物力、财力，日夜赶修这些机场，为完善国际航空线，保证国际通道的畅通做出了一定的努力。[①]

（1）安西机场：位于安西县城南2公里处，海拔1200米，由上级委派县政府建设科负责施工，动用民工260多人，在短短的几个月内建成。机场依托戈壁新城的土墙，四周栽有木桩，架设了铁丝网，跑道是用当地的沙石和沙土混合土碾压而成。由于时间紧迫，当时在机场内只修了四间简易工作室和几个岗楼，再无其他设施和设备。机场外相应成立了"空军45站"，当地叫空军招待所。[②]

（2）酒泉机场：1932年，欧亚航空公司在兰州修建机场的同时，在

[①] 袁志学：《抗日战争时期西北国际交通线的建立及其历史作用》，载《红色记忆》下，中共党史出版社2009年版，第407页。

[②] 苟正光：《抗日战争时期瓜州修建的飞机场》，瓜州党建网（http://www.guazhoudj.gov.cn/News-View.aspx?id=60）。

酒泉北乡离城区20公里处的新天墩修建了临时机场，只有一条土跑道和接送飞行人员用的临时性土房。1932年6月，又在位于酒泉市区以南4公里处的砾石滩，修建了新机场。酒泉南郊原是一片戈壁，视野宽阔，地势平坦，净空条件良好，海拔1470米。当地政府征四乡村民，用落后的生产工具，用数月时间平整碾压了一条长1400米、宽50米的自然戈壁跑道，同时修建和租用土房数间，作为电台、办公室和极为简陋的旅客休息场所。除了个别工人看管油料住机场外，余者均住酒泉城区，同时亦在市区租用民房设立办事处办理运输业务。① 新机场自开航以来，由于设备简陋，安全无保障，故业务清淡，基本只满足政府及军事要员需要。抗战时期驻有航空站。

（3）张掖大满机场：位于张掖市城南12公里处的大满乡，海拔1555米。1937年甘肃省政府征调张掖民工修建飞机起落的简易场地，②面积2800米×1400米；跑道为土质，长1096米，宽100米，建有平房三四十间，设有航空站，并有导航、气象设施。③ 抗战时期还在张掖市碱滩乡太平堡村境内，利用荒草滩修建了太平堡机场，跑道为沙土质。④

（4）武威机场：位于武威市区西北7.5公里处，海拔1551米。抗战时期国民政府修建，跑道为沙土质，长1000米，宽100米。⑤ 新中国成立后武威机场成为现空军武威航校的训练机场。

（5）兰州机场：又称拱星墩机场或焦家湾机场。位于兰州市城区东郊，1932年建成。海拔1526米，面积196万平方米；跑道为沥青路面，长1800米，宽100米。是民国时甘肃的主要机场，军民两用，跑道质量较好，设备较齐全，设有航空站及导航、观测等机构。⑥ 建成初期没有专门机务维修工程组织，只有个别机务人员做一般维护。⑦ 兰州航空站只有通信人员2—3人，负责对空联络和设备维修。⑧ 1938年4月到5月，为

---

① 甘肃省地方史志编纂委员会、甘肃省志·民航志编辑委员会编纂：《甘肃省志·民航志》第41卷，甘肃人民出版社2003年版，第24—25页。
② 《张掖市志》编修委员会编纂：《张掖市志》，甘肃人民出版社1995年版，第330页。
③ 甘肃省地方史志编纂委员会、甘肃省军区军事志领导小组编纂：《甘肃省志·军事志》上，甘肃人民出版社2001年版，第269页。
④ 同上。
⑤ 同上书，第270页。
⑥ 同上书，第267页。
⑦ 兰州市地方志编纂委员会编纂：《兰州市志·交通志》下，兰州大学出版社2005年版，第329页。
⑧ 同上书，323页。

了应对抗战需要，西北当局对这个机场进行了扩建改造，完善了相关设施。

（6）榆中东古城机场：位于榆中县城东北方向，距城约10公里的清水驿乡太子营和东古城之间，海拔1772米。[①] 长1200米，宽900米，跑道为沙土路面，没有其他建筑物。[②]

（7）兰州西固城机场：北距黄河约2.5公里，东距陈官营约2公里，南距南山前沿1.5公里，西距柳河村3公里。1938年1月修建，8月建成使用。机场长2000米、宽800米，总面积160万平方米，沙土跑道。机场内设有指挥部和简易营房，有一个连的兵力把守。为防日本飞机袭击，在机场周围还设有防空洞、壕。[③]

（8）兰州中川机场：位于皋兰县西岔乡中川村以东、山字墩以西地域，南距兰州市区70公里。海拔1948米。1938年，甘肃省政府征调永登县民工1200人及驻军五师修建。面积为960米×780米，场地开阔，净空良好，有发展前景。

（9）临洮机场：位于临洮县城西近郊，海拔1820米。抗战初期修建，面积1087米×460米；跑道为土质，长800米，宽80米。无其他设施。[④]

在这26个机场中，兰州机场、中川机场、西固城机场、榆中东古城机场、临洮机场、张掖大满机场等质量较好，起降飞机较多，其他机场跑道质量较差，基本上没有起降飞机。[⑤]

兰州的这些机场，组成了一个机场群。处于中心位置的兰州机场是接收苏联援华飞机的核心机场，这里有飞机的组装厂、修理厂，还有飞行员的培训基地，兰州机场在抗战中的地位是举足轻重的。

2. 公路运输与甘新公路的建设

抗日战争时期，由苏联至新疆，再经新疆到甘肃的陆路汽车运输线，被称为西北国际运输线。其起点为苏联的萨雷奥泽克，终点为中国的兰

---

① 兰州市地方志编纂委员会编纂：《兰州市志·交通志》下，兰州大学出版社2005年版，第304页。
② 甘肃省地方史志编纂委员会、甘肃省军区军事志领导小组编纂：《甘肃省志·军事志》上，甘肃人民出版社2001年版，第267—268页。
③ 兰州市地方志编纂委员会编纂：《兰州市志·交通志》下，兰州大学出版社2005年版，第304页。
④ 甘肃省地方史志编纂委员会、甘肃省军区军事志领导小组编纂：《甘肃省志·军事志》上，甘肃人民出版社2001年版，第268页。
⑤ 同上书，第267页。

州，以苏联的阿拉木图为中转站，从新疆霍尔果斯口岸入境。这条运输线全长2925公里。苏联境内230公里，中国境内2695公里。主要运送苏联援华的飞机、大炮、枪支弹药、医药器材等物资。后来公路延伸至陕西咸阳，长达3750公里。包括西安至兰州、兰州至新疆星星峡、星星峡至霍城。这条公路在甘肃境内从星星峡到兰州，即甘新公路。

甘新公路在甘肃境内全长1179公里。公路由兰州黄河铁桥北端为起点，沿黄河北岸西行，经金城关、十里店、安宁堡、沙井驿、河口、苦水、野狐城、红城堡到永登，继续傍山沿河慢上坡至乌鞘岭。岭上气候寒冷，四季积雪，过岭后下坡至古浪到武威，进入河西走廊，地势逐渐平坦，兰州至武威段全长266公里。从武威西行经永昌、山丹、张掖、沙河（今临泽县）、高台、酒泉、嘉峪关、玉门、安西至星星峡长约913公里。永昌至山丹间翻越定羌庙，山高坡长，路线比较复杂；沙河至高台间，地势低洼又多沼泽，路面翻浆严重；嘉峪关至玉门镇间，洪水漫河横流，沙滩多而不平；其余路段都比较平坦，修路容易，养路沙石材料充足，但多系戈壁沙滩，人烟稀少，风沙大，气候干燥，条件艰苦。

甘新公路在历史上与西兰公路连接起来便是古丝绸之路的东段和中段。清末左宗棠担任陕甘总督时期，认识到"筹饷难以筹兵，筹粮难以筹饷，筹运难以筹粮"的困难，出于对军事上的考虑，决心整修道路。清光绪元年（1875年）先后对西兰路和甘新路进行了大规模的整修，并沿途广栽柳树，一时间道路两旁绿荫成碧，别有一番景致，被后人称为"左公大道"，这条大道的修筑为以后甘新公路的修建奠定了基础。但左宗棠整修的甘新路实际上是驿道，汽车是很难通行的，与近代中国所称的公路也有区别。

早在1922年9月，中华全国道路建设协会就向北洋政府提出了《全国道路计划意见书》，并附《建设中华全国汽车道路图》，计划以甘肃的兰州为中心修筑经线四条、纬线五条，共长约106000公里。1927年甘肃省政府倡修汽车路时，甘新公路沿途的各县政府开征筑路捐，并发动沿途民众整修甘新公路使之能通汽车。当年6月6日的《甘肃政报》刊载了省政府的电文，介绍了甘新公路酒泉到兰州这一段的情况，据称："沿线桥梁多未修复，即已修桥梁，以桥身太窄，行走危险，或以中间高，上如弯弓形而两端倾斜，多用土木，不甚坚固，路虽将就能行，唯路基不实,浮土虚松,一遇大水即被冲坏。……汽车路坡度太大,行走堪虑。"① 这说明甘新公路酒泉至兰州一段虽能通行汽车,但路况比较差,通行的难度颇大。

从1934年起,为了重修这条公路,前后进行过九次勘测。"1934年7月,全国经济委员会工程师林文英奉命调查西北各省的公路工程地质,于1935年5月中旬到达河西,经实地查勘,写出了调查报告。同年7月全国经济委员会又商得甘肃省政府同意,由刘如松进行踏勘。8月19日写出了《甘新公路兰州至武威段踏勘报告》。这两次查勘虽然都比较仓促,但是对路况、地质、桥梁都有了比较详细的调查资料。第三次由新绥长途汽车运输公司投资再次组织勘测。这次勘测费用小,人员少,只有10人,用款2000余元,历时6个月,共测量路线长1902公里,对路线的情况有了进一步的了解。1936年第四次查勘由全国经济委员会公路处组织测量队进行。这次测量从技术标准、人员组织分工上都比前几次有很大的改进。全队分为选线组、中线组、水准组、横断面组、地形组、内业组。从一开始就逐日绘制图表,做了详细的工作笔记。并按下列技术标准进行测量:山地最小曲半径25米;平地最小曲半径250米;最大坡度7%;视距100米;平地路基宽度9米;山地路基宽度5米。"②

甘新公路的测量工作,除上述四次外,此后西北科学考察团、铁道部、建设厅、甘新公路督办公署等,都进行过勘测,前后共九次。以前在修建甘新公路时从未进行过正式的测量,这九次勘测过程中分工细致、技术资料完整,并写出了勘测报告。这样不仅对以后的施工做好了技术准备,也为以后西北公路测量工作提供了丰富的经验。

自1936年10月开始,由全国经济委员会公路处投资,抽调工程技术人员,由甘肃省建设厅负责筹建并成立甘新公路工务所,对甘新公路分三期进行继续建设和改建工程。第一期工程按测设技术标准整修路基,全线修通;第二期工程重点是修建桥梁和涵洞,加宽路面,改造弯道,用沙石铺设路面;第三期工程是改建路段,继续铺路面,增建桥梁。

全面抗战爆发后,"1937年10月,苏联在兰州设立商务代办处(实际办理援华军事、外交事宜),首任代办伯牙连茨夫到兰,开始援助中国

---

① 《甘肃政报》1927年6月6日。
② 甘肃公路交通史编写委员会:《甘肃公路交通史》第1册,人民交通出版社1987年,第201页。

人民的抗日战争"①。同月，国民政府经济委员会在兰州组织了中央运输委员会（即中运会），并于同年末在新疆设立分会，作为接待苏联援华运输的专门机构。此时，苏联的援华物资已经开始启运。迫于此，国民政府抓紧时间抢修甘新公路，军委会电令甘肃省主席贺耀祖要尽快整修甘新公路，以便于苏联援华物资的运输。贺耀祖受命以后，以省府名义组织了一个甘新公路工程总队具体负责施工，同时保荐控制河西地区的马步青为甘新公路督办以便得到马的协助与支持。工程队成立之后立即开赴河西，"由总队长曹士澄带队负责整修兰州至酒泉间的道路，由总队副秦诚至带队负责整修酒泉以西至星星峡之间的道路。因军情紧急，当时的修建标准为只要汽车勉强通行即可。工程队主要完成了两项工作任务：一是在安西疏勒河上架起了一座木结构便桥；二是在河南岸选择了一条汽车易行的路线"②。其后不久，工程队全员撤回，整修甘新公路的全部工作交由甘新公路督办公署马步青全权负责。

贺耀祖在甘新公路的修建问题上保荐马步青，这是因为近代以来西北地区的甘肃、宁夏、青海等地区是马家军的势力范围，只是在名义上接受国民政府的领导，马步青操控着河西地区的实际军政大权。让马督办甘新公路的修筑工作：一是可以快速地动员军队和民工，以有效地对甘新公路展开施工；二是马家军内部的官员不希望国民政府的中央人员在他们的势力范围内过多地干涉马家军的军政事务；三是马步青希望通过修筑甘新公路获取实惠，借机将大量修路经费中饱私囊，以达到名利双收。而国民政府急于获取援华物资，修路之事越快越好，权衡之下，只有马步青负责甘新公路的修筑工作最为合适，也是当时最可行的办法。

马步青受命之后，立即动员军队与民工2万多人全线开工，首先全力修建原大车道使之勉强通车，然后由督办公署拟订了三期修建计划分期进行修建。

第一期于1938年4月开始，在甘新公路沿线设立了七个公路段，按照正式标准施工，主要任务是修建路基工程。各段在施工之前先要进行测设，然后均按照测设的标准进行修建。例如，玉门至安西一段原大车

---

① 兰州市政协文史资料委员会编：《兰州文史资料选辑》第4辑，甘肃人民出版社1986年版，第122页。
② 吴廷桢：《河西开发史》，甘肃人民出版社1996年版，第439页。

道在疏勒河以南，修建时将其线路移至疏勒河以北戈壁滩上，施工过程中桥涵较少，进而工程简易，工程费用共花费100万元。张掖路段，先后移动土石方80万立方米，用西城驿汉砖铺路面7公里、碎石铺路70公里，合计77公里。[1]

第二期从1938年8月开始至1939年11月29日为止，工程处将上次七个公路段撤销，重新设立三个公路总段负责甘新公路修建。在这期工程中主要修建桥涵、铺筑路面和路基石方，工程费用150万元。[2] 全路以沙砾铺筑，为汽车道。[3]

第三期从1940年3月开始至12月结束。主要改建、增建桥涵，继续铺筑路面，工程费用50万元。[4]

三期工程共支用300万元。经过修建，甘新公路的工程技术标准为路基宽9米，路面3—3.5米，路面厚度20厘米，最大纵坡7%，最小曲线半径25米。[5]

甘新公路的修建很不容易，比如张掖黑河桥的修建就是一例。"张掖黑河桥位于甘新公路518公里519米处，是一座25孔、每孔净跨4米、总长100米的木排架木面桥，桥面净宽4米，载重7.5吨。黑河又称弱水，发源于祁连山，流经张掖附近河身宽100米至1000米左右，河床系冲积沙砾，平时水流不大，雨季洪水泛滥，漫流河滩。修建甘新公路初期曾架设木桥，由于埋设木桥架抗洪能力弱，致使屡建屡毁。"[6] 1938年7月，经过研究，总结了以前屡建屡毁的经验教训，这次修建没有和以往一样埋设木架桥。而是采用打排桩方法，将木桩打入地下7米深的地方，稳定地基后才开始修建桥梁。这次黑河桥修建完工后，虽经几次大水，大桥仍然完好无损，成为甘新公路上质量较好的一座大桥。

根据中国政府的要求，苏联政府为帮助中国修筑甘新公路，成立了专门的领导机构。"苏联投入了大量工程人员，帮助组织施工。这条公路沿途地理环境复杂险恶，道路崎岖，有地域广阔的戈壁滩、随风移动的

---

[1] 《张掖市志》编修委员会编纂：《张掖市志》，甘肃人民出版社1995年版，第319页。
[2] 甘肃省地方史志编纂委员会编：《甘肃省志·交通志》，甘肃人民出版社1993年版，第170页。
[3] 甘肃省武威市市志编纂委员会编：《武威市志》，兰州大学出版社1998年版，第424页。
[4] 甘肃省地方史志编纂委员会编：《甘肃省志·交通志》，甘肃人民出版社1993年版，第170页。
[5] 张蕾：《20世纪30—50年代甘新公路修建及贡献》，硕士学位论文，西北师范大学，2012年。
[6] 甘肃公路交通史编写委员会：《甘肃公路交通史》第1册，人民交通出版社1987年版，第269页。

流沙、春夏间难以通行的沼泽地，要翻越海拔 3000 米的高山……运输车队要花近 20 个昼夜才能走完这条艰难的路程。从 1937 年 10 月至 1939 年中这段时间里，有 4000 多苏联人在这条公路上辛勤地工作。"[1]

总之，在甘新公路修建中，中苏两国 10 万多人，克服了重重困难，在海拔 1500—3000 米的工地上施工，工作环境和条件极为艰苦。公路沿线修建了许多转运站、加油站、汽车修理厂和仓库，这条运输线被称为是一条"供养中国抗日力量至关重要的动脉"[2]。

甘新公路修建后，国民政府在酒泉设立甘新公路养护处（后改为工程处），下设武威、张掖、酒泉、安西四个总段，总段下设永登、武威、永昌、山丹、张掖、高台、酒泉、惠回堡、玉门、安西、马莲井 11 个工务段。1945 年 7 月甘新公路工程处撤销，成立武威、酒泉、安西三个工务所，下设九个工务段。[3] 甘新公路共有 61 个道班，每个道班以 15—20 人计，共有养路工人 1000—1200 人。自 1940 年起，养路经费每月补助 3 万元。1941 年 4 月起改为 4.5 万元。6 月起改为每月 9 万元。1942 年又改按每公里每月养护费 400 元计，全线共有 46 万元。[4]

甘新公路竣工后制定了严格的管理制度，尤其因沿途树木种植不易且对公路的防护作用巨大，故而对沿途树木严加保护，对破坏沿途树木的人员进行处罚。据不完全统计，截至 1947 年，甘新公路沿途还有行道树 1.67 万棵。

据统计，从 1937 年冬天，首批苏联援华物资由苏联汽车装载经过这条国际交通线直运兰州起，到 1938 年夏季，共有 6000 多吨物资经新疆运往甘肃、陕西、四川以至抗战前线。其中有军械、汽油、药品等。仅仅各种飞机就有 985 架，炸弹 82300 颗，坦克 82 辆，火炮 1317 门，炮弹 190 万发，机枪 14025 多挺，枪弹 16450 万发，汽车 1550 辆。[5] 在萨雷奥泽克至天水的公路上，担任向中国运送军事物资的汽车多达 5260 辆以上。[6] 另据甘肃省公路交通志的数据统计，以甘新公路为主的抗战物资

---

[1] 胡礼忠：《从尼布楚条约到叶利钦访华——中俄中苏关系 300 年》，福建人民出版社 1994 年版，第 221 页。
[2] 博罗金：《抗战时期苏联对中国人民的援助》，莫斯科 1965 年版，第 149 页。
[3] 甘肃省地方史志编纂委员会编：《甘肃省志·交通志》，甘肃人民出版社 1993 年版，第 171 页。
[4] 张蕾：《20 世纪 30—50 年代甘新公路修建及贡献研究》，硕士学位论文，西北师范大学，2012 年。
[5] 李馥明：《简析抗战时期苏联对中国的军事援助》，《焦作大学学报》2003 年第 4 期。
[6] 罗志刚：《中苏外交关系研究》，武汉大学出版社 1999 年版，第 143 页。

运输，在抗战八年中，共完成货运量36.2万多吨，货运周转量14843.6万多吨公里。①

除了甘新公路之外，自民国24年（1935年）至民国33年（1944年），国民政府还修建了一些干线公路。如兰州至酒泉、酒泉至玉门油矿、玉门至星星峡、酒泉至金塔等的汽车路。这些干线公路的畅通，为国际援华抗日物资东运和玉门油矿石油东运发挥了作用。②

在公路运输中，抗日战争开始后，鉴于汽车、汽油、配件等进口困难，运输紧张，为保障抗日物资的运输，国民政府一方面依靠汽车，另一面还加强了对驿运的使用。（有关驿运的问题，因本文篇幅所限，将另文专述。）

在修建甘肃省交通网络方面，除国民政府投资以外，人民群众更是积极地投入到抗日的后备建设中，仅国民党统治区内（除陇东外），当时的交通建设征调民力就达1712万人次（当时甘肃全省人口总数只有600万人），使甘肃的交通从天、地、水三方面形成了一个立体化的运输网络，源源不断地将外援以及支前物资送到了抗日的第一线。③

（二）中苏双方的管理

不论是空中运输，还是陆路运输，都是一个很长的战线，这就需要中苏双方加强管理，以保证空陆物资运输的安全进行。

为协调、保障援华工作的顺利进行，苏联政府于1937年10月，先后在兰州设立了苏联政府驻兰州军事代表处、外交代表处和商务代办处，作为苏联政府协调办理援华事务的主要机构。④军事代表处的首任军事代表是阿克莫夫中将，此人曾在大革命时期来华出任冯玉祥将军的军事顾问。1937年11月7日，国民党甘肃省政府举行庆祝"十月革命节"招待会，欢迎在兰的苏联援华人员。阿克莫夫将军回国后，杜特喀姆于1938年夏来兰，就任新的军事代表。军事代表处职权很大，负责指挥驻兰州的苏联空、地勤人员。外交代表处主要负责苏联与中国政府之间的

---

① 甘肃省地方史志编纂委员会编：《甘肃省志·交通志》，甘肃人民出版社1993年版，第521页。
② 酒泉市志办公室编：《酒泉市志》，兰州大学出版社1998年版，第488页。
③ 《兰州晚报》2005年9月18日特8版。
④ 王柏华整理：《抗战时期苏联援华的驻兰机构》，兰州新闻网（http://rb.lzbs.com.cn/htm//2013_07/30/content_471859.htm）。

外事活动，负责人是阿扎诺夫。商务代办处主要办理移交苏联武器、验收中国商品事宜，首任代办是伯牙连茨夫。

除了这些在兰的机构外，苏联还配备了不少的援华人员与设备。如在从新疆到兰州的运输线上，仅新疆哈密一地，据1943年6月9日，哈密区警察局局长王廷选致外交部驻新疆特派员吴泽湘的报告，苏联驻哈密红八团有步兵2000余名，骑兵500余名，飞行员及机械员、修理员等数百名以上，共计3000余名，汽车约有156辆，飞机有轰炸机10架、单翼驱逐机6架、双翼驱逐机6架、双翼练习机6架、通讯机1架，共29架。①

1938年4月，中国政府在兰州设立驻兰州特派员办事处，后改为外交部驻甘肃特派员公署，首任特派员李铁铮，后任分别为凌其翰、黄朝琴等，负责中苏之间的联络和协调。承担援华军贸物资运输任务的主要有西北运输管理局、经济部资源委员会。

甘肃省政府于民国28年（1939年）9月在兰州组建了甘肃军事运输处，由国民党甘肃省党部特派员刘经泮任处长，省建设厅主任秘书俞伟兼任副处长，下设办公室、征集课、运输课、总务课，工作人员30余人。

军事运输处成立后，即征调民用汽车（主要是商车）数十辆，从星星峡接运苏联援华空军飞机用油3万加仑；征调兰州一带牛皮筏子数百个，串联成大筏，通过黄河水道，向宁夏、绥西等地运送空军飞机用油1.2万加仑、军粮15万多斤，对当时的军事供应起了一定作用。军运处还在甘新公路沿线之永登、古浪、武威、永昌、山丹、张掖、高台、酒泉、玉门及星星峡等处，设立招待站，为运送物资的人员提供食宿。如安西县在北大桥龙王庙和老县城孔庙设立陆军招待所。在新城（现在的县城）设立空军招待所（也称空军45站），全站共有官兵70余人。② 靠近兰州的永登县设立了专门的招待机构，当地人叫它"俄国站"。地址在县城西关赵和斋的院内，共分三个院落，前院为供苏联客人住宿的客房，多为大房间，可供10人集体住宿，也有个别小房间，供带有家属的苏联

---

① 中国人民抗日战争纪念馆编著：《抗战时期苏联援华导论》，社会科学文献出版社2013年版，第230—231页。

② 安西县志编纂委员会编：《安西县志》，知识出版社1992年版，第559页。

人住宿，还有游艺室。后院为饭厅及工作人员宿舍。另外还有一个院子是停车场。这个"俄国站"常年住着两个苏联人，是他们的联系人。据当地的老人回忆，来往的苏联人待人谦和，每次来的有三五十人不等。来时开着苏制崭新的卡车，来站后，工作人员为其准备好面包等饭食。"俄国站"里还有16名工友，都是当地人。到了抗战末期，苏联人来往的越来越少，"俄国站"终于在1944年结束了。[①]

1937年11月，第八战区司令长官部在兰州成立，战区所辖范围为甘肃、青海、宁夏三省及绥远西部，后又将陕西、新疆两省划入。第八战区司令长官最初由蒋介石兼任，朱绍良任副司令长官。1939年1月，国民政府任命朱绍良为第八战区司令长官，蒋介石免兼；同时任命傅作义、马鸿逵为副司令长官。第八战区长官司令部组织领导甘肃、宁夏、青海、新疆四省抗日，成功阻击从河套地区进攻我大后方的日军，组织了部分部队参加绥西抗战，支援了陕北榆林军民积极备战、准备抗击日军入侵，组织指挥了保卫兰州的空战，转运了大批苏联援华物资去抗日前线。[②]

（三）兰州是苏联志愿航空队在华的最大空军军事基地

从1937年8月到1940年12月，苏联支援中国飞机900多架，累计派遣空军志愿队2000余人，协同中国空军作战。

苏联支援中国飞机必须由阿拉木图或贝加尔先飞到兰州加油、检查后，才能派往全国各地。甚至在很长的一段时间，苏联的飞行员"往返在苏联和中国之间，把大量的武器弹药乃至拆解成零件的战斗机运到兰州"[③]。据时任甘肃全省防空司令部参谋室负责人的叶建军回忆，苏联飞机抵达兰州后，"主要停放在兰州焦家湾机场（即兰州机场），另一小部分停放在中川机场"[④]。

由于苏联援助中国的飞机先集中到兰州，兰州成为后方重要空军基地。[⑤] 仅1937年10月至1938年底，共有苏联飞机471架到达兰州。其

[①] 甘肃省课题组：《甘肃省抗战时期人口伤亡和财产损失》，中共党史出版社2010年版，第277页。
[②] 甘肃省地方史志编纂委员会、甘肃省军区军事志领导小组编纂：《甘肃省志·军事志》下，甘肃人民出版社2001年版，第1038页。
[③] 《红色飞鹰——抗战期间苏联志愿航空队援华始末》，《北京日报》2014年12月31日。
[④] 程兆生：《兰州杂碎》，甘肃文化出版社2007年版，第136页。
[⑤] 曾景忠、王东方、章文灿、唐学锋：《血色长空——空军抗战与抗日胜利纪实》，团结出版社2005年版，第25页。

中 CB 轻轰炸机 143 架，TB 重轰炸机 6 架，И-15 驱逐机 192 架，И-16 驱逐教练机 8 架。① 另据粗略统计，先后在兰州飞转各地的苏联驱逐机、轰炸机、运输机有千架之多。②

中国空军在兰州设立了第四路司令部（也称兰州空军司令部），负责统一指挥和协调西北地区的防空作战。同时又设立了空军第七总站（也称兰州机场总站），负责空军在西北地区的地勤补给。第七总站下设五个机场，即兰州机场、东古城机场、西固城机场、中川机场和临洮机场。从而构成了以焦家湾为中心的机场群。中国空军还在1938年冬，将其驱逐总队由四川凉山迁至兰州西固，负责整训空军各驱逐部队和新机的训练工作。除此之外，还在兰州设立了空军第三工厂，专门负责各式飞机的修理。③ 经过一系列的设施建设，使得兰州成为抗战时期苏联志愿航空队在华的最大空军军事基地、中国空军的重要基地和训练基地，甘肃的战略地位陡然提升。

（四）兰州航空学校成为抗战时期培养中国空军的训练基地

抗战爆发前，中国空军只有四所正规学校，即杭州中央航空学校、中央航空学校洛阳分校、中央航空学校广州分校和中央航空机械学校。据统计抗战初期中国空军大约有600名飞行员、230名机械技术人员。④

抗战全面爆发后，苏联航空专家先后帮助中国在兰州、伊犁、绥宁和成都等地创办了空军训练基地和航空学校，由他们亲自担任教官，对中国航空人员进行技术训练。"兰州作为中国空军重要的训练中心，1937年到1941年苏德战争前，先后有苏联军事顾问、专家过往3665人。空军志愿队员轮流参战的达2000余人，组建8个航空兵群，前后运华飞机1235架。"⑤

据统计，到1939年底，苏联已帮助中国空军训练出飞行员1045人、

---

① "国防部"史政编译局档案152.2/3010《空军抗日战史纪要》（一），第2册附表13，No.1。转引自王正华《抗战时期外国对华军事援助》，台北：环球书局1977年版，第114页。
② 甘肃省课题组：《甘肃省抗战时期人口伤亡和财产损失》，中共党史出版社2010年版，第269页。
③ 程兆生：《兰州杂碎》，甘肃文化出版社2007年版，第136页。
④ 中国人民抗日战争纪念馆编著：《抗战时期苏联援华导论》，社会科学文献出版社2013年版，第114页。
⑤ 《兰州曾为抗战做出重大贡献 西北国际交通线的中转站》，中国甘肃网—西部商报（http://gansu.gscn.com.cn/system/2012/09/18/010161749.shtml）。

领航员 81 人、无线电发报员 198 人、航空技术人员 8354 人。① 在四年间，苏联总共为中国培训了近 1 万名相关技术人员。②

随着中国与日本空军激战的加剧，为了尽快掌握苏联战斗机的性能，中国飞行员基本都被集中到兰州接手苏联飞机，参加培训，掌握驾驶要领，以便尽快重返战场。苏联的志愿飞行员们，一部分留在兰州充当教官，一部分返回苏联开来更多的飞机，还有一部分则和中国飞行员一起，飞赴战场参战。③

中国飞行员最初参加由苏飞行员驾驶的飞行和作战活动；随后便单机编入苏联飞行队组，与苏联飞行员一起作战；再以后才编入中国空军的建制单位。④

四 作为非沦陷区的甘肃在战争中所蒙受的空前灾难

自 1931 年九一八事变以来，日本对华侵略从局部到全局，在 14 年的时间里，中国的国土一半被践踏，930 余座城市被占领，占全国城市总数的 47% 以上，其中被侵占的大城市占全国的 80% 以上。绝大部分的国土都成了沦陷区，只有四川、西藏、西康、陕西、甘肃、宁夏、青海、新疆等八省区为非沦陷区。然而，鉴于甘肃在抗战时期的重要战略地位和发挥的作用，使日本加强了对甘肃及兰州的关注，把兰州列为仅次于重庆的第二大轰炸目标，其目的就是摧毁交通、机场、桥梁等设施，破坏通往苏联的国际通道。省会兰州及其周边的武威、靖远、平凉、陇西、天水等城市连续数年遭到日军飞机的疯狂轰炸，造成了大量的人员伤亡和财产损失，使甘肃人民蒙受了空前的灾难。

根据 1944 年 1 月 18 日民国甘肃省政府上报国立中央研究院社会科

---

① 《国外近代中国史研究》第 11 辑，中国社会科学出版社 1988 年版，第 393 页。
② 《苏联援华空军志愿队贡献超过飞虎队》，腾讯网今日话题·历史版（http://view.news.qq.com/original/intouchtoday/ho241.html），2013 年 11 月 21 日第 0241 期。
③ 《红色飞鹰——抗战期间苏联志愿航空队援华始末》，《北京日报》2014 年 12 月 31 日。
④ 中国社会科学院近代史研究所编，张海鹏主编：《中国近代通史》第 9 卷，凤凰出版传媒集团、江苏人民出版社 2007 年版，第 176 页。

学研究所的《甘肃省境内遭受敌机空袭损害统计表》[①]记载：自1937年7月—1941年9月，日机空袭甘肃各市、县共71次，出动飞机1081架次，投弹4090枚，共造成1426人死亡、受伤，其中死亡821人（男578人、女243人），受伤605人（男444人、女161人）。另据1947年10月民国甘肃省政府上报行政院赔偿委员会的报告称："抗战期间，本省人民因轰炸而死亡663人，伤680人"[②]，共计伤亡1343人。两次报告相比较，笔者认为前次报告比较具体，所以采信了前者。至于1942年7月20日《甘肃全省防空司令部空袭死亡人数统计表》[③]所列死伤总数为1093人，经比较研究，笔者认为有疏漏，以往资料都未采纳。1941年12月太平洋战争爆发后，日军飞机已无暇轰炸甘肃，此后，甘肃虽再未遭受空袭，但日机空中侦察活动仍延续至1943年10月。

据现有资料统计，自1937年至1943年的空战中，中苏空军和地面炮火在甘肃上空共击落日机26架、击伤1架，取得了较好的战果，有力地打击了日本帝国主义的凶焰。[④]

据史料记载，在上百次空战中，阵亡及死难的中苏飞行员共有63名。[⑤] 表2是甘肃省档案局提供的在甘肃牺牲的苏军飞行员名单。

表2　　　　　　　　在甘肃牺牲的苏军飞行员名单

序号	俄文姓名	军衔	对应的中文姓名
1	Алейниксв Петр Иванович	大尉	阿列尼柯夫·彼得·伊万诺维奇
2	Бабанов Александр Макарович	中尉	巴巴诺夫·亚历山大·马卡洛维奇
3	Бессонов Николай Петрович	—	别索诺夫·尼古拉·彼得诺维奇
4	Гаврилин Леонид Тихонович	—	戈夫利林·列奥尼特·季哈诺维奇
5	Гордеев Николай Михайлович	中尉	郭尔皆耶夫·尼古拉·米哈伊洛维奇
6	Громов Матвей Георгиевич	—	格罗莫夫·马特维·格奥尔基耶维奇
7	Гусев Антон Григорьевич	—	古雪夫·安东·格里高里耶维奇
8	Дерягин Николай Андреевич	—	杰良金·尼古拉·安德烈耶维奇

---

① 甘肃省档案馆民国档案，卷宗号14—2—566，第96页，《甘肃省境内遭受敌机空袭损害统计表》。
② 甘肃省档案馆民国档案，卷宗号4—2—174，第60—61页，《甘肃省政府统计处关于抗战人口伤亡和财产损失的呈文》。
③ 甘肃省档案馆民国档案卷宗号14—2—567，第5页。
④ 甘肃省课题组：《甘肃省抗战时期人口伤亡和财产损失》，中共党史出版社2010年版，第271页。
⑤ 魏宏举：《寻访消失的陵园》，《档案》2005年第2期，第31—33页。

续表

序号	俄文姓名	军衔	对应的中文姓名
9	Дроков Степан Николаевич	中尉	德罗科夫·斯捷潘·尼古拉耶维奇
10	Зуйков Николай Ларионович	—	朱伊科夫·尼克莱·拉里奥诺维奇
11	Иерусалимов Андрей Николаевич	一级军医	耶茹沙利莫夫·安德烈·尼古拉耶维奇
12	Ионкин Николай Иванович	—	约金·尼古拉·伊万诺维奇
13	Исаев Иван Васильевич	中尉	伊萨耶夫·伊万·瓦西里耶维奇
14	Куница Михаил Ефимович	中尉	库尼查·伊万·耶费莫维奇
15	Лужков Александр Иванович	—	卢日科夫·亚历山大·伊万诺维奇
16	Матвеев Николай Петрович	大尉	马特维耶夫·尼古拉·彼得诺维奇
17	Поликанов Виктор Васильевич	—	波利卡诺夫·维克多·瓦西里耶维奇
18	Романов Федор Семенович	中尉	罗曼诺夫·费德尔·谢苗诺维奇
19	Савин Сергей Иванович	—	萨温·谢尔盖·伊万诺维奇
20	Салманов Вениамин Иванович	列兵	萨尔曼诺夫·维尼阿明·伊万诺维奇
21	Степанов Иван Петрович	大尉	斯捷潘诺夫·伊万·彼得诺维奇
22	Тельнов Николай Ефимович	上尉	切利诺夫·尼古拉·耶费莫维奇
23	Щелгачев Георгий Иннокентьевич	—	谢尔盖挈夫·高尔基·因诺金挈耶维奇
24	Ябриков Иван Николаевич	—	雅布利科夫·伊万·尼古拉耶维奇
25	Ященков Федор Григорьевич	中尉	雅辛科夫·菲德尔·格里高里耶维奇

资料来源：《历史将永远铭记》《甘肃记忆》，甘肃省档案局撰。

五 甘肃在抗日战争时期苏联援华中的作用

第一，军事上的作用。这里最直接的、显性的作用就是支援了祖国的抗战。自1937年卢沟桥事变全面抗战开始，我沿海重要口岸平津、淞沪落入敌手，日军南下侵占我国广州、海南岛，全面封锁我海上交通，禁止国内外商船往来。整个大后方经济恶化，所需的各种战略和民用物资汽油、煤油、柴油、橡胶、汽车配件、药品、钢材、棉纱、白糖、纸张等，国内能解决的很少，大多数要从国外进口。同时还要使国内剩余物资大量输出，以换取外汇，因此国际运输线的开辟就对整个抗战形势起着举足轻重的作用。在全面抗战期间，我国共有五条国际援华运输线，分别是华南国际运输线、中越国际运输线、滇缅国际运输线、中印国际空运线和史迪威公路国际运输线、西北国际运输线，各自都发挥了作用。

这五条国际援华运输线，从时间上来看，历时最长的为滇缅国际运输线，三年零九个月（1938年8月—1942年5月）；最短的为华南国际运输线，只有一年零三个月（1937年7月—1938年10月）。西北国际运输线虽然在1941年6月，因苏德战争爆发，苏联被迫停止了对中国的援助而停止运输苏联援华物资，但是，这条线路仍然承担着中国农矿产品输往苏联的任务，且一直到1945年10月31日。从这一点上来看，西北国际运输线，存在的时间最长，承担的运输任务相当大。尤其是自太平洋战争爆发，香港、仰光相继沦陷，西南交通阻滞，"甘新一线，为我陆路出口之惟一路线，西北运输，乃日益重要，政府已设西北运输委员会，主持办理"[①]。通过西北输出苏联货物情况如表3所示。

表3　　　　　　　　　西北国际线路交付苏联货物简况

时　间	全部交货价值（美元）	西北交货价值（美元）	西北所占比例（%）
1938年11月1日以前	2785254	902979	32.42
1938年11月1日—1939年10月31日	6134850	1749992	28.53
1939年11月1日—1940年10月31日	7829544	2729234	34.86
1940年11月1日—1941年10月31日	13161492	3655400	27.77
1941年11月1日—1942年10月31日	6538890	6538890	100
合计	36450030	15576495	42.73

资料来源：《财政年鉴续编》下册，第126—130页。

表3显示出，太平洋战争之前，中国通过西北输出苏联的货物占全国总输出量的1/3左右。此乃由于西北地区道路梗塞，水运不畅，运输工具更加依赖原始的人力与畜力，输出与输入货物艰难，故通过香港、仰光转运的占大多数。随着对西北道路的整修、交通工具的改善，情形有所改观。譬如，起初，仅西北所产羊、驼毛等，通过抗战开始后筑成的甘新公路运至星星峡，交俄方转运。1941年1月，设立西北运输处，以由滇缅路收回胶轮板车材料1200辆，装置成车。太平洋战争爆发后，与苏联的货物贸易纯恃西北一途。到1942年底，经常行驶在甘新公路上

---

① 《财政年鉴续编》下册，1945年，第131、123页。

的胶轮板车有800辆,"所有交俄物资,均可源源外运,并以余力协助军公运输"①。

事实上,抗战时期的西北国际交通线是"中国境内延伸距离最长、运行时间最长,也是最安全的国际交通线,成为关系到中华民族生死存亡的生命线"②。1938年10月以后,中国与国外的联系"在陆路方面只有经过新疆的西北国际交通线成为中国接受外援的最可靠的重要路线"③。通过这条路线使中国得到大量的苏联援华物资,为中国抗日战争和西北开发做出了巨大贡献。因此,当时阿拉木图至兰州的陆地和空中运输线被称作"生命之路"。阿拉木图—兰州—汉口的这条航线,被称为"空中桥梁"。

对于西北国际运输线的重要性,国民党的要员们认识是非常清楚的,如曾经在甘肃握有兵权的马步青视察甘新公路时说:"西南的云贵各省,西北的甘新各省,为抗战到底,复兴国家民族之根据地,打开中苏的交通,接受友邦同情的援助,则甘新公路在国际运输上,在后方交通上,必然占有重要之地位,比之滇越云贵之道,其价值固凌驾其上。"④ 足以反映出国民政府高层对于打通西北国际运输线的重视程度。

1941年美国共和党总统候选人威尔基从苏联经新疆到重庆,途经兰州时说:"取道中国后门(兰州)飞往重庆,发现一面抗战,一面建设,深为盟国庆幸。"⑤ 在这里,兰州被称为中国的"后门"。美国的一份调查报告曾引用日本方面的报告:"兰州是中国和俄国之间重要的枢纽,估计有接近100架飞机长期驻扎,还有许多执行空中作战任务的俄国人也在这里……切断这个'红色通道'是非常重要的事情。"⑥ 日本人口中的"红色通道",指的是以兰州为节点,通向中国正面战场的航线。⑦

当华东、华北地区大片领土沦陷,中国沿海地区被日本封锁,西南国际援华陆路交通线被切断时,甘新公路成为国际援华物资最重要的通

---

① 《财政年鉴续编》下册,商务印书馆1945年版,第131、123页。
② 徐万民:《八年抗战期间的中苏贸易》,《近代史研究》1988年第6期,第37—39页。
③ 侯风云:《抗战时期的西北交通线》,《江苏社会科学》2005年第4期,第228页。
④ 甘肃省交通局编:《甘肃省公路交通史资料汇编》第1册,人民交通出版社1987年版,第88页。
⑤ 袁志学:《抗日战争时期西北国际交通线的建立及其历史作用》,载《红色记忆》下,中共党史出版社2009年版,第410页。
⑥ 《红色飞鹰——抗战期间苏联志愿航空队援华始末》,《北京日报》2014年12月31日。
⑦ 同上。

道，发挥了不可替代的作用。以至于时任南京国民政府顾问，后又任"飞虎队"司令的美国人陈纳德将军谈到这条公路时说："虽然这条公路的开辟未大肆宣扬，但实际上从这条路运抵中国的战时物资，却远远超过赫赫有名的滇缅路所输入数量。"甘新公路为中国抗日战争的胜利做出了不可替代的贡献。

据不完全统计，1937年7月到1938年夏，由新疆运往兰州的物资达6000多吨。回程时运走中国偿还贷款的锡、汞、棉花、茶叶等。从1938年到1941年经由新疆向苏联出口商品达72.5万多吨，价值265.3亿卢布。[①] 这些物资的转运，全部通过西北国际运输线。

第二，政治上的作用。主要是通过在苏联援华过程中，甘肃省的中心影响、第八战区的政治工作、朱绍良等人的争取说服等作用，在联系新疆，争取新疆，沟通与新疆的关系方面，发挥了积极的作用与影响，从而在防止新疆独立或分裂方面发挥了重大作用，维护了祖国的统一。这是间接的、隐性的，也是潜移默化的影响作用。

第三，利用了甘肃及兰州在西北地区得天独厚的优势地位与作用，通过组织与实施抗战时期的苏联援华工作，为开发西北、促进西北经济繁荣等方面都起到不可忽视的重要作用。

总之，在抗战时期苏联援华过程中，甘肃不可或缺地为中国的抗日战争乃至世界反法西斯战争的胜利做出了其他省份无法替代的重要贡献。

2013年9月，国家主席习近平提出建设"新丝绸之路经济带"的战略构想。我们相信：以甘肃为主要参与省区，以兰州为中心的西部诸历史文化名城，将沿着古代丝绸之路的轨迹，借用古代"丝绸之路"的历史符号，借助抗战时期苏联援华西北交通线的开通与西部开发所打下的基础与彰显的实力，在今天中国"一带一路"战略的实施中，在共同打造政治互信、经济融合、文化包容的利益共同体、命运共同体和责任共同体中焕发青春，再展魅力，激活中国西部地区的繁荣与昌盛，使其再一次成为当今世界东西方文化交流的大动脉。

（责任编辑：温金童）

[①] 陈国裕：《新疆抗日民族统一战线的历史性贡献》，2005年8月30日，新疆天山网（http://www.tianshannet.com.cn）。

群众路线与陕甘宁边区文化建设

王东仓[*]

(中国延安干部学院 陕西延安 716000)

摘　要：陕甘宁边区文化建设以《新民主主义论》中民族、科学、大众文化理论为指针，坚持群众的文化主体地位，依靠群众推动文化创新，从群众中汲取智慧，创造出崭新的文学、戏剧和音乐美术文化产品，再到群众中去提供贴心文化服务，极大地丰富了边区群众的文化生活，促使边区群众性文化活动蓬勃发展。边区文化建设的成功实践，正是中国共产党群众路线在文化方面的成功实践。

关键词：群众路线；陕甘宁边区；文化建设

　　文化是一个民族的精神和灵魂。延安时期，陕甘宁边区文化建设以新民主主义文化思想为指引，突出文化的人民性，突出文艺为工农兵服务，突出人民在文化活动中的伟大创造，以人民群众为文化的主体，一切为了人民群众，一切依靠人民群众，从文艺歌颂、书写工农兵群众到工农兵群众参与文艺创作，深入群众寻找文化建设的创新因子和推动文化建设的不竭动力，带着群众喜闻乐见的、真正适合群众文化需求的文化产品深入群众宣传与推广。边区文化建设所走过的路子，正是一条从群众中来又到群众中去的群众文化路线。

---

[*] 王东仓（1969—），男，中国人民大学博士，中国延安干部学院教学科研部创新中心副主任、教授，西北工业大学马克思主义学院副院长，中组部党建专家库入库专家，主持 2015 国家社科西部项目"延安在中国人民抗日战争中地位作用研究"。

一　一切为了群众，新民主主义文化理论是边区文化建设的根本指针

1940年2月，延安出版的《中国文化》创刊号上发表毛泽东此前创作的《新民主主义的政治与新民主主义的文化》，后来《解放》再刊这篇文章时，将题目改为《新民主主义论》。文中，毛泽东概括了新民主主义的文化，"就是无产阶级领导的人民大众的反帝反封建的文化"，即民族的、科学的、大众的文化。新民主主义文化理论突出了人民群众在新文化发展中所享有的认识、实践、价值评判与权益等的主体地位，体现了文化建设中一切为人民群众的群众思想。换言之，只有突出人民群众在文化建设进程中这几方面的主体地位，才能建设真正适应革命发展和社会进步的新民主主义文化。

（一）新民主主义的民族文化应该为群众所喜闻乐见

延安时期，边区文化建设过程中广泛吸收一切民族、一切时代的先进文化，通过广大群众喜闻乐见的民族形式表现出来，造成边区文化的中国特色与中国气派，延安文艺便是其中最为突出的代表。所谓文艺的"民族形式"，就是文艺适应时代与受众而进行的创新——民族文化，即"大量吸收外国的进步文化……和民族的特点相结合，经过一定的民族形式……中国文化应有自己的形式，这就是民族形式"[①]。建立民族文艺的过程，"就是把'五四'以来所获得的成绩，和中国优秀的文艺传统结合起来，使它向着建立中国自己的新的民族文艺的方向发展"[②]。

吸收外国进步文化并创造中国的民族文化，必须依托中国人民创造的辉煌灿烂的历史文化。简言之，就是要把从孔夫子到孙中山的历史给予科学总结，将这一份珍贵的历史遗产继承下来，要"使之在其每一表现中带着必须有的中国的特性，即是说，按照中国的特点去应用它，成为全党亟待了解并亟须解决的问题。洋八股必须废止，空洞抽象的调头必须少唱，教条主义必须休息，而代之以新鲜活泼的、为中国老百姓所

---

① 《毛泽东选集》第2卷，人民出版社1991年版，第706—707页。
② 艾思奇：《旧形式新问题》，《文艺突击》1939年第1卷第2期。

喜闻乐见的中国作风和中国气派"①。

民族的文化，也一定是指中华民族的新文化而非旧中国的旧文化。旧文化对外"是买办主义的。即是对外善于投降妥协，含垢忍辱，逆来顺受，唾面自干、打了耳光赔笑脸，十足的洋奴气。对列强充满恐怖心、依赖心、侥幸心，缺乏民族的自信心。夸张封建主义的道德为民族美德。对于人民的反帝国主义运动则在'尊重友邦'、'遵守国际信义'、'尊重条约义务'等口号下，实行严厉的镇压与取缔"。旧文化对内则是封建主义的，它"提倡封建的旧道德、旧思想、旧制度，主张复古、尊孔、读经、保存'国粹'。颂扬独裁专制，反对民主。提倡一人之下万人之上的流氓主义，强迫庶民'严守纪律'、'安分守己'，忍受他们的压迫剥削而无怨言"。民族的新文化，一定是抗日、反帝、反抗民族压迫的，主张民族独立与民族解放的，提倡民族自信心且能正确把握民族的实际与特点的新文化。②

中国经过1939年有关"民族形式"的讨论及延安文艺座谈会以后，延安的文艺工作者在各自的专业领域内吸收世界先进文艺形式，继承发扬中华民族优秀的传统艺术形式，创造出适合抗战、适合工农兵大众的"民族形式"的文艺，从而使其文艺作品深受广大群众的欢迎。当时的延安文艺界对这些新文艺的看法，颇能说明人们对民族形式的理解与把握。以新剧《兄妹开荒》和《白毛女》、新木刻、新小说《李有才板话》和《吕梁英雄传》等为标志，这些新文艺成就的出现，标志着"新民主主义文艺运动对于封建的买办的反动的文艺运动的胜利"。"革命的文艺如果不学会自己的民族形式，即劳动人民所喜见乐闻的形式，那怕内容很好，就不可能在几万万人民的头脑里把旧文艺的影响打倒，肃清。"③ 上述的新式文艺作品，正是在"民族形式"方面为群众所喜闻乐见的成功之作。

（二）新民主主义的科学文化是群众武装自己的根本要求

中国曾经历了漫长的封建制度，封建社会遗留下为封建统治阶级辩

---

① 《毛泽东选集》第2卷，人民出版社1991年版，第534页。
② 张闻天：《抗战以来中华民族的新文化运动与今后任务》，《解放》1940年4月10日。
③ 陆定一：《读了一首诗》，《解放日报》1946年9月28日第4版。

护的等级观念、伦理道德、迷信思想,这些文化思想残留在人们的心目中且根深蒂固。受这种文化思想影响,人民群众就会安于现状、愚昧麻木、缺乏激情、不思进取,进而失去了应有的创造力。改变这种状况,唯有发展科学文化,这也是人民群众武装自己头脑的内在要求。毛泽东在《新民主主义论》中强调,科学文化"是反对一切封建思想和迷信思想,主张实事求是,主张客观真理,主张理论和实践一致的"①。这种科学文化也应该是一种"反对武断、迷信、愚昧、无知,拥护科学真理,把真理当作自己实践的指南,提倡真能把握真理的科学的思想,养成科学的生活与科学的工作方法的文化"②。

1944年10月30日,毛泽东参加陕甘宁边区文教工作者会议并做讲演,他在肯定解放区的文化已经取得了长足进步的同时,强调边区文化仍然还有它的落后的方面:"解放区已有人民的新文化,但是还有广大的封建遗迹。在一百五十万人口的陕甘宁边区内,还有一百多万文盲,两千个巫神,迷信思想还在影响广大的群众。这些都是群众脑子里的敌人。我们反对群众脑子里的敌人,常常比反对日本帝国主义还要困难些。我们必须告诉群众,自己起来同自己的文盲、迷信和不卫生的习惯作斗争。"③在生产生活中反对文盲、封建迷信、不讲卫生等,这就是新民主主义科学文化纲领的具体体现。

反对迷信思想,改进文化和卫生习惯,把盘踞在群众脑子里的唯心主义、主观主义认识清除掉,引导群众深入开展追求科学和客观真理的社会实践不能不有广泛的统一战线,这里的所谓统一战线,其实就是群众路线,就是广泛地发展群众、依靠群众的力量来发展科学文化。在教育工作方面,不但要有集中的正规的小学、中学,而且要有分散的不正规的村学、读报组和识字组。不但要有新式学校,而且要利用旧的村塾加以改造。在艺术工作方面,不但要有话剧,而且要有秦腔和秧歌;不但要有新秦腔、新秧歌,而且要利用旧戏班,利用在秧歌队总数中占90%的旧秧歌队,逐步地加以改造。在医药方面,更是如此。统一战线的原则有两个:第一个是团结,第二个是批评、教育和改造。边区文化

---

① 《毛泽东选集》第2卷,人民出版社1991年版,第707页。
② 《张闻天选集》,人民出版社1985年版,第252页。
③ 《毛泽东选集》第3卷,人民出版社1991年版,第1011页。

统一战线的任务是联合一切可用的旧知识分子、旧艺人、旧医生,而帮助、感化和改造他们。为了改造,先要团结。只要做得恰当,他们是会欢迎我们的帮助的。

边区的科学文化道路,就是把群众充分动员起来,走科学道路,让封建迷信无路可走,譬如边区的反巫神运动。《解放日报》曾就此问题发表社论称:"他们在人民之中,硬要进行反对西医中医的宣传,硬要说有什么鬼神,其目的就是为了欺诈取财,损人利己,谋自己的生计。他们的所谓'治病',不是'安砖、吊瓦、烧黄表',就是钢针扎肉、裸体鞭打、头顶放炮、麻绳网指、火烧阴毛之类,前一种方法,还不致增加病人之病,后一种方法,就一定使无病变为有病,小病变为大病,大病变为死症。"所以,反迷信、反巫神、讲卫生、讲科学等,应该"有一个自下而上的运动,首先由我们的模范区和乡村起,各区、乡、村都来讨论,要不要把自己这里的卫生医药设备搞好,怎样来搞好,怎样派人去学习,派谁去学习等等,然后报告上级,请求上级指导和帮助办到。有了这种自下而上的运动,上下配合起来,卫生建设的进步可以来得更快"[①]。

(三)新民主主义大众文化的主体力量只能是广大人民群众

毛泽东在《新民主主义论》中指出,新民主主义的文化,它要服务的主体对象只能是占全民族90%以上的工农劳苦大众,只有他们才应是这种新文化的享用者。以广大人民群众为这种新文化所要服务的主体对象,就是真正体现了在文化领域一切为了群众的根本目的;将文化服务的方向聚集在人民群众,也是文化领域群众观点与群众立场的体现,更是群众路线在文化思想中的重要体现。在新民主主义的革命战线上,活跃着广大的革命干部与革命群众,服务于革命力量的革命文化,就不能笼统地为不同文化程度的革命力量准备一刀切的文化大餐,也不能条块分割成相互孤立的僵化的文化产品,而是要根据革命干部与革命群众文化程度不同,为他们提供既相互区别又相互联系的文化服务,把文化提高与文化普及结合起来。关于普及与提高,毛泽东后来在延安文艺座谈会上讲话时做了详细阐述:"提高是应该强调的,但是片面孤立地强调提

---

① 《开展反对巫神的斗争》,《解放日报》1944年4月29日。

高，强调到不适当的程度，那就错了……我们的文艺，既然基本上是为工农兵，那末所谓普及，也就是向工农兵普及，所谓提高，也就是从工农兵提高。"①

因此，一个不容忽略的根本点是，无论是文化运动还是实践运动，都是人民群众的运动。文化不接近人民群众，文化不能为人民群众所掌握，文化军队就是空的，文化人就会成为光杆司令，就无法承担起革命文化在革命进程中应该担负的责任，就无法完成革命文化打倒敌人、取得革命取胜利的历史重任。为达此目的，毛泽东强调："文字必须在一定条件下加以改革，言语必须接近民众，须知民众就是革命文化的无限丰富的源泉。"②

以大众为主体的新文化思想，深刻影响了边区文化发展特性，特别是在如何发展边区艺术方面，形成了明确的"群众艺术"概念，在发展群众文艺方面体现出中国共产党人强烈的群众路线思想。在群众中发展新艺术并改造旧艺术，靠的既不是外力的输入，也不是行政权力，而是靠群众自己的力量。必须在群众中诱导、培育和扶助这种来自群众自身的新力量，依靠这种新力量来创新全新的、群众自己所喜欢的新艺术。群众艺术的提高，要依靠群众，便需要深入群众。艺术提高的任务主要由两支力量来承担，一是通过部队、工厂、学校、机关的艺术活动对群众进行提高，二是通过各级政府所领导的专门艺术团体和专门艺术工作者的活动对群众进行提高。《陕甘宁边区文教大会关于发展群众艺术的决议》要求："他们应该经常和下层艺术组织保持联系，了解工农群众各项艺术活动的情况，并予以帮助和领导，尤其是供给他们以各种创作或演出，并视需要与可能与他们进行联合表演，或集中其积极分子进行短期训练，一面教育他们，一面向他们学习。""一切艺术工作者，均应深入群众，他们对群众的了解愈深刻，则他们对于群众和干部可能做的贡献才愈大。"③

---

① 《毛泽东选集》第3卷，人民出版社1991年版，第859页。
② 《毛泽东选集》第2卷，人民出版社1991年版，第708页。
③ 《陕甘宁边区文教大会关于发展群众艺术的决议》，《解放日报》1945年1月12日。

二 一切依靠群众，边区文化建设在群众参与推动下取得丰硕成果

延安时期，陕甘宁边区文化建设取得丰硕成果，文化组织逐步建立与完善，哲学社会科学、文艺等空前繁荣与发展，文化教育事业突飞猛进，一大批以历史唯物主义与辩证唯物主义为指导的文化产品一经产生，就在中国文化界产生重大影响，也奠定了新中国成立后一个时段文化成果的基本色调。究其梗概，或许因为植根群众，边区的文化建设才根深叶茂；因为依靠群众，边区文化建设才硕果累累。

（一）依靠群众，边区形成了种类繁多的文化团体，发展出丰富多彩的文化艺术

在新民主主义文化政策引导下，边区经济文化建设取得突出成就，人民群众积极参与到各种文化活动中来，先后成立了种类繁多的文化社团，如文学类社团、戏剧类社团、音乐类社团、美术类社团以及科技类社团，等等。这些文化社团活动方式灵活多样，开展的文化活动丰富多彩，极大地满足了人民大众的文化需求，也将边区建设成为战时中国的文化高地，创造了边区繁荣兴盛的新民主主义文化。

1. 成立了文学类文化社团，形成边区文化建设的中坚力量

陕甘宁边区文化界救亡协会（以下简称"边区文协"）是一个极其广泛的群众性的文化组织，成立于1937年11月14日，是陕甘宁边区文化运动总的领导机关，起初由艾思奇任协会主任，柯仲平任副主任；后来改组，由吴玉章任主任，艾思奇、柯仲平、丁玲任副主任。"边区文协"成立后，边区热爱文艺的群众便可经常性开展文艺讨论，参与并享受协会举办的各种文艺展览；他们还召开边区反侵略大会，宣传、鼓动人民起来反抗日本帝国主义的侵略；这个协会也大力组织民众文艺团体，把民众的文艺力量集中起来壮大文艺力量、提升文艺产品品质。

文协之下有文联。文联于1938年9月11日在延安成立，全称为陕甘宁边区文艺界抗战联合会，又简称"边区文联"，是边区文协领导下的由边区文学家和文学爱好者共同组织的群众性文化组织，其宗旨是"选

拔文艺干部，供给文艺食粮，建立抗战中的文艺理论"。

由于抗战文艺发展的需要，尤其是文化界统一战线建设的需要，边区文联后来实现华丽转身，于1939年5月14日成为中华全国文艺界抗敌协会延安分会，简称"延安文抗"，目的就是要与中华全国文艺界抗敌协会（1938年3月17日成立于武汉）取得密切的联系。"延安文抗"刚一成立，便发挥其文艺界抗敌的职能，积极发展会员，还专门设立了文学顾问委员会，用以解答初学写作者提出的各种问题，组织若干个文艺小组，出版了自己的专门刊物——《大众文艺》，不定期举行报告会和讨论会开展文艺活动，或派出文艺工作团为一线工农兵群众开展文艺服务，还展开街头文艺活动并出版不定期的《街头文艺》，等等，使整个文协的工作显得十分活跃。抗日战争胜利后，为配合新的斗争形势，"延安文抗"发起与鲁艺师生大部人员组成100多人的延安文艺工作团，开赴解放区进行各种文艺宣传工作，受到战士与群众的热烈欢迎，这个组织一直坚持到1947年3月才撤出延安。"延安文抗"自始至终以文艺为索，紧紧联系、唤醒、鼓舞边区群众的抗敌斗志，始终在依靠群众的力量为抗战出力、发热。

另外，边区还成立了一些群众性诗歌组织，如战歌社和山脉文学社。战歌社由边区文协副主任柯仲平兼社长，这一群众性文化组织在其成立后的两个月内，便举办了20多次诗歌朗诵会，开创了延安群众性诗歌运动的全新局面，也引起广泛关注。当时，"战歌社"几乎每周都要举行一次诗歌朗诵会。在它的影响下，许多单位相继成立了"战歌分社"、"战歌小组"，诗歌运动拥有越来越广泛的群众基础，不久之后，边区的诗歌创作和朗诵活动便如同如雨后春笋般蓬勃发展起来，边区群众也汇入了诗的海洋。山脉文学社成立于1938年10月，发起人是奚定怀，其社名是根据毛泽东关于开展敌后游击战的战略思想而来的。该社群众基础也较为深厚，在延安地区建立了10多个小组，还在瓦窑堡、蟠龙等地建立了分社，社员最多时达到200余人，并集体加入边区文协，成为陕甘宁边区一个比较庞大的群众性文艺社团。后来，它和战歌社合并，联合创刊了《新诗歌》。

2. 兴办戏剧类群众性文化社团，为活跃边区文化搭建平台

1936年8月，为适应建立抗日民族统一战线的需要，人民抗日剧社

在以前的工农剧社基础上改名成立。1937年3月成立总社后，下辖中央剧团、平凡剧团（由中央机关工作人员中的戏剧爱好者组成）、铁拳剧团、延安青年剧团等戏剧组织，成员达200余人。人民抗日剧社联合在延安的近10个戏剧组织，在陕北进行巡回演出，较为著名的剧目是1937年夏为纪念鲁迅先生演出的《阿Q正传》。1937年8月，人民抗日剧社改名为抗日剧团。

陕甘宁边区民众剧团是名副其实的群众性戏剧组织，成立于1938年7月，由柯仲平、马健翎先后担任团长一职。该剧团拥有雄厚的群众基础，《新中华报》曾载文称："演员方面，工、农，学生都有。"[①] 该剧团创作了大量戏剧，或宣扬民族气节、动员抗日，或表现人民斗争、揭露国民党"反共反人民"，表现新思想、新气象及表现反对封建迷信和包办婚姻等，知名剧目有《好男儿》、《查路条》、《回关东》、《一条路》、《中国魂》、《三岔口》、《抓破脸》、《十二把镰刀》、《大家欢喜》、《神打架》、《桃花村》、《三妯娌》等。民众剧团长年坚持在陕甘宁边区巡回演出，受到了民众热烈欢迎。在民众剧团的影响和带动下，陇东、三边等地也先后建立了民众剧团。民众剧团，是一个为民众、靠民众生存、发展、壮大的群众性文化团体。

服务抗战前线将士的烽火剧团成立于1938年10月，以蔺子安为团长，下设五个分队。烽火剧团常年深入基层和炮火纷飞的抗战前线，用戏剧形式进行抗日宣传，动员广大群众参加抗战，曾经演出过歌舞《小放牛》、京剧《过关》、歌剧《治病》、话剧《李秀成之死》和活报剧《纪念十月革命》等，极大地鼓舞了将士们的斗志，宣传动员了广大群众参与并保障抗战的胜利，充分发挥了群众性革命文艺组织的战斗堡垒作用。

大大小小的群众性戏剧组织的发展壮大，既丰富了边区的群众性文化娱乐活动，也带动、改造并发展了边区传统戏剧文化，促进边区戏剧文化建设迈上新台阶，这方面的成就主要体现在秧歌剧的发展上。1943年2月，由鲁艺集体创作的秧歌剧《兄妹开荒》正式演出时一炮打响、迅速走红，获得了巨大成功，在边区掀起了轰轰烈烈的秧歌运动。在这

---

① 柯仲平：《生长着的民众剧团》，《新中华报》1938年10月25日。

一运动中，秧歌队遍地开花，仅延安一地就有32支秧歌队，差不多每个机关都有一支自己的秧歌队。1944年春节，延安举行秧歌大会，有百余支秧歌队在会上表演了自己编排的秧歌剧。据不完全统计，整个陕甘宁边区"共有600多个民间秧歌队，大的有二三百人，小的也有二三十人。另据丁玲的估计，在边区人民中，每12个人里面必有一个人是会扭秧歌的"[①]。秧歌以其独特的形式与魅力把边区群众参与并创造文化的热情彻底调动起来了，靠群众的力量成就了一段文化史的传奇。边区的秧歌运动不但丰富边区群众的文化生活，还流传到国统区，在大后方民众中间广泛传播开来，形成了奇特的文化辐射效应。

3. 以群众的生产生活为源泉，为群众创作了辉煌灿烂的美术、音乐作品

没有人民群众火热的生产、生活，就不会有广大艺术工作者取之不尽的灵感源泉，也就没有艺术工作者极具穿透力的艺术作品，特别是美术与音乐类作品，不面向群众，不被群众认可，就不可能在时代大潮中发挥文艺部队应有的功能。边区的音乐、美术，应该称为战斗的艺术，美术是抗战的美术，音乐也是抗战的音乐。

边区的抗战美术在抗战期间具有重要地位，而边区的抗战美术主力军要数延安的鲁迅艺术学院（以下简称鲁艺）。1938年4月鲁艺创办之初便设立了美术系，而美术系一成立便开设木刻研究班，将"研究木刻技术，提高理论修养，推动木刻运动"确定为他们的研究宗旨。起初的木刻作品因为深受外国作品风格影响，作品中的人物像被群众称作"阴阳脸"，不受群众欢迎。后来经过深入群众生活，木刻研究班的同学们深受启发，把群众生产生活纳入视野，把群众的形象生动地再现到作品中来，受到群众好评。除鲁艺外，活跃在延安的美术团体还有延安大众美术研究会、宋版画研究社、延安工艺美术社等。1939年2月7日，延安美术工作者协会（以下简称"延安美协"）成立。4月，更名为陕甘宁边区美术工作者协会（以下简称"边区美协"）。

广大美术工作者经常在延安举办美术作品展览，把美术与人民群众的革命斗争与生产生活紧密结合起来，为群众提供了内容丰富的美术大

---

① 尹均生主编：《中外名记者眼中的延安解放区》，华中师范大学出版社1995年版，第109页。

餐。1938年9月20日,鲁艺举办了"九一八"纪念展览会,展出木刻、漫画、摄影作品数百幅,观众达3000人。1940年6月,鲁艺为庆祝建院两周年举办美术展览,展出了一批连环画、工笔画、木刻和雕塑作品。1941年1月,在延安文化俱乐部举办了"鲁艺美术工场首次展览会",共展出木刻、绘画、雕刻作品100余件,在延安引起了巨大反响,其中的展品《毛主席》(许坷创作的石膏胸像)、《八路》(钟敬文创作),被誉为"1941年最优秀的美术创作之一"。7月,鲁艺为声援苏联人民的反法西斯斗争,举办"七月画展",展出绘画、宣传画、漫画作品150多幅。

1941年8月,边区美协在延安举办"1941年美术展览会"。这次展览分别在文化俱乐部和军人俱乐部两个展厅进行,连续展览九天,展品更换了三次,包括绘画、雕塑、木刻、漫画、摄影、民间剪纸、苏联版画等,共数千件,其中有力群、焦心河、古元等多位画家的作品,影响很大。《解放日报》载文指出:这次展览是"新的人类和新的文化向她的无情摧毁者所发动的抗议"[①]。1942年1月,边区美协又举办"反侵略画展"。其中的王式廓的《希特勒的战车》、蔡若虹的《三个寡妇》和《时间是我们的裁判者》等,都是思想性和艺术性很高的佳作。这次展览,揭露了日、德、意法西斯发动侵略战争、残害人类生命、破坏人类文明的罪行,揭示了法西斯必然灭亡的结局。

诗言志,乐怡情。用音乐鼓舞革命士气历为革命者所重视。1938年1月,陕甘宁边区音乐界救亡协会(以下简称"边区音协")在延安成立。1939年4月13日晚,"边区音协"与从大后方来延安的重庆军委抗敌演剧三队联合举办了大型音乐晚会,演出了《生产大合唱》、《黄河大合唱》、《延水谣》等音乐节目,对延安音乐普及做出了贡献。

鲁艺在群众音乐生产方面也有很大贡献。1939年3月,鲁艺成立民歌研究会,以采集延安范围内的民歌,研究和出版民歌集。民歌研究会后改名为中国民歌研究会,1941年2月又改名为中国民间音乐研究会,出版《民族音乐》刊物,在采集、演唱和演奏民歌,发展民族音乐方面,做了大量的工作。1940年7月,鲁艺音乐系成立音乐工作团,以研究音

---

① 《边区的美术展览会》,《解放日报》1941年8月18日。

乐理论和技术、开展群众性活动、普及音乐知识为己任，每月与鲁艺音乐系一起举办一次音乐会，积极开展音乐演出。1942年，又联合边区音协编译出版部编辑出版了《民族音乐》杂志。这些刊物不仅发表了大量的音乐理论文章和歌曲，而且还介绍了国内音乐消息以及苏联和西方的音乐消息，开设音乐艺术讲座专栏，对边区音乐的发展起了良好的作用。

1940年5月，在延安成立了延安青年大合唱团。该团以金紫光为团长，特邀鲁艺的音乐专家向隅、任虹等为艺术指导，下设中央党校合唱团、抗大合唱团、中国女子大学合唱团、陕北公学合唱团、行政学院合唱团、医科大学合唱团、自然科学院合唱团、印刷厂工人合唱团等八个分团。该团排演过《抗大大合唱》、《女大大合唱》、《黄河大合唱》、《生产大合唱》等大型合唱曲目，举行和参加过纪念五四青年节演唱活动、欢迎和欢送华侨领袖陈嘉庚访问延安演唱活动等大型活动，是陕甘宁边区规模和影响最大的音乐合唱团体。[①] 延安青年大合唱团和延安合唱团的活动，不仅活跃了延安群众的音乐文化生活，也促进了边区群众歌咏运动的发展。

群众性音乐活动也极大地带动了群众自发性文艺创作活动，一批民歌手的革命民歌作品在边区广为传唱，进一步丰富了边区群众的文化生活。例如，甘肃省环县曲子镇刘旗村农民诗人孙万福，火热的生产激发了他的创作激情，短短几年中先后创作了《歌唱毛主席》、《边区人民要一心》、《我们边区像清泉》、《二流子要转变》等诗歌，在《解放日报》和《陇东报》等报刊发表的就有20多篇。1943年11月，孙万福作为劳动英雄代表，出席了陕甘宁边区召开的劳动英雄大会，并于12月9日与其他16位劳动英雄一起受到毛泽东主席接见。当毛主席与孙万福交谈时，他激动地即兴朗诵一首诗："高楼万丈平地起，盘龙卧虎高山顶，边区的太阳红又红，咱们的领袖毛泽东。天上三光日月星，地上五谷万物生，来了咱们的毛主席，挖断了苦根翻了身。为咱能过上好光景，发动了生产大运动，人人努力来生产，丰衣足食吃饱饭。边区人民要一心，枯树开花耀眼红，千年枯树盘了根，开花结籽靠山稳。"后来，这首诗被谱曲后成为歌曲《咱们的领袖毛泽东》，唱红了边区，传遍了全国。

---

① 钟敬之、金紫光：《延安文艺丛书·文艺史料卷》，湖南文艺出版社1987年版，第586页。

（二）发展大众化新闻出版事业，突出边区群众的话语权

面向群众的新闻出版，尤其是报纸的创办与发行，其在陕甘宁边区发展轨迹也充分证明，依靠群众步步顺当，离开群众则寸步难行。因为新闻报纸的出版发行，始终绕不过一个问题：给谁看、由谁办。在边区，报纸乃至黑板报，都是遵循着大家的报纸大家办、大家看、大家评、大家用的办报原则，走出一条大众化的路子。

据不完全统计，边区发行的报纸主要有三种：第一种是带有全国性的《解放日报》，在边区的发行数量只占一小部分，主要读者对象是党政干部和政府工作人员及广大知识分子。第二种是纯边区性的，有《边区群众报》（四开铅印周报）、四种分区报（五日的或一周的，有铅印的和石印的两种）、11种县报（大都是油印的，周报，四开纸）。这些报纸，在边区内一共发行21500份，平均每70人就有一份定期的报纸来满足其阅读需要。此外，还有边区部队出版的23种报纸，部队中每班可以平均到3—5份报纸。第三种就是黑板报和壁报，据不完全统计，全边区到1945年时就已经创办了668块黑板报，壁报则不计其数，因为每个连队、机关、学校、工厂，都办有自己的壁报。

在边区出版、发行、创办的无论是哪一种报，都要依靠群众才能生存与发展。不依靠群众这个巨大的读者群，办报给谁看？不依靠群众，谁来供给报纸新鲜活泼的内容？没有新鲜活泼的内容，这样的报纸又有谁去读去看？于是，边区的办报风格逐渐形成了——代表群众的意见，大家的报纸大家看，大家的报纸大家办，看报和办报的是同一群人，这样就消除了编者与读者的隔膜，读者的意见能及时反映到报上去，变成编者的意见。在边区，每一种报纸都有自己庞大的读者群，也同时拥有自己数量惊人的通讯员，队伍分布在边区的角角落落，《解放日报》就有1090个通讯员。实践证明，哪一种报群众参与度更高、得到群众的支持更多，哪一种报就能依靠群众发展得更加壮大，由当时发展速度最快的黑板报即可见一斑。

所谓黑板报，就是在乡村活动中心地带竖立起一块黑板，黑板上内容的编辑管理工作则由普遍存在的乡村文化工作委员会或专门的编辑委员会来编辑。参与编辑的人员，大半是小学教员，也有乡文书、农民和

工人等参与进来。一块黑板报，从投稿到出版，全部由群众自己动手办理，离开群众的热情与付出，不会有边区的黑板报的遍地开花。

群众热心创办黑板报，还与黑板报的内容有关，群众可通过黑板报来认字、学字。黑板报的内容主要是边区和本地的消息，每期2—3篇文章，其篇幅总共也不过二三百字，但却凝聚着许多通讯员的心血，也牵挂着广大群众的心。例如，镇靖城的黑板报，就有30余名通讯员，全乡180户人，平均每6家就有一个通讯员。再用延安时期流行的阶级分析法来看，通讯员的成分分布为：富农2人，中农13人，贫农10人，小商人3人，半工半农者2人，这样的构成便使得通讯员们能够充分代表各个方面的愿望与诉求，各个方面群众的意见都能在黑板报上得到反映，让群众真正参与到黑板报文化活动中来，成为办报与看报的双重主人。

群众创办黑板报，并没有后来人想象的那么容易，特别是稿件的来源问题，需要靠群众的智慧来解决。他们认为，通讯员投稿要有经常性，要有一定的组织。后来，他们便成立了通讯小组，每村都有一个小组，组长由村民选出，规定通讯员必须20天投稿一次。可是，有些通讯员空有一腔热情，他们有些人甚至不识字，怎么能完成投稿任务呢？任何困难也难不倒人民群众，他们采取两种办法加以解决：一是请识字的人代写条子投稿；二是捎话给编委，让编委编写在黑板报上。只是，捎话没有凭据，编委不给登载的情况也有出现。比如，有一次群众捎话要表扬一位小学教员，就把这条消息捎给编委，而这期黑板报的编写人员恰巧就是那个教员，就没有登载这个消息。投稿人请识字的人读完黑板报后发现没有他的"稿子"，马上就请别人把这个稿件补写上去了。可见，只要群众认真做，没有什么困难能阻拦他们。

黑板报是群众发明创造的世界上最廉价的报纸，可以成为宣传群众和群众进行宣传的工具，传播自己的善恶观念，表彰好人好事，倡导正确价值观念。有一个叫贺天才的农民生产很积极，群众便把他的事迹登上黑板报，与"爬黑板报"不同，这叫作"上黑板报"："贺天才家中新做纺车四架，弹毛弓一个，现在正在做手拉机，动员全家男女纺织，成为家庭纺织工厂。"① 贺天才看到这个表扬稿件后很高兴，工作起来更加

---

① 《劳动模范贺天才》，《群众》1945年3月8日第10卷。

卖力、更加积极。一褒一贬，依靠群众的力量，也推动了政府的中心工作。

办报要依靠群众，读报以发挥报纸的作用，就更要靠群众。没有人读报，没有千百万群众读报，办报也就失去了其全部的意义。全边区共组织了10000多人读报，读报人多是小学教员、乡文书及乡村里的识字人。为了照顾乡村群众生产生活，读报组多半都与生产结合起来，把变工队、唐将班子等生产组织变成读报组，利用闲暇时间读报。读报推动了其他运动的发展，如报上登了办学、参加变工队等消息，群众听了便提高了工作热情，组织更多的学校、变工队。一次读报活动、一个读报小组，有可能就引导发展为更成功的生产活动。

三 从群众中来，到群众中去，边区群众性文化活动蓬勃发展

如何开展群众性文化运动，怎样才能使群众性文化建设得到群众支持，收到群众满意的效果，除了一切为了群众的出发点和一切依靠群众的基本立场，还需要在方法上走群众路线，向群众学习，发挥群众的聪明才智，尊重群众的首创精神。其实，开展群众性文化活动，说到底是一种群众工作，需要坚持一切经过群众，了解问题形成决策要从群众中来，宣传发动群众以解决问题必须到群众中去，坚持群众自愿参与的原则。边区的群众性文化活动，诸如冬学、卫生防疫、新秧歌等活动的发展，都充分体现了这一点。

（一）问题从群众中来，办法到群众中去，边区群众性冬学迅猛发展

早在1937年，边区（当时称特区）在制定群众的文化教育建设草案时便强调："在自己直接领导的陕甘宁特区建立民主抗日的模范，它的主要工作之一是把广大的群众从文盲中解放出来，普遍的进行普及教育。"[①]边区在普及教育、开展补习教育的实施方案中，除了规定设立夜校、识字组外，还要求最低限度的课程在冬学里只用60天便完成学习任务。

———————
① 《文化教育建设草案》，《新中华报》1937年4月29日。

所谓冬学,顾名思义,就是利用冬季闲暇时间办学开展学习的活动及相关机构。办冬学在我国有着悠久的传统,宋代陆游在其《冬日郊居》一诗中曾有"儿童冬学闹比邻,据案愚儒却自珍"句,并自注:"农家十月,乃遣子弟入学,谓之冬学。"[1] 延安时期的冬学,是指抗日战争时期的一种群众教育机构与活动。为了大规模教育农民,而农民的空余时间又主要集中在冬季,故各个抗日根据地都开展了大规模的冬学运动,有力地推动了群众识字和文化、政治学习的热潮,有些开展较好的冬学甚至保留下来成为常规性民众学校。

开展冬学运动,不但可以提高人民群众的文化水平,而且可以起到提高群众对抗战的认识和热忱的作用,能够增强群众抗战的力量,为争取抗战的最终胜利注入永不枯竭的活力。边区开展冬学运动的探索与实践,为中国共产党改造群众传统文化做出了有益尝试,也为争取抗战的最后胜利而奠定群众基础和文化基础方面开创了一块试验田。

冬学运动要在群众中间广泛开展,其成败很大程度上取决于群众的认识和态度。群众积极参与、大力支持,冬学运动就能收到好的成效,群众消极抵制的,冬学就会场面冷清走过场。有些群众为什么会对冬学运动持怀疑态度?不到群众中去做深入的调查研究,是不可能把原因弄清楚的。1937年底《新中华报》刊登一篇文章号召克服冬学运动中的不良倾向:"群众也有一种不良倾向,表现在冬学动员的农村会议中,群众对冬学表示了一种怀疑与应付的态度。怀疑的人,他们也知道日本打来了,也知道应该抗战,可是动员他们去直接参加抗战、去当抗日军人还是很不愿意的,因为他们对于抗战的意义尚未深刻了解。比如冬学运动的动员中,一般群众送小孩到学校里去,是没什么问题的,可是青年呢?便发现各式各样的推托的办法,这是什么原因呢?就是群众误会冬学是扩大抗日军队的巧妙办法,如果入了冬学便要当抗日军人,所以他们无论如何不肯把青年送入冬学。"[2]

"这样严重的问题,应该怎样办呢?"作者明确表态:"我们意见,深入的不嫌麻烦地,继续进行解释工作,固然不能放松,可是应首先动员干部子弟入学,给群众做模范是必要的。因为各级党政干部,在征收救

---

[1] 陆游:《剑南诗稿》卷25《秋日郊居》之七,中华书局1976年版。
[2] 《开展冬学运动》,《新中华报》1937年12月15日。

国公粮的过程中，大部忽视与放弃冬学动员的联系，在干部中表示出无甚重要的态度，因此干部子弟便没有一个入学的，更给了群众以极大的怀疑，他们说：'不是当抗日军人，负责人的儿子，为什么不到冬学里去？'"① 这位作者的见解是正确且深刻的，解决问题的办法，就是到群众中去，不仅要用语言进行不厌其烦的解释宣传，还要深入群众，用干部队伍的实际行动向群众证明冬学运动并不是一部分人所想象的那样，干部子弟入学就是最好的证明。这样一来，群众中青年人进入冬学的最大疑惑与障碍就会解除。

1944 年，习仲勋读到一份有关冬学的报告并把其中部分重要材料摘录发表在《解放日报》上："本县苗家坪区五乡周家圪崂冬学，古历九月初一开学。当开学前三日，报到学员仅九个大人、八个娃娃，原因是怕耽误冬季生产，生活没办法，是大困难。经过村民会、积极分子会，分别商讨，最后确定这样一条方针：冬学要和冬季生产结合，要和其他训练自卫军等工作结合。这就形成了周家圪崂的一揽子冬学。"介绍完这份报告的重要内容后，习仲勋总结道："必须经过群众，把群众自觉自愿的积极性发动起来才能把冬学办好。"② 习仲勋总结的"必须经过群众"，就是典型的群众路线——把群众中的问题找出来，到群众中去解决问题，依靠群众的自觉自愿推动各项政策的落实。

开展群众教育、开展冬学运动，从群众中了解到现实存在的真正困难，到群众中去找到真正管用的方法，就能够把冬学运动办成群众自觉自愿的行动，就能创造出无穷无尽充满智慧的解决方案。

（二）写向田间街头，民众亦是歌手，边区诗歌大众化道路上的街头诗运动

所谓街头诗，也称为传单诗、墙头诗、岩头诗等。延安时期，这些诗以人民大众为对象，以具体的战争及政治事件为题材，采用简洁的短诗体式；写好诗歌后，或张贴在街头、墙头、岩石上，或印成传单加以散发。这是一种紧密配合政治斗争，直接发挥教育作用的诗的战斗形式。以墙头、岩石等载体的街头诗，在民间流传的历史十分悠久，但作为诗

---

① 《开展冬学运动》，《新中华报》1937 年 12 月 15 日。
② 《来信摘编》，《解放日报》1944 年 11 月 23 日。

歌的狂飙突进的群众性文化运动，成为一种十分耀眼且影响深远的诗歌运动，主要还是在抗战时期的延安。

20世纪三四十年代，延安为何会发起街头诗运动，又为何能够兴起街头诗运动？发起街头诗运动的组织这样说："在今天，因为抗战的需要，同时因为大城市已失去好几个，印刷、纸张更困难了，我们展开这一大众街头诗歌（包括墙头诗）的运动，不用说，目的不但在利用诗歌做战斗的武器，同时也就是要使诗歌走到真正的大众化的道路上去，不但有知识的人参加抗战的大众诗歌运动，更要引起大众中的'无名氏'也多多起来参加这运动。"[①] 简言之，原因之一就是诗歌传播的载体发生了困难，这是物质层面的，主要由于战争等引起的物资匮乏所致；其二，诗歌要将战斗武器的作用发挥到最大化，要走一条大众化的道路，要走下圣坛，走向民众，把众多的"无名氏"团结到诗歌的大部队中来，写给民众，由民众来写，走一条群众路线。边区文协委员林山也曾这样解释街头诗运动："就是要把诗歌贴到街头上，写到街头上，给大众看，给大众读，引起大众对诗歌的爱好，使大众也来写诗。这样，由不断的实践中就可以使诗歌大众化——成为大众的诗歌。"[②]

他们热情地呼唤："有名氏、无名氏的诗人们呵，不要让乡村的一堵墙，路旁的一片岩石，白白地空着，也不要让群众会上的空气呆板沉寂，写吧——抗战的、民族的、大众的！唱吧——抗战的、民族的、大众的！我们要在争取抗战胜利的这一大时代中，从全国各地展开伟大的抗战诗歌运动——而街头诗歌运动，我们认为就是使诗歌服务抗战，创造新大众诗歌的一条大道！"[③] 一时间，据说是几天之内，延安动员了三十几位诗人写诗，把延安的街头变成了艺术的园地：满街挂的都是墨笔写上诗行的旧报纸，墙壁上、山石上，到处都是诗人们尽情泼墨的印迹。这一景象，对延安的民众带来了强烈的视觉冲击和心灵震撼，许多人自觉不自觉地开始读诗、写诗，掀起了一股群众诗歌运动。

对于延安街头诗运动为何能够盛行，学者们当然也有自己的理性思考："（街头诗）一种最简捷最经济最便利的文艺形式。用它来教育群

---

① 《街头诗歌运动宣言》，《新中华报》1938年8月10日。
② 林山：《关于街头诗运动》，《新中华报》1938年8月15日。
③ 《街头诗歌运动宣言》，《新中华报》1938年8月10日。

众：一不用专请教员；二不用建筑教室；三不用设备桌凳；四不用印刷机件；五不用书籍讲义；六不用按时上课……只要一支笔，几张纸就可以干起来。"① 在经济落后、物资匮乏的陕甘宁边区，这样经济实用的文化形式，当然有着巨大的发展空间。

街头诗虽然仍不失诗的范畴，但它最突出的特征是写向街头，写向街头的普通民众。因此，诗人们走出"象牙塔"，走向街头，走向民众，应是这一运动的原始推动力。据《延安文艺运动纪盛》记载，1938 年 8 月 7 日，陕甘宁边区文协战歌社的柯仲平、林山等与西北战地服务团战地社的田间、邵子南等联合在《新中华报》发表《街头诗运动宣言》，把街头诗运动推上轰轰烈烈的群众性文化运动轨道，8 月 7 日这一天也被定为"街头诗运动日"，延安的街头诗运动就此开启其全新的发展历程。

一时间，延安的大街小巷墙头上，延安的城墙上，到处贴满了街头诗人们的大作，墙头与裸露的岩体得到了一定的装饰与美化，街头诗则找到了它们发挥威力的地方。只是，许多时候与许多地方，街头诗可能只是一个个简单的政治口号，其形式已经简化到了极致，这一点在弗拉基米洛夫的《延安日记》中也有所体现："在土房的墙上，城镇的废墟上，甚至在石崖上，都能看到反对国民党的标语。"很显然，街头诗运动的发展也得益于中共娴熟的墙头、街头宣传经验，这种惯性在《街头诗运动宣言》中也表达得很直白："该用标语口号的就用标语口号"，这也反证了街头诗运动十分深厚的政治宣传意味。不过，无论政治诗歌化还是诗歌政治化，街头诗都打到了群众与诗人结合的兴奋点，极大地调动了他们的积极性，在推动街头诗运动发展过程中，诞生了无数的街头诗受众与一批著名的街头诗人，如田间、高敏夫等。

在延安，田间写了大量的街头诗，其中最著名的是《假使我们不去打仗》：

假使我们不去打仗，
敌人用刺刀杀死了我们，
还要用手指着我们的骨头说：

---

① 沈用大：《中国新诗史（1918—1949）》，福建人民出版社 2006 年版。

"看，这是奴隶！"①

他写的另一首街头诗——《坚壁》，也在抗日根据地广为流传。

狗强盗，
你要问我么：
"枪、弹药，
埋在哪儿？"
来，我告诉你：
"枪、弹药，
统埋在我的心里。"②

高敏夫也是延安时期一位著名的街头诗人，雷加在关于街头诗的回忆中，记录了一个个高敏夫通过街头诗把广大群众鼓动起来的感人场景："那一次在孟门镇写诗时，有几个儿童为他撕去旁边的烂纸，他几乎感动得流下泪水。当他在台上第一次进行街头诗朗诵，引起轰动后，他向我告白了他亲身的感受：'只有我才感到它的力量，到底是什么，我还说不出来。你看，没有唱腔也可以在台上变成一个节目，它也不是道白，却是抒发斗志的即兴歌唱。'我们亲自看到了街头诗由墙报，由街头广场，走向舞台之后，它的生命力更旺盛了。有一次是露天集会，他灵机一动地借来布幔，又在树间挂了起来。布幔上的诗行，震动了会场，引来不少青年学生当场抄写，也就在这个露天会场上，青年学生走上台来同高敏夫一起朗诵街头诗篇了。"③

街头诗迅猛发展，把延安变成一座诗的海洋并不断向外传播，在晋察冀等地区流行开来，注定在中国现代历史上产生重大影响："它不仅为诗人的活动提供了一种切实可行的途径，同时也产生了大量优秀的作品、扩大了诗人的影响，更重要的推动了人民的抗战热情。除此之外，它在

---

① 雷加：《忆街头诗》，《人民文学》1984 年第 10 期。
② 田间：《街头诗札记》，《文艺研究》1980 年第 6 期。
③ 雷加：《忆街头诗》，《人民文学》1984 年第 10 期。

教育上也起到了重要作用。"① 在群众参与及教育群众的功能方面，街头诗功不可没，例如，"这一类的诗歌，不会写字的群众也会编作的，我们可以让他们念一句我们写一句，再把写好的诗歌，教给他们念，这是推动识字教育的好方法"②。

街头诗走出了诗人的书斋，走向田间地头，走向街头墙头，走向人民大众，人民争相诵读、参与编写，实现了诗的大众化。街头诗运动之所以能够迅速发起并发展起来，不仅它的生长土壤是人民群众的生产生活，而且它的创作主体是广大人民群众，人民群众自己起来歌颂党和政府，歌颂他们的新生活。不少文化人为群众而写，身到群众中去，诗从群众中来，把诗与群众结合起来，极大地丰富了边区及各根据地民众的文化生活的同时，也推动了诗歌自身的发展。

（三）来自群众，走向群众，新秧歌运动传递边区的文艺新方向

1943年春节期间，为庆祝废除美英对华不平等条约、庆祝苏联红军取得重大胜利、开展双拥运动及生产运动等，延安和各根据地、解放区开展了一系列文艺宣传活动，涌现出一大批形式新颖、内容鲜活的新文艺，极大地鼓舞了群众的斗争热情，收到了很好的宣传教育效果。《解放日报》发表社论称，这是对新的文艺运动发展成绩的一个检阅，"鲁艺的秧歌舞，因为形式便于直接接触群众，在延安市、延安县群众与干部中，在南泥湾、金盆湾的部队中，尤其受到了空前的欢喜赞叹，那里面的歌曲，至今还在人们的口边流传着"。社论认为，以秧歌舞为代表，延安新文艺运动展现出注重文艺与政治的密切结合、注重文艺工作者面向群众、注重在普及的基础上提高并在提高指导下进行普及的新方向。为了把文艺运动进一步扩大、深化，"需要我们的文艺工作者下更大的决心，深入到实际工作中和工农兵群众中去，去熟悉他们的生活、情感和语言，去帮助他们中间的艺术活动的普遍发展，并在这个基础上去进一步提高自己的创作质量。为着达到这样的目的，文艺界同志们的下乡工作，是有重大意义的。三月十日党中央文委为着下乡问题所召开的党的文艺工作

---

① 耿殿龙：《延安的街头诗运动》，《文史精华》2013年第4期。
② 同上。

者会议上,凯丰同志指出下乡的任务就是为着要解决文艺与实际结合、文艺与工农兵结合的问题"①。

继《解放日报》发表社论之后,中共中央宣传部指出:"内容反映人民感情意志,形式易演易懂的话剧与歌剧(这是熔戏剧、文学、音乐、跳舞甚至美术于一炉的艺术形式,包括各种新旧形式与地方形式),已经证明是今天动员与教育群众坚持抗战发展生产的有力武器,应该在各地方与部队中普遍发展。"② 在党的这种文艺方针政策鼓舞下,"鲁艺"等艺术团体的艺术工作者纷纷走出象牙塔,深入群众创作秧歌并扩大群众广场演出,与人民群众一起创作新秧歌、享受新秧歌,掀起了轰轰烈烈的新秧歌运动。

从源头上讲,秧歌来自群众的生产生活。基于此,艺术工作者改造秧歌、推出新秧歌,其创作灵感与艺术的源泉深藏在民间。走出校园、走出机关,深入群众的生产生活第一线,将群众火热的斗争场面生动地再现出来。于是,秧歌、秧歌剧运动发展的第一步便是艺术家们的下乡采风,向群众学习。文艺家们走出斗室走向广阔的田野工厂之后才发现,"在人生范围的经验里面,深于某一范围内的生活的人便是这一生活的专家。你要写农场生活,农人就是专家;你要写工场生活,工人就是专家。在这专家们之前,你所自夸的创造的想象力有时会贫弱到只象一把小裁纸刀和绣花针而已。……不要妄自尊大,应该向生活的专家们学习。有时还须得向小孩们学习。……把自己的浮根深深插进土里去,再从土里茁发出健康的苗条来"③。这是延安吹来的文艺新风,在文化人郭沫若心湖里吹起的一丝涟漪,想必与许多下乡的文艺工作者"心有戚戚焉"。

向人民群众的生产生活学习,走向人民群众演出,鲁艺的秧歌活动与成就,影响并带动了其他地区、单位及群众创作秧歌的热忱,推动了秧歌运动的发展。第一次秧歌表演,鲁艺的王大化、李波等编排了来自民间的"低级"的拥军花鼓,学着群众表演的样子,男演员"扮成了小丑,抹了个白鼻子,白嘴唇,白眼圈,头上还扎了许多小辫子"。周恩来副主席观看后指导说:"向民间艺术学习的道路是完全正确的,但是有些

---

① 《新文艺运动》,《解放日报》1943 年 4 月 25 日。
② 《关于执行党的文艺政策的决定》,《解放日报》1943 年 11 月 8 日。
③ 郭沫若:《向人民大众学习》,《文哨》1945 年第 1 卷第 1 期。

旧形式还需要改造，内容变了形式也要变一变。"[①] 后来，他们的秧歌队里就再也看不见那样的丑角了。第二次秧歌创作时，他们从《解放日报》看到一篇反映生产运动中涌现出来的劳动模范马丕恩父女的报道，在开荒中获得了丰收，受到启发便决定将此选作创作题材。他们把陕北青年农民生产中常见的喜开玩笑、积极生产的人物关系编入剧情，用一根顶门棍拴上两根背包绳做了担子，平时打水的旧水壶和旧篮子拿来就是道具，碗筷则是向厨房借的，锄头是自己用木头做的，陕北老乡喜欢系在腰里的红色羊毛围巾也是向老乡们借的。就这样，秧歌剧《王小二开荒》问世了。

演出时，他们过桥儿沟、跨延河，深入到群众生产生活的沟沟岔岔，即使在上万人的广场，也完全凭着自己的嗓子把歌声送入群众的耳朵。王大化和李波有一次在延安文化沟青年体育场演出秧歌剧《王小二开荒》，大冷的天气里，群众仍然把操场一面的大坡坐了个水泄不通，四周山坡上也是人山人海，现场的气氛简直要沸腾了。老乡们看完戏后都高兴地相互议论着一件新鲜事——他们开荒生产的事都成编成戏了。此后，群众见面聊天提到秧歌剧《王小二开荒》，都亲切地说是看了《兄妹开荒》感觉如何如何。于是，《兄妹开荒》便逐渐替代了这个剧原来的名称在群众中广为流传。

从群众生产生活中发掘出的艺术作品，带着鲜活的生活气息，群众熟悉其内容，群众也喜欢其形式，作品的生命力有时从群众对其的喜爱程度便可见一斑。据李波回忆，那时候为群众演出多在春天，正是西北的风沙狂暴肆虐时节，漫天的黄土飞起来时人的眼睛都没法睁开，化好的妆不过一个场次便变成了黄土包子；张嘴演唱时，大风过后满嘴沙尘，他们便咽下沙土继续唱，群众也在满场灰尘中忘我地观看演出，完全没有在意自己已经变成一个个灰头土脸的泥人。一场演出结束后，演员们动身到另一处去，总有成百的群众跟着他们走，演员走几处，他们也跟着看几场。他们带着干粮赶场观看演出，有的甚至变身为义务讲解员，向新来的观众介绍剧情、预报节目，仿佛自己就是秧歌队的一个成员。

鲁艺秧歌在群众中不断发展，由一个《兄妹开荒》发展到《夫妻识

---

① 李波：《黄土高坡闹秧歌》，《新文化史料》1985年第2期。

字》、《刘二起家》、《二流子变英雄》、《减租会》、《赵富贵自新》等一大批剧目，由单一场次的秧歌剧发展到《牛永贵负伤》、《周子山》等多场次剧目，由情节简单的剧目发展到情节复杂、角色众多的剧目，直至新歌剧《白毛女》诞生，鲁艺的秧歌运动，就是群众性文艺活动发展壮大的一个侧影。各地区各团体在鲁艺带动下也搞起秧歌来，掀起边区秧歌运动的高潮，流传和影响到国统区，展示了边区文艺走向群众、服务群众的新方向，也为边区群众性文艺活动开创出一片广阔、崭新的天地。

综上所述，边区文艺的成功实践证明，人民群众是推动历史前进的不竭动力，他们不仅创造了丰富的物质财富，而且创造了丰富的精神财富。边区的文艺实践也证明，群众路线不仅是中国共产党的根本政治路线和组织路线，也是推动文化事业大发展大繁荣的根本工作路线，边区文化建设之所以能够结出丰硕成果，党的群众路线功不可没。新时期，要把中国特色社会主义文化建设不断推向前进，仍需认真学习和借鉴延安时期边区用群众路线方法发展文化事业的宝贵经验，同时还要顺应时代潮流，结合新的实际，满足群众文化需求，调动群众文化创新的积极性、创造性。

（责任编辑：温金童）

陕甘边苏维埃政府成立大会旧址"荔原堡"名称辨误

杨　洋　张多勇[*]

(华东师范大学　上海　200241)

摘　要：刘志丹、习仲勋建立的红色政权——陕甘边区苏维埃政府，其驻地旧址在史料记载中有"梨园堡"、"荔原堡"、"荔园堡"等多种说法，文章作者通过实地调查，借助历史资料和出土文献考证，认为"荔原堡"是宋代以来的地名，对相关文献中有关陕甘边区苏维埃政府成立大会旧址地名进行了勘误。

关键词：荔原堡；陕甘边政府成立大会旧址；古城遗址

陕甘边革命根据地是土地革命时期刘志丹、习仲勋等老一辈革命家建立的红色革命根据地，后来与谢子长等建立的陕北根据地连成一片，称为西北革命根据地，为中国革命做出了重大贡献，成为土地革命时期"硕果仅存"的根据地。[①] 正如毛泽东指出："陕北是两点，一个是落脚点，一个是出发点。"[②] 随着党史研究者的深入研究，诸多著作及回忆录有较为详细的记载，再现了当时历史事实，但有一个基本问题的表述尚存在值得探讨的地方：1934年11月在今南梁乡政府所在地举行的陕甘边区苏维埃政府（以下简称"陕甘边政府"）成立大会，会议开了七天，包括三个大会，即在关帝庙内召开的陕甘边工农兵代表大会、在清音楼

---

[*] 杨洋（1988—），男，汉族，甘肃华池县人，华东师范大学在读博士研究生，现工作于中国铁建电气化局集团党委工作部，助理经济师。主要从事中共党史党建研究。张多勇（1966—），男，汉族，甘肃华池县人，历史学博士，陇东学院教授。主要从事历史地理学、历史文献学的教学和研究。

① 陕甘边根据地与中国革命研究课题组：《论陕甘边革命根据地"硕果仅存"的历史必然性》，《中共党史研究》2011年第10期，第297—298页。

② 毛泽东：《中国共产党第七次全国代表大会的工作方针》，载《毛泽东文集》，人民出版社1996年版，第297页。

召开的庆祝大会、在河西的马洼子举行的部队检阅大会。陕甘边政府设立的集市、造币厂和货币兑换点都在清音楼所在地荔原堡，列宁小学和红军干部学校也在这里，可以说荔原堡在当时是陕甘边根据地的政治、经济、文化、军事中心。

笔者曾对"南梁"地名做过考证，认为南梁政府是由四合台村寨子湾的南梁堡而得名。陕甘边政府是在荔原堡诞生的，边区的集市、造币厂、货币兑换点、列宁小学、红军干部学校都在荔原堡；陕甘边苏维埃政府成立以后，出于军事斗争的考虑，政府办公处、军事委员会和保卫大队均住在北距荔原堡 15 公里、较为隐蔽的南梁堡寨子湾，故称为"南梁政府"。新中国成立后，为纪念"南梁革命"，将高台子、白马庙、四合台等三村组建命名为南梁乡，乡政府驻地建在了荔原堡，所以"南梁"这一地名由寨子湾迁移至荔原堡。① 今南梁革命纪念馆也建在荔原堡，但对这个地名却有"梨园堡"、"荔原堡"、"荔园堡"等多种说法。

对如此重要的地址，我们还需要本着科学的态度，做一细致的考证，以便在以后书写相关历史时，避免将名称误写。

一 革命文献资料中关于此旧堡子的不同记录

（一）有关"梨园堡"的记录

由刘志丹、习仲勋等老一辈无产阶级革命家创建的陕甘边革命根据地，其指挥中心陕甘边政府在甘肃华池县境内，为纪念陕甘边政府及为革命牺牲的烈士，华池县修建了革命烈士陵园，地点在今华池县城，东距南梁 50 公里。园内纪念碑的碑文写道："解放前的华池，同全国各地一样，笼罩着法西斯白色恐怖的黑暗统治……1933 年到 1934 年，先后肃清了华池境内地主、恶霸的反动武装，打垮了封建势力，解放了梨园堡，正式建立了苏维埃——南梁政府。"此碑落款时间是 1965 年 7 月 1 日。从时间上来看，碑文中"梨园堡"是目前为止官方对陕甘边政府成立旧址名称使用最早的版本。2014 年 6 月 2 日，笔者在杨永仁先生（新中国

---

① 杨洋：《陕甘边"南梁政府"名称的由来》，《中共党史研究》2016 年第 1 期，第 117—118 页。

成立后华池县委办公室第一任主任）的家中对其进行采访，他介绍说：
"碑文的内容是经过当时县党政军领导班子多次会议集体讨论拟定的，几次会议我都参加了，并做了记录，字句都经反复推敲十分谨慎。至于为何用'梨'，可能是根据读音而来的，没有什么资料依据。"

《难忘的历程——习仲勋延安岁月回访》一书后记中，有《拜谒陕甘边》一目，作者忽培元回忆写道："重温这一段历史的时候，我正站在梨园堡陕甘边根据地纪念馆的展室里，望着习仲勋亲笔题写的'南梁革命纪念馆'陷入了沉思。1934年11月7日……在梨园堡河西的川台上举行了盛大的庆祝陕甘边区苏维埃政府成立大会，3000多名贫苦农民群众……""1934年11月4日至6日，正是南梁山中寒风吹起的季节。……但梨园堡中心的关帝庙里却是锣鼓喧天，标语铺地，一派热闹景象。这里破天荒地召开着一个会议。……""1934年10月，在梨园堡还开办了红军干部学校……"[1] 此表述中的"梨园堡"与华池烈士纪念碑文中的表述一致。

李振民、张守宪讲相关战斗情况时描述："骑兵团向西北方向行动，全歼新堡（北距南梁80公里）民团，后在梨园堡、阎家洼子歼敌两个连……"[2] 对陕甘边政府成立时这样描述："同年秋，在梨园堡正式成立了陕甘边区苏维埃政府及革命军事委员会……"[3] 此文也使用了"梨园堡"这一地名。

王永魁描述革命委员会成立后进行贸易问题时，讲道："为着便利交易，就在白马庙、梨园堡等地成立了集市……"[4] 中亦使用"梨园堡"的名称。

1935年，国民党军队三十五师马鸿宾部"奉命会剿陕甘边境赤匪"，在其师发回的作战报告中这样写道："本师……于1月15日在金积（今宁夏吴忠市金积镇）防次动员出发，区分战斗序列为步兵3支队、骑兵1支队，每步骑各支队均配属2营兵力……后因剿匪进展，收复匪区作战

---

[1] 忽培元：《难忘的历程——习仲勋延安岁月回访》，中共党史出版社2013年版，第453页。
[2] 李振民、张守宪：《刘志丹传略》，《西北大学学报》（哲学社会科学版）1980第3期，第84—85页。
[3] 王永魁：《〈陕甘宁边区简史〉中关于南梁革命根据地的记载》，《庆阳党史研究》2014年第1期，第45页。
[4] 同上。

各支队分驻各要隘,如梨园堡、阎家洼、二将川、老爷岭……处。"① 国民党军队在 1935 年也使用"梨园堡"这一名称。

(二) 有关"荔原堡"的记录

"新华网—甘肃频道"在介绍南梁政府等相关革命历史时这样写道:"1934 年 11 月 4 日至 6 日,在南梁荔原堡中心的关帝庙,召开了有刘志丹、习仲勋等领导人和 100 多名工农兵代表参加的重要会议。""11 月 7 日(农历十月一日),在荔原堡河西的川台上举行了盛大的庆祝陕甘边区苏维埃政府成立大会……"② "陕甘边区军政领导机关驻地旧址位于林镇乡四合台村寨子湾,西距南梁乡荔原堡 15 公里,西南距林镇乡政府 12.5 公里。""荔原堡戏楼遗址位于南梁乡政府驻地荔原堡东部台地。""转咀子列宁小学遗址位于南梁乡荔原堡村南 1.5 公里处转咀子。"③ 从描述的旧址位置可以看出,这里新华网给出的地名为"荔原堡"。

1987 年,西安雁塔区曲江乡西曲江池村砖厂新出土北宋郭遘墓志一合,志文中写道:"……独马氏之孤,使人来言曰:君巡检庆州日,荔原堡戍卒愤忾主吏,谋援羌人入堡已叛有期矣。……"④ 通读志文,从所描述的时间和地点来看,其中的庆州"荔原堡"指的就是今甘肃省庆阳市华池县南梁镇陕甘边政府成立大会旧址。

(三) 有关"荔园堡"的记录

贾巨川所著《习仲勋传》中,"转战陕甘边"一章写道:"十一月一日,陕甘边区工农兵代表大会在荔园堡大庙内正式举行","十一月七日……荔园堡洋溢着喜庆、欢快、热烈的节日气氛","清晨,陕甘边区苏维埃政府成立庆祝大会在荔园堡大场内隆重举行",⑤ 并附图"陕甘边区革命根据地活动中心——南梁荔园堡"。"转战"一章介绍"荔园堡"

---

① 刘凤阁、任愚公:《国民党军队卅师马鸿宾部 1935 年"围剿"陕北、陕甘边苏区的报告》,兰州大学出版社 1995 年版,第 1023 页。
② 新华网—中甘肃频道(http://www.gs.xinhuanet.com/dfpd/2005-11/10/content_ 5557179.htm.2005-11-10/2015-11-30)。
③ 同上。
④ 吕卓民:《〈北宋郭遘墓志〉与史料价值》,《文博》1990 年第 2 期,第 34 页。
⑤ 贾巨川:《习仲勋传》上卷,中央文献出版社 2008 年版,第 167—178 页。

· 224 ·

时这样描述："北宋时，这里是与西夏接壤的边境，常受到外敌袭扰，宋庆历元年至二年（1041—1042年）范仲淹任环庆路经略副使时，曾来此地修筑了荔园堡、大顺城与数座城寨……"① 另外，在本章中20次提到政府成立大会旧址时均使用"荔园堡"这一名称。

《论陕甘边革命根据地"硕果仅存"的历史必然性》一文从六个方面对陕甘边革命根据地的特点做出阐述，其中讲到相关地址时写道："在荔园堡、白马庙等地设立集市，与白区商人建立贸易关系……"② 课题组在旧址名称上同样用的是"荔园堡"这一地名。此文关于"荔园堡"地名的记载，对此后的影响较大。

周鹏在《西北最早的红色政权"南梁政府"》一文中，以时间顺序讲述南梁政府从雏形到建立的历史。文章中写道："随着南梁根据地的不断巩固与扩大，1934年11月，陕甘边在南梁荔园堡召开第一次工农兵代表大会……"③ 文中使用"荔园堡"地名。

《刘志丹纪念文集》中有七言绝句一首，是刘志丹在南梁政府成立大会上所作："陕北儿女有豪气，赤手空拳争权利。今日武器扛肩上，列队阵阵成铜墙。"文集编者将此诗的题目拟为《荔园堡阅兵》，使用了"荔园堡"这一地名。

《中国共产党庆阳历史》第1卷，在描述陕甘边政府成立时写道："经过两个多月的筹备，陕甘边工农兵代表大会于1934年11月1日在南梁荔园堡召开，到会的工农兵代表100多人。""11月7日，陕甘边区苏维埃政府成立大会在荔园堡隆重召开……"使用了"荔园堡"这一地名。

据张策同志的回忆："敌人找不到我们的主力红军又没什么便宜可捞，就在荔园堡凶残地杀害了帮助我们开展革命工作的几位老人，即白天章同志的父亲和我们的经济委员长武生荣同志……"④ 回忆录中使用了"荔园堡"这一地名。

阎晓辉介绍："荔园堡战斗遗址位于华池县南梁乡荔园堡村荔园堡自然村南梁纪念馆东侧的堡城山上……根据史料记载，此城为宋治平三年

---

① 贾巨川：《习仲勋传》上卷，中央文献出版社2008年版，第167—178页。
② 陕甘边根据地与中国革命研究课题组：《论陕甘边革命根据地"硕果仅存"的历史必然性》，《中共党史研究》2011年第10期，第297—298页。
③ 周鹏：《西北最早的红色政权"南梁政府"》，《党史文苑》2009年第11期，第56页。
④ 张策：《红二十六军与陕甘边苏区》下，兰州大学出版社1995年版，第917页。

（1066年）九月知庆州蔡挺修筑，原名马练平。宋英宗赐名荔园堡一直沿用至今，金亦置堡，元废。……原城址仅存残垣，1986年县政府在城址下部台地上修建了南梁革命纪念馆。"① 阎晓辉也用了"荔园堡"这一地名。

二 历史资料考证

（一）传世文献的记录

《宋史·夏国传》记载："八月，夏人遂大举入环庆，攻大顺城、柔远砦、荔原堡、淮安镇……兵多者号二十万……九日乃退。"② 据《续资治通鉴长编》记载，宋哲宗元祐七年（1092年）六月，知庆州章楶在给朝廷奏请"修复大顺城废安疆寨"的奏折中说道："虽是已给赐城寨，缘城形最为利便，我得之，则柔远寨、大顺城、荔原堡一带边面尽在腹里……"③《金史·地理志》"庆阳府"中记载："寨三：安疆、华池、柔远。堡一：荔原。"泾原路"边将"中记载："第二将营在荔原堡西、白豹城南七十五里。次西第四将营，户一千二百三十二。"④《宋史》记载："夏人筑垒于其境，不犯汉地。复圭贪边功，遣大将李信率兵三千，授以阵（陈）图，使自荔原堡夜出袭击，败还，复圭斩信自解。"⑤《元丰九域志》卷3《陕西路》："望，合水，州东南四十五里，七乡，金柜……华池一寨，荔原一堡，有子午山。"⑥ 以上记载的"环庆"、"泾原"指的就是今甘肃环县、庆城县、华池县、镇原县、合水县等地，大顺城、柔远寨、淮安镇均在今华池境内，白豹城在陕西吴起县境内，南距荔原堡40公里。

《宋史》以及宋代的文献《元丰九域志》、《续资治通鉴长编》均记录为"荔原堡"。

---

① 阎晓辉：《红色印记——庆阳革命遗址遗迹》，甘肃人民出版社2012年版，第50页。
② （元）脱脱等：《宋史》卷486《夏国传下》，中华书局1977年版，第14008页。
③ （宋）李焘：《续资治通鉴长编》卷474"哲宗元祐七年"条，中华书局1995年版，第11310页。
④ （元）脱脱等：《金史》卷26《地理志》下，中华书局1975年版，第650—652页。
⑤ （元）脱脱等：《宋史》卷291，《李复圭传》，中华书局1977年版，第9743页。
⑥ （宋）王存：《元丰九域志》，中华书局1988年版，第115页。

（二）出土文献的记录

西安出土的宋代人郭遘墓志，"……独马氏之孤，使人来言曰：君巡检庆州日，荔原堡戍卒愤忮主吏，谋援羌人入堡已叛有期矣。……"吕卓民《〈北宋郭遘墓志〉与史料价值》一文对志文进行了重录。该文对郭遘及相关人物、地点描述有："会朝廷取灵武，以君护环庆经略私辎重……""观郭遘的一生，其大部分时间活动在北宋西北边防……""宋神宗熙宁四年（1071年）初，宋军欲规复横山……"[①]

从历史资料看，能够推断出历史文献和出土碑文所述的"荔原堡"均为华池境内的荔原堡，即陕甘边政府成立大会旧址。无论是传世文献，还是出土文献，这个堡子在宋代就叫作"荔原堡"。

（三）荔原堡古城遗址

张多勇撰写的《宋代大顺城址与大顺城防御系统》一文，对"荔原堡"做了考证："英宗治平三年（1066年）……蔡挺'筑城马练平为荔原堡，分属羌三千人守之'"，"荔原堡古城位于南梁乡政府所在地，古城依山而建，属于典型的宋代城址……""自宋英宗治平三年（1066年）蔡挺在马练平筑城为荔原堡，荔原堡最高军事首领为'都巡抚'……"早在"秦汉时期荔原堡一带就是重要的军事通道，是扼控北方的交通要道，位于荔原堡（今南梁乡政府）西北10公里的白马庙遗址，是秦汉的直路县遗址，是秦直道脚下的重要兵站。……汉代直路县是重要的军事重镇"。"今南梁纪念馆建于南梁荔原堡古城内。"[②] 该文运用历史文献考证和实地探勘相结合的办法，认定此堡子为北宋时期"荔原堡"古城。

宋王称《东都事略》卷82《蔡挺列传》称：蔡挺"除直龙图阁、知庆州（治平）三年（1066年）谅祚寇大顺城，裹银甲、毡防以督战，挺先选强弩八百，列于壕外，注矢下射，重甲洞贯，谅祚遁去，挺按视马练平，左通鄜延，右固华池，地形便可城，即遣将护筑城成，分属羌三

---

① 吕卓民：《〈北宋郭遘墓志〉与史料价值》，《文博》1990年第2期，第34页。
② 张多勇：《宋代大顺城址与大顺城防御系统》，《西夏学》2011年第7期，第46—56期。

千守之，赐名'荔原堡'，神宗即位，除天章阁待制，徙渭州"[①]。明确记载，荔原堡是蔡挺遣将在马练平基础上修筑堡寨，并因指挥大顺城战役和修筑荔原堡而升职，修筑时间在治平三年（1066年）。其战略地位是"左通鄜延（即今延安），右固华池（宋华池寨遗址在今东华池，抗大七分校遗址在古城内）"（图1）。

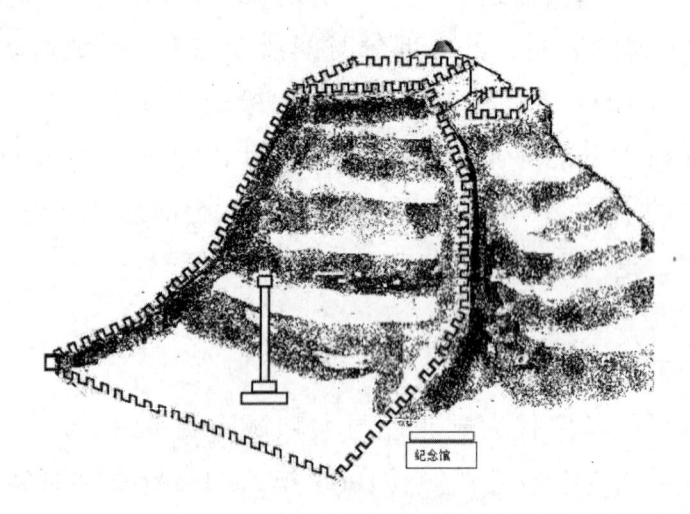

图1 宋代荔原堡（今华池县南梁）

"荔原堡"一名是宋英宗皇帝赐名，华池县地处黄土高原沟壑区，一定不会有荔枝生长，为什么叫"荔原堡"，或许与当时远在东京（今开封）宋英宗的心情有关，或许与当时筑城奏报的北宋著名诗人、庆州知州蔡挺的喜好有关。也由于当地不会有荔枝生长，所以有人将其地名改为"梨园堡"。

荔原堡古城地处南梁川东岸，依东山而建，一部分城墙沿山体而上，占据山顶的制高点，是一险要的军事防御堡垒。在河谷阶地上的城墙残存南北450米，东西300米，西南、西北二角墩高出墙体3米，南北城墙因山势徐徐上升，在山上部分长450米，基宽22米，墙高12—15米，今存顶宽5—8米，南北墙有8个马面，今天依旧清楚可见，犹如巨大墩台。在东山上城墙所包山顶平台，呈三角状，山顶另筑80米×100米子

[①]（宋）王称：《东都事略》卷82《蔡挺列传》，《景印文渊阁四库全书》382卷，台北商务印书馆1972年版，第529页。

城，东墙外护城河清晰，深15米，宽20米，城壕外侧有一重墙体，为第二道防线，墙高12米，长130米，距城墙500米外，有一烽燧高15米，底周30米。山顶南部城外另有耳城一座，因地势而建，北墙长80米，东墙长220米，西墙长250米，南墙长40米，墙体较主城低而不规则，可能为敌方攻城而筑的临时防御工事。山顶海拔1440米，地理坐标：东经36°23′47.3″，北纬108°20′33.7″。今天仍可见墙体高大，墙厚坚固，反映出宋代荔原堡地理位置的重要，宋夏争夺的激烈，是宋代沿边重要军事堡寨。城内文化层中含有大量的布纹瓦片、宋代建筑残件，山顶有大量的红砂岩石块堆积，当为修筑防御工事或做礌石使用的残留。

"荔原堡"在北宋时期与大顺城、柔远寨组成大顺城防御系统，大顺城防御系统并与怀安防御系统、环州防御系统共同构筑了环庆路防御体系。"荔原堡"是宋夏战争时期最主要的边防工事。神宗熙宁三年（1070年）八月，西夏"倾国入寇，攻围大顺城、柔远寨、荔原堡、淮安镇、东谷寨、西谷寨、业乐镇，兵多者号三十万"[1]。对荔原堡一带战略地位的揭示，使我们进一步看到刘志丹、习仲勋当年选择这一历史古城作为陕甘边区苏维埃政府建立地的战略眼光。《习仲勋传》、《红色印记——庆阳革命遗址遗迹》与上文都这样写道："宋庆历元年至二年（1041—1042年）范仲淹任环庆路经略副使时，曾来此地修筑了荔园堡……"描述中的时间、人物及事实都一致，但《习仲勋传》、《红色印记——庆阳革命遗址遗迹》两书都将"荔原堡"写成了"荔园堡"，显然是这两本书将"原"字误写。

综上所述，新中国成立前，南梁地区老百姓文化程度很低，地方口音很重，将几个读音分不清楚，没有明确的上级管辖因而导致没有书面文字记载。"读不准、不会写、无记载"，书写历史的同志只好根据意会回忆记录，意会的差异就形成了不同的文字表述——"梨园堡"、"荔原堡"、"荔园堡"、"李园堡"。根据传世文献《宋史·夏国传》、《续资治通鉴长编》、《金史·地理志》、《元丰九域志》，出土文献《郭傅墓志》，结合地理历史学专家的考证，笔者认为，陕甘边政府成立大会的旧址是北宋时期（1066年）蔡挺在马练平所筑之城，准确书写应为"荔原堡"。

---

[1]（宋）李焘：《续资治通鉴长编》卷214"神宗熙宁三年八月"条，中华书局1986年版，第5195页。

三 实地调查

陕甘边政府成立大会的堡子就在南梁乡,笔者 2014 年 6 月前往当地采访,希望得到关于堡子名称的准确写法,发现华池当地人讲话地方口音很重,"梨"(阳平)、"荔"(去声)、"李"(上声)声调不分。李培福同志回忆道:"1934 年九月十八日(阴历)又在华池白马区之李园堡召开了边区苏维埃代表大会,成立了历史上有名的陕甘边区苏维埃政府……"① 李老是华池县当地人,在这里使用了"李园堡"。除此之外,还有一些字读音不分。例如,郝(音:hǎo 上声)与贺(音:hè 去声)不分,都读作:贺(音:huò 去声);坬(音:guà 去声)与洼(音:wà 去声)不分,都读作洼(音:wà 去声)。笔者在南梁乡考察时,发现一件很有趣的事,闫坬子村里的一座四孔窑洞院前,立有宽 80 厘米,高 150 厘米一水泥筑碑,碑上刻"闫窪子會議舊址",落款是"华池县人民政府一九八六年十月"。就此笔者在该村采访时遇到了几位年轻人,他们肯定地说:"我们'闫坬子村'的'坬'就是提土旁一个瓜,这里的人世世代代都读作'洼'(窪)。"因此,从当地村民的发音上很难区分"梨"、"荔"等音的不同。

当时华池当地人的文化程度很低,没人知道堡子名称怎么写。慕彩霞写道:"陕甘边区的文教事业,在南梁苏维埃政府创建前近于空白。例如华池县境内,当时四五百人中找不到一个识字的;环县全县受到中等教育的也不过只有一两个人。"② 于是地址名称在口耳相传中只是记住了怎么发音,并不知道怎么书写。

笔者在华池县南梁乡乡政府办公室采访了现任乡长李伟,据他介绍:"南梁乡属于两省四县交界处,现在全乡也才 5400 多人,那个时候南梁人烟更稀少,历史上行政管辖也不明确,属于谁都不管的地带。"因此,关于此堡子的名称如何书写档案中无明确记录。

2014 年 6 月 5 日,笔者在华池红色旅游管理局采访了南梁革命纪念

---

① 李培福:《访问革命故乡》,《甘肃日报》1951 年 10 月 28 日第 2 版。
② 慕彩霞:《浅议陕甘边革命根据地文教事业的历史地位》,《庆阳党史研究》2011 年第 7 期,第 78 页。

馆馆长刘玉郝。刘玉郝就出生在荔原堡闫圪子村，其家庭住址在距"闫圪子会议"旧址仅50米的地方。高中毕业后在荔原堡大队闫圪子生产队担任过10年生产队长，1988年到乡政府工作，2001年调往纪念馆任馆长至今，对陕甘边政府历史较为熟悉。2013年刘玉郝应邀参加了中央召开的"习仲勋同志诞辰100周年"座谈会。南梁革命纪念馆就建在召开陕甘边政府成立大会的这个城堡里，堡子的城门也是纪念馆的大门，古式城门楼门洞上方就横铸"荔园堡"三个大字。刘馆长说："一个地名的来历都会有一个原因或一个故事，如赵家沟门，这条沟里一定住的是赵户人家，有的人也把它叫'赵沟门'或'赵沟门子'，但是离不开个'赵'字。豹子川之所以被这样叫，是因为这条川内有豹子出没，还伤过人。还有部分地名为历史上大人物赐名。这里地处中国西北，气候寒冷干旱，根本不产什么荔枝，名称叫个'荔园'有时被参观的人问得很尴尬，我在想哪怕是犁地的'犁'，也能解释，那就是在犁地的园子上建的堡子，到底是哪个字，确实需要认真考证。"看来考察清楚荔原堡的名称，恢复"荔原堡"旧名十分必要。

（责任编辑：张多勇）

【丝绸之路研究】

汉代丝绸之路上的安定道*

马智全**

(甘肃简牍博物馆　兰州　730000)

摘　要：汉代丝绸之路从长安出发沿泾水而上经过安定郡到达河西的驿道，居延里程简记载了具体的驿置和里程。安定郡境内的驿道名称，以往学者命名为"高平道"，从肩水金关汉简记载来看应该称为"安定道"。汉简记载了宣帝时玺书通过安定道骑置驰行送达居延的情况，安定太守府与居延都尉府邮书相互往来，安定郡弛刑士到居延地区从事屯戍，反映出安定郡与河西地区的密切联系。悬泉汉简记载安定郡亭长到敦煌执行公务，安定郡交付敦煌郡马匹，敦煌郡派遣人员到安定郡买药，也说明安定郡与敦煌地区的往来关系。安定道作为连接关中与河西的重要通道在汉代丝绸之路交通上发挥着重要作用。

关键词：安定道；河西；汉简；丝绸之路

汉代是丝绸之路开创时期，汉武帝时张骞通西域，设置河西四郡，宣帝时设都护领西域，使者商客东来西往不绝于途，开创了中西文明交流的新时代。在丝绸之路具体路段的研究上，从长安出发沿泾水而上经过安定郡到达河西的一段道路，地理位置重要，引起了史地研究者的关注，学术成果丰硕。近年来肩水金关汉简新资料陆续刊布，又出现了一些与安定郡相关的重要材料，其中有一枚汉简还记载了"安定道"的专

---
* 基金项目：本文为国家哲学社会科学重大项目"悬泉汉简整理与研究"（13&ZD086）的阶段性成果。
** 马智全（1972—），男，历史学博士，甘肃简牍博物馆副研究员。主要从事秦汉史、简牍学研究。

门称谓，对于汉代丝绸之路研究很有意义，值得探讨关注。

汉代安定郡始置于武帝元鼎三年（前114年），依据《汉书·地理志》，下辖21县，为高平、复累、安俾、抚夷、朝那、泾阳、临泾、卤、乌氏、阴密、安定、参䜌、三水、阴槃、安武、祖厉、爰得、眴卷、彭阳、鹑阴、月氏道。安定郡的地理形势，清人顾祖禹《读史方舆纪要》说："郡外阻河朔，内当陇口，襟带秦、凉，拥卫畿辅，关中安定，系于此也。"① 可见安定郡在连通关中与河西方面的重要作用。

安定郡作为汉代丝绸之路要道，地理位置十分重要。1972年在居延甲渠侯官遗址出土的一枚汉简，记载了从长安出发经安定郡进入河西的驿置里程，为学术界广泛关注。

简1：长安至茂陵七十里　　　　月氏至乌氏五十里
　　　茂陵至茯置卅五里　　　　乌氏至泾阳五十里
　　　茯置至好止七十五里　　　泾阳至平林置六十里
　　　好止至义置七十五里　　　平林置至高平八十里
　　　　　　　　　　　　　　　（以上为第一、二栏）

　　　媪围至居延置九十里　　　删丹至日勒八十七里
　　　居延置至觻里九十里　　　日勒至钧耆置五十里
　　　觻里置至揟次九十里　　　钧耆置至屋兰五十里
　　　揟次至小张掖六十里　　　屋兰至氐池五十里
　　　　　　　　　　　　　　　（以上为第三、四栏）
　　　　　　　　　　　　　　　　　E·P·T59：582

这枚汉简学界一向称为"居延里程简"，简牍或有残断，或与其他简编联成册，因此四栏内容并不连贯。其中第二栏记载了月氏乌氏泾阳平林置高平的驿置里程，反映了安定郡驿置设置情况，是十分重要的地理交通文献。

这枚汉简记载了安定郡五个重要的驿置机构。月氏，《汉书·地理

---

① （清）顾祖禹：《读史方舆纪要》，中华书局2003年版，第2775页。

志》载有县名月支道，周振鹤先生《汉书地理志汇释》认为治所当在今宁夏固原市南与隆德县、西吉县交界处一带。① 乌氏，汉县名，《汉书·地理志》："乌水出西，北入河。都卢山在西。"周说治今宁夏固原市东南。② 泾阳，《汉书·地理志》："开头山在西，《禹贡》泾水所出，东南至阳陵入渭，过郡三，行千六十里，雍州川。"周说治今平凉市西北。③ 平林置，不详。高平，县名，安定郡治所所在，周说治今宁夏固原县。④ 周先生的观点特别是月氏与乌氏的位置难以与居延里程简契合。张多勇结合居延里程简并通过实地考察后认为汉代泾阳在今平凉西北40里安国镇油坊庄，乌氏在今平凉市东十里铺地域，月氏道在平凉市崆峒区白水乡一带。⑤ 张德芳认为："高平是汉代安定郡首县，遗址在今固原市原州区。泾阳古城在今平凉市西北安国乡油坊庄村北，大体位置在东经106°30′41.17″，北纬35°39′15.66″左右。里程简所记从泾阳到高平140汉里，合58千米左右。中间有一个平林置，当是泾阳和高平之间的一个驿置，位置在中间偏南。泾阳县以南的两个地名乌氏和月氏。分别相隔20千米，因此按里程简的记载，乌氏的位置当在今崆峒区，月氏的位置当在今崆峒区以东四十里铺。"⑥尽管上述驿置个别地望还有不同认识，但居延里程简清晰勾勒出了安定郡驿置设置的具体路线，具有重要的认识价值。

关于安定郡的驿置道路，曾有学者命名为"高平道"，高平为安定郡郡治所在，是丝绸之路途经安定郡的要地，如此命名亦有一定道理。考察"高平道"命名的原因，其实也与汉简文献有关。1990年，初师宾指出："这段道路汉时称'高平道'，见甘肃金塔汉肩水金关遗址所出宣帝时期'驿书敕'木简，简中称皇帝'玺书'经高平道传至张掖居延。"⑦后2005年初先生在《汉简长安至河西的驿道》中做了更具体的说明："1973年发掘甘肃金塔县汉肩水金关遗址，获一枚'邮书简'木简，即过往邮书的扼要记录，有宣帝地节纪年，文曰：'皇帝玺书一封，驰诣居

---

① 周振鹤：《汉书地理志汇释》，安徽教育出版社2006年版，第370页。
② 同上书，第369页。
③ 同上书，第368页。
④ 同上书，第367页。
⑤ 张多勇：《从居延E·P·T59：582汉简看汉代泾阳县、乌氏县、月氏道城址》，《敦煌研究》2008年第2期。
⑥ 张德芳：《西北汉简中的丝绸之路》，《中原文化研究》2014年第5期。
⑦ 初师宾：《甘肃靖远新出东罗马鎏金银盘略考》，《文物》1990年第5期。

延千人，从高平道。'此例可证，汉时重要公务为了快捷，往往会选择限定传送路线。在居延收到从京师经高平道传来的文书，其传送路线，先经高平传武威郡接河西道，再从觻得向北方居延继续传送。很明显，从长安到河西是有多条驿道的。否则无须赘言从何道而行。所以，例二簿（即简1）的前半段道路，可称为'高平道'无疑。"① 可见初先生依据肩水金关汉简而将这段道路命名为高平道，他还据此将上述居延里程简命名为"高平道驿置道里簿"，近年来被一些学者所接受。②

初师宾据肩水金关汉简而将安定郡的这段驿道称为高平道，只可惜没有提供该简简号。近几年来，甘肃简牍博物馆等单位对肩水金关汉简逐卷整理出版，截至2015年，五卷本《肩水金关汉简》已整理出版完毕。③ 经笔者检阅，发现初先生所说的这枚"邮书简"很可能是下面一简。

简2：皇帝玺书一封赐使伏虏居延骑千人光
制曰骑置驰行传诣张掖居延使伏虏骑千人光所在毋留　二千石坐之
・从安定道　元康元年四月丙午日入时界亭驿小史安以来望□行

3EJT21：1④

这枚汉简的总体内容与初先生所述是相同的，确为宣帝时驰诣居延千人的玺书，但是也还有一些明显的区别，如简文记载的时间是宣帝元康元年（前65年），而不是地节年间，简文记载文书运行路线并不是"高平道"，而是"从安定道"。笔者推测可能是因为早年肩水金关汉简

---

① 初师宾：《汉简长安至河西的驿道》，载《简帛研究二〇〇五》，广西师范大学出版社2005年版，第92页。
② 周银霞、李永平：《"秦胡"的迁徙、流变与秦的民族政策——以六盘山区域考古材料为依据的考察》，《西北财经学院学报》2014年第5期。
③ 甘肃简牍保护研究中心等：《肩水金关汉简（壹）》，中西书局2011年版；甘肃简牍保护研究中心等：《肩水金关汉简（贰）》，中西书局2012年版；甘肃简牍博物馆等：《肩水金关汉简（叁）》，中西书局2013年版；甘肃简牍博物馆等：《肩水金关汉简（肆）》，中西书局2015年版；甘肃简牍博物馆等：《肩水金关汉简（伍）》，中西书局2016年版。
④ 甘肃简牍保护研究中心等：《肩水金关汉简（贰）》，中西书局2012年版，第22页。下相似简号者为肩水金关汉简。

还没有整理出版，初先生只是概述简文内容，因而有所不同。无论如何，这枚肩水金关汉简明确记载了"安定道"，具有重要意义。

正如初先生所言，这枚邮书简有意记载了宣帝时玺书传递的路线，可能是因为从长安到河西有多条驿道。文书传递特别说明"从安定道"，有多方面的原因。首先，简文性质是玺书，玺书作为皇室文书，在文书传递上有严格的要求，驿道的选择必然考虑畅通、便捷、安全的因素。其次，简文记载了玺书的传递方式，为"制曰骑置驰行"，即运用骑置驰行的方式通过传置进行传递，反映出文书的紧急。再次，简文记载了文书传递过程中的法律责任，所谓"毋留 二千石坐之"，即文书不要苛留，如果有留迟现象，两千石官员要承担责任，反映出文书传递的重要性。简文最后记载文书传递的具体时间及传递人员，是邮书简的常见程式，以便事后考核检查。

因此，结合肩水金关汉简中的这枚邮书简，笔者认为居延里程简记载的途经安定郡的驿道，应该依据简文命名为"安定道"，这比"高平道"的命名更为合适。安定作为郡名，要比高平这一县名更为邮书传递者熟知。"安定道"反映出安定郡内驿道布局情况，也要比"高平道"仅以县名具有更好的概括性。

结合以上两简考察，我们也会对汉代丝绸之路上的安定道有更进一步的认识。居延里程简记载了丝绸之路从长安出发沿泾河西北而行至安定郡，再经过安定道进入武威郡而到达河西地区，是一条便捷安全的通道。简文记载了安定郡明确的驿置路线和具体驿置里程，说明安定道是官方经常行走的重要通道。汉宣帝元康元年（前65年）的玺书传递记录，进一步说明安定道邮书传递可以骑置驰行。发往河西地区的皇室文书需要通过安定道传递，说明安定道是当时丝绸之路东端连通长安与河西最重要的官方通道。

安定道的重要性，还可以通过悬泉汉简中的一枚里程简得到确认。

简3：张掖千二百七十五一　　冥安二百一七，
　　武威千七百二　安定高平三千一百五十一里……

V1611③：39A

金城允吾二千八百八十里东南　　东南去刺史□三□
天水平襄二千八百卅东南　　　　一八十里

长安四千八十

Ⅴ1611③：39B[①]

这枚汉简出自敦煌悬泉置遗址，简文内容也是对河西到长安道里程远近的记载。《敦煌悬泉汉简释粹》注解说："此简以悬泉置为中心，记录了与之相关的八个地点的里程。"简文正面记载了张掖、冥安、武威、安定高平四个地点，仅说明具体里程，并没有说明方向。简文背面记载了金城允吾、刺史、天水平襄、长安四个地点，但是对金城允吾、刺史、天水平襄都说明了东南的方位。对比简文正、背面的记载，就会发现简文正背两面虽然都记载了河西通往长安的里程，但具体路线却不一样。简文正面记载的是从敦煌经张掖、武威、安定高平而去长安的路程，也就是居延里程简记载的安定道。简文背面记载的是经金城允吾、天水平襄去长安的路程，是南面的一条通道，二者区别明显。其次，简文对两条路线的记载方式也不一样，对于安定道的记载，只说明具体里程，没有标注方向，说明这条道路为时人熟知，也就是所谓的官道。而南面的道路，简文于金城允吾、天水平襄都记载了具体方向东南，特别说明强调，暗示了这条道路与为人熟知的官道不同，似乎是新开辟的道路。

肩水金关汉简的主体内容是大量符传文书，其中有相关人员过往安定郡的记载。

简4：宜里男子王少陈巨皆自言欲为家私使安定武威张掖
酒泉郡界中谨案少巨皆毋官狱徵事当为传谒移过所县何

73EJF3：337

这是一封传书，说明宜里男子王少、陈巨因家庭私事而西行至河西的情况。由于简牍残缺，因此不详传书是由何郡县发出。简文记载王少、陈巨欲为家私使安定、武威、张掖、酒泉郡界中，勾勒出清晰的行走路

[①] 胡平生、张德芳：《敦煌悬泉汉简释粹》，上海古籍出版社2001年版，第59页。

线，即经过安定郡进入河西地区的武威、张掖、酒泉。这条线路正是经安定道而到达河西，是安定道人员往来的见证。

安定郡与河西地区的事务联系，肩水金关汉简中的邮书简也有生动反映。

  简5： 二张掖守部司马行大守事诣居延都尉七月丁未起 七月
     一安定大守章诣居延都尉六月己丑起□□

73EJT37：908

  简6：□大守府一诣安定大守府□
    守府

73EJC：623

以上两枚汉简反映了安定郡与居延地区邮书相互往来的情况。简5记载的是送往居延都尉府的邮书，所谓北书，其中有"一安定大（太）守章诣居延都尉"的记载，这是安定郡发往居延都尉府的邮书。简6记载的是居延地区发往南向的邮书，所谓南书，其中有"一诣安定大（太）守府"的记载，是居延地区发往安定郡的邮书。这两件文书一南一北，相映成趣，既说明了安定郡与居延地区密切的事务联系，也反映出安定道上邮书交互往来的情况。

安定郡与河西地区的人员往来，肩水金关汉简也有具体记载。

  简7：安定郡施刑士鹑阴大富里陈通年卅五黑色长七尺

73EJT8：35

  简8：安定郡施刑士安武宜民里庄子都年卅七黑色长七尺一寸

72EJC：5

  简9：安定郡安武宜阳里司马明年卅七黑色长七尺二寸 」出入

72EJC：19

  简10：安定郡施刑士临泾留

72EJC：36

  简11：安定郡施刑士周工阿里

72EJC：43

简12：安定郡施刑士乌氏始安里王发年□

72EJC：68

以上数简，均出自肩水金关遗址，记载了安定郡施刑士出入肩水金关的情况。施刑，传世文献作弛刑。《汉书·赵充国传》："发三辅、太常徒弛刑。"颜师古注："弛刑，谓不加钳釱者也。弛之言解也。"这些安定郡的弛刑士到达肩水金关，自然是从事居延地区屯戍劳作，也从一个侧面反映出安定道上人员往来的情况。

简13：出米六升　传　九月甲子以食安定襄陵亭长杜宣从者一人凡二人人一食东

ⅡT0214③：193①

简14：置日天水安定郡给敦煌骑马六百一十四匹百八十匹为一辈

ⅡT0216③：123②

简15：黄龙元年三月癸卯朔壬戌敦煌大守千秋长史奉憙谓过所河津关

肥市药安定郡中乘用马二匹当舍传舍从者如律令十月辛丑

ⅡT0115③：346A③

以上三简出自敦煌悬泉置遗址，反映的是安定郡与敦煌郡人员马匹往来的情况。简13是敦煌悬泉置的传食记录，记载悬泉置接待安定襄陵亭长的情况。安定襄陵亭长与从者经过悬泉置向东而去，是从敦煌返回安定的行程。悬泉置要为该亭长及从者提供饮食，可见是因为公务出行。简14记载天水、安定二郡供给敦煌马匹的情况，二郡供给敦煌骑马614匹，供给方式是以180匹为一辈，说明安定郡曾为敦煌郡提供马匹。简15是敦煌郡发出的一封传书，记载敦煌郡派遣人员到安定郡购买药物的

---

① 张俊民：《敦煌悬泉置出土文书研究》，甘肃教育出版社2015年版，第129页。
② 同上书，第310页。
③ 张俊民：《简牍学论稿——聚沙篇》，甘肃教育出版社2014年版，第334页。

情况，购买药物除了考虑药材因素，交通路线便捷也应是重要原因。以上三简记载了安定郡人员、马匹到敦煌以及敦煌人员到安定郡购买药物，都从不同侧面反映出安定道在丝绸之路交通方面的重要作用。

  总之，从汉简记载来看，汉代安定郡作为从关中通往河西的重要通道，在丝绸之路开创时期具有重要的地位。汉宣帝时元康元年（前65年）玺书传递简，明确记载了"安定道"这一名称，居延里程简记载了安定道具体的驿置设置和相关里程，悬泉汉简也记载了河西到安定高平的里程，反映出安定道是官方文书传递的重要通道。肩水金关汉简记载了安定太守与居延都尉府邮书往来的情况，安定郡施刑士途经金关到达居延从事屯戍，悬泉汉简记载了安定郡亭长到达敦煌从事公务、安定郡为敦煌提供马匹、敦煌派人到安定郡买药，都从不同侧面反映出安定道在丝绸之路交通方面的重要作用。

（责任编辑：张多勇）

丝绸之路如何经过陇东地区？

——张多勇丝绸之路陇山以东走向研究评介

刘正平[*]

(西峰区教体局　甘肃庆阳　745000)

　　一般认为，"丝绸之路"是以长安（今西安）为起点，经河西走廊，进入新疆，到中亚、西亚，并联结地中海各国的陆上通道。然而，从长安出发以后，如何到河西走廊，向西途经陇山路段，在哪里越过陇山、在哪里渡过黄河、在陇山以东走向如何等，往往被忽视。关于丝绸之路陇山以东走向研究，集中在张多勇的研究。张先生是我中学时代的老师，亦是我思想启蒙的恩师，我曾经随同先生学习辨认地层、测量面积、绘制地图、采集标本、照相取证。20多年来，我们亦师亦友。先生接受正规的历史地理学专业训练，现已是知名的历史地理学专家。先生十多年来一直身体力行，坚持野外工作，或步行、或驱车，无论寒暑，在陕甘宁蒙毗邻地区考察了30多个县（区），跋山涉水、深入沙漠、钻进山林，走过千万条山川沟壑，对陕甘宁蒙毗邻地区现存的古城遗址、古道遗迹、烽燧遗址、石窟寺等逐一踏勘，实地考察了300多个古城遗址，还深入各地博物馆，梳理本地区已出土的文物，充分利用各市、县（区）文物普查的成果进行系统研究，力求做到具有实证性。通过文献研究、野外踏勘、文物证据，他确定了陇山以东的八条丝绸之路干道的走向。本文旨在通过总结综述，推荐这一丝绸之路研究的重要成果。

---

[*] 刘正平（1972—），男，大专学历，甘肃庆阳市西峰区教育体育局，中学语文一级教师。

一　关于道路的命名

张多勇在《陕甘宁蒙毗邻地区石窟寺的特点及地理环境探析》一文中，首次提出古代经过鄂尔多斯盆地的八条道路具有完备的预警功能，这八条道路又因山川形变分出许多次一级子系统。丝绸之路在这里呈树状分布，最后汇集到河西走廊干道或北方草原大道，通往西域各地及其以远。八条道路命名为：秦直道（后来沿用）、马莲河道、茹河道、泾河道、蒲河道、回中道、洛河道、榆林道。同时认为，洛河道与黄河各渡口之间、马莲河道与蒲河道之间、泾河道与蒲河道之间都有古道相通。它们既是丝绸之路的交通干线，又是中央政府的防御圈的防御体系。[①]

2009 年，由张多勇主持的"丝绸之路陇山以东段走向考察研究"教育部项目获准立项，课题组就陇东地区的古城遗址、古道遗址、石窟寺等发表了一系列论文。在《丝绸之路陇山以东段走向考察报告》一文中，提出了丝绸之路经过陇东地区有七条道路：秦直道、马莲河道、茹河道、泾河道、洪河道、回中道、洛河道。并认为，丝绸之路陇山以东道路是汉代兴起、唐代兴盛、宋代沿用的主要通道。今天这些古道遗迹尚存，长期行路将黄土高原的黄土踩踏出一条深壕，在董志塬上呈槽形地貌，连续不断，深达 3—5 米，有的地方深达 15—20 米。[②] 本课题的工作方法，主要借鉴侯仁之、史念海、王北辰、朱士光、李并成等前辈学者野外工作方法，先对文献进行梳理，再进行大量的野外考察。先生历时十多年，行程 5 万余公里，对现存的古城遗址、古道遗迹、烽燧遗址等逐一踏勘，对石窟寺进行登记，据此古遗迹揭示丝绸之路在陇山以东的走向。通过对古代郡县城址的考证，对沿线石窟寺院的考察，对古道路、烽燧遗址的登记，对历史时期翻越陇山的关隘陇关（汉曰大震关，唐曰安戎关，明曰咸宜关）、木峡关、六盘关、瓦亭关、石峡关等以及北向的

[①] 张多勇：《陕甘宁蒙毗邻地区石窟寺的特点及地理环境探析》，《陇东学院学报》2009 年第 1 期，第 69—77 页。

[②] 张多勇：《丝绸之路陇山以东段走向考察报告》，载《金塔居延遗址与丝绸之路历史文化研究》，甘肃教育出版社 2014 年版，第 663—668 页。

萧关的位置进行考察论证，在此基础上系统阐述和命名丝绸之路陇山以东的道路。

二　关于本地区丝绸之路的走向

张多勇通过对陇山以东，陕甘宁古城、石窟寺、古道、烽燧遗址的调查考证，借助遥感技术（RS）判读航空照片、卫星照片，与田野考古方法的地层学、物验法结合，进行野外实地勘查，确定城址的位置和大小，确定其地理坐标，并绘制地图，来复原古道走向。通过研究搞清了丝绸之路陇山以东段的七条支道：秦直道（子午岭道）、马莲河道、茹河道、泾河道、蒲河道、回中道、洛河道，揭示了丝绸之路在陇山以东的走向。[①]

（1）秦直道（子午岭道）。由关中出发至甘泉宫（淳化县），沿子午岭主脉北上至定边，经鄂尔多斯高原直通塞外。秦直道的名称，为后世沿用。[②]

（2）马莲河道。由关中出发，经今天的乾县、永寿、彬县、长武分两路：一路在泾川县经明乡长武城（汉阴盘县治所）下塬入泾河河谷；一路沿长武县相公乡（汉代大要县治所）至宁县政平（唐定平县治所）渡泾河，经早胜（唐宋早社驿）、宁县（秦汉泥阳县，唐宋宁州治所）至董志塬。又分两路：一路经驿马关至庆城县（汉之郁郅县治所、隋之弘化郡治、唐宋之庆州治、元明清之庆阳府治）、马领（秦汉北地郡治）、环县（汉方渠县、唐宋环州），通宁夏、河套，这条道路在唐宋叫环灵大道，我们称为"马莲河道"。

（3）茹河道。前揭至董志塬的道路，分两路：一路从今北石窟寺下塬，[③] 渡蒲河，溯茹河，经汉彭阳县（今镇原县彭阳村）、镇原县（唐宋原州临泾县）、汉安定县（开边刘路庄）、秦汉朝那县（宁夏彭阳县古城

[①] 张多勇：《陕甘宁蒙毗邻地区石窟寺的分布与地理环境探析》，《陇东学院学报》2009年第1期。
[②] 张多勇：《秦直道研究综论》，《甘肃社会科学》2005年第5期。
[③] 张多勇：《北石窟的研究现状与尚待解决的问题》，《敦煌学辑刊》2009年第4期。

镇），① 渡萧关至古高平（固原），称为"茹河道"。沿线有秦汉彭阳县、安定县、朝那县遗址。

（4）泾河道。由关中出发，经今天的乾县、永寿、彬县、长武分两路：一路长武至泾川县经明（汉代阴盘县、唐代长武城）下塬入泾河河谷；一路沿泾河经泾川（汉临泾县，唐宋元明清泾州）、平凉（瘗家沟有汉代月氏道遗址、十里铺有秦汉乌氏县遗址、安国镇有秦汉泾阳县遗址），② 由弹筝峡至固原，在木峡关越六盘山，沿祖厉河，在靖远哈思堡渡河，经汉媪围县进入河西走廊，我们称为"泾河道"。

（5）蒲河道。长武至泾川县经明乡长武城下塬入泾河河谷，一路溯蒲河、洪河两路而上，沿蒲河支流安家川至固原，我们称为"蒲河道"。一路溯蒲河支流茹河而上至固原，洪河一路亦转道茹河。

（6）回中道。从关中出发至宝鸡，沿千河县、陇县溯源西进，从华亭县麻庵乡之普陀至华亭县，在六盘山与太统山两个山系之间的通道北行，至泾源县，北上在瓦亭与泾河道会合，我们称为"回中道"。其间与泾河道之间有崇信县（有秦汉卤县遗址）沿芮河与泾河道相互连接。③

（7）洛河道。从长安出发，沿秦直道至兴隆关（又名沮源关），东沿古道岭，至黄陵县（古坊州）沿洛河北上，分为三路：一路沿葫芦河西北行，沿二将川或大路岭上子午岭北行；一路经洛川至甘泉，分别经延安、安塞至靖边入鄂尔多斯，渡黄河，至九原；另一路沿洛河经吴旗、越白于山，至定边、盐池通往北方草原的莫南道和参天可汗道，④ 我们称为"洛河道"。

张多勇认为，这八条大道既是丝绸之路的干线，又是军事防御的通道。后来张多勇在主持国家社科基金项目"西夏监军司古城遗址考察及防御体系研究"时，又对西夏疆域所载地区的道路做过系统研究。⑤

---

① 张多勇：《朝那县城址变迁概述》，《宁夏大学学报》（社会科学版）2009年第1期。
② 张多勇：《从居延 E·P·T59·582 汉简看汉代泾阳县、乌氏县、月氏道城址》，《敦煌研究》2008年第2期。
③ 张多勇：《汉代卤县古城遗址考察研究》，《宁夏师范学院学报》2012年第5期。
④ 《资治通鉴》卷198，唐太宗贞观二十一年（647年），中华书局1986年版，第6245页。
⑤ 张多勇：《西夏京畿防御体系蠡测》，载《历史地理》第31辑，上海人民出版社2015年版，第329—348页；张多勇：《西夏监军司驻地及边防体系研究》，博士学位论文，西北师范大学，2015年。

三 研究丝绸之路陇山以东段走向的意义

陇山以东地区汉代是北地郡和安定郡属地，地处由长安西行的古"丝绸之路"要道，在古代是"南卫关辅，北御羌戎"①的军事基地，又位处屏蔽关中的军事防御要地。秦汉时期，是汉民族与匈奴对峙的前沿，唐代是汉民族与吐蕃势力伸缩变化的地带，宋代是汉民族与西夏交战的前线，明朝是防御蒙古南下的九边重镇（固原、宁夏）。《汉书·地理志》曰："汉兴，六郡良家子选给羽林、期门，以材力为官，名将多出焉。"②顾祖禹在《读史方舆纪要》中称："以岭塞高仰，下临三辅，有建瓴之势矣。"③道出了邠宁（今陕西彬县、甘肃宁县）、环庆（今甘肃庆阳、环县）地区的战略地位的重要。搞清丝绸之路在本地区的走向以及对丝绸之路沿线古城址、古遗址的考察具有重要的学术价值。

在张多勇之前，历史地理学界对于陇山以东地区丝绸之路走向尚无系统研究，对于本地区古代城址及其变迁的研究亦较少。④可以说张多勇对丝绸之路在起点段的研究弥补了丝绸之路研究在本地区的空白，对当地历史、文化、旅游、政区、经济研究等方面提供了准确的地理坐标，为丝绸之路整体申报世界遗产提供亟待补充的必要资料，为"一路一带"建设做了必要的基础研究，并为今天本地区的城镇建设提供有益的历史借鉴。

对于陇山以东地区丝绸之路走向的研究，可发挥鄂尔多斯盆地地处中国几何中心的地理优势，在陕甘宁蒙毗邻地区，建立"内陆型"经济

---

① （清）顾祖禹：《读史方舆纪要·陕西六·庆阳府》，上海书店1998年版，第405页。
② 《汉书》卷28《地理志》，中华书局1962年版，第1644页。
③ （清）顾祖禹：《读史方舆纪要·陕西六·庆阳府》，上海书店1998年版，第407页。
④ 有关成果主要有：薛正昌《固原历史地理与文化》，诸世林《平凉古代史考述》（未出版），许成《宁夏考古史地研究论集》，鲁人勇等《宁夏历史地理考》，李春茂《平凉古地名初探》，徐兴亚《西海固史》，刘锝祯、李红雄《庆阳文物》，平凉地区博物馆编《平凉文物》、《平凉文博》，彭曦《战国秦长城考察与研究》，甘肃文物局《秦直道考察》，都部分涉及丝绸之路沿线的古遗址。关治中、王克西《陇山诸关考——关中要塞研究之六》（《渭南师范学院学报》2002年第1期）、王学礼《陇山秦汉寻踪二——秦御道与汉回中道》（《社科纵横》1996年第3期）、薛正昌《历史上的秦汉萧关与唐宋萧关》（《甘肃社会科学》1997年第3期）、刘满《河陇历史地理研究》（甘肃人民出版社2009年版）、《再论萧关的地理位置》（《敦煌学辑刊》2000年第2期）、张耀民《北萧关考——兼证萧关原址在今甘肃庆阳地区环县城北二里》（《西北史地》1997年第1期）等学术文章对萧关和陇山诸关关址做过一定的研究，但都未对丝绸之路在陇山以东段的走向做过探讨。

特区，使之成为打造丝绸之路经济带东引西联的桥梁；实现中国经济的向西辐射，建立中国—中亚—中东的能源通道；作为中国西部开发的中介地，东引西进，成为东、中、西良性互动的协作区，成为实现西部开发、中部崛起，优化东部经济环境，走协调发展战略的中继站。[①]

（责任编辑：马悦宁）

[①] 张多勇：《关于创建"内陆型"经济特区的构想——以陕甘宁蒙毗邻地区为例》，《丝绸之路》2014年第24期，第5—9页。

【作品研究】

王符《潜夫论》的文本审美风格

徐克瑜[*]

(陇东学院文学院　甘肃庆阳　745000)

摘　要：从文本语言修辞与审美风格的角度考察王符《潜夫论》仍有其较大的研究空间，把王符政论性的散文放到中国古代散文史视野中进行审美观照，发现王符《潜夫论》中的政论散文具有宏博典雅、醇厚和婉、简洁朴实、哲理思辨、骈俪化等修辞特点与审美风格。这种风格的形成，既是其自身遭遇及个性使然，又是其接受儒家诗教温柔敦厚文学观念影响的结果，同时也是东汉中后期士人文化心态与审美追求的一种折射。

关键词：王符；《潜夫论》；审美风格；骈俪化

东汉著名思想家王符以《潜夫论》著称于世。学术界对这部著作在哲学思想与社会批判价值的探讨以及王符思想史坐标的定位等方面做了集中研究。而《潜夫论》所收36篇文章，其实还是极其优美的政论性散文。作为杰出的政论散文，除了它的政论性、批判性、说理性与思辨性之外，其文学性与审美价值在研究界显然没有受到重视，特别是它的文本语言修辞与审美风格被忽略了。清代文论家刘熙载在《艺概·文概》中说："王充、王符、仲长统三家文，皆东京之矫矫者。分按之：大抵《论衡》创奇，略近《淮南子》；《潜夫论》醇厚，略近董广川；《昌言》

---

[*] 徐克瑜（1965—），男，汉族，甘肃镇原人，甘肃陇东学院文学院教授，文艺学学科带头人。曾在北京师范大学文艺学研究中心师从当代著名的文艺理论家童庆炳教授访学。主要从事文学理论、经典文本分析与文学批评的教学与研究。

俊发，略近贾长沙。"①《四库全书总目》中也说："所说多切汉末弊政，洞悉政体似《昌言》，而明切过之；辨别是非似《论衡》，而醇正过之。"实际上，这些文章除了具有一般政论文"指评时短，讨谪物情"②的特征外，在语言修辞与审美风格上还表现出宏博典雅、醇厚和婉、简洁朴实、哲理思辨、骈俪化等特征。袁行霈说："《潜夫论》一书的文字皆朴实无华，准确简练。书中虽不时显露批判的锋芒，但以温雅宏博见长，不为卓绝诡激之论，和王充的《论衡》稍有不同。王充、王符以及后来的仲长统，并称东汉政论散文三大家，而又各有自己的特点。"③

作为以政论性散文见长的《潜夫论》有没有其文学价值呢？答案是肯定的。在中国历史上，很多优秀的政论性散文都被认为是优美的文学散文。在汉代，文史哲尚未分家，在《文心雕龙·文赋》及《典论·论文》中都提到了"书论"这一文体。《潜夫论》较有文采，表现在巧设比喻、委婉而讽、富有激情、很有气势、语言精练、形象生动以及由铺陈排比逐渐走上骈偶化等。因此，《潜夫论》作为一部政论散文，它的文学性是毋庸置疑的。下面就王符《潜夫论》的文本语言修辞与审美风格做一论述。

一　宏博典雅之美

宏博典雅是对文学作品语言修辞与审美风格的一种要求。宏博就是宏阔博大，典雅就是文辞规范雅致，内容合乎经典之义。刘勰《文心雕龙》中说："典雅者，熔式经诰，方轨儒门者也"，"模经为式者，自入典雅之懿"。④所谓宏博典雅就是熔铸前人经典以为法式，依傍儒家经义来立论说理。模仿经典进行写作，自然就有了宏阔广博与雅致之美。换句话说，宗经引典是文章与文辞典雅的有效途径。在刘勰看来，宗经引典有以下的好处，也就是所谓的"六义"："一则情深而不诡，二则风清

---

① 刘熙载：《艺概·文概》，上海古籍出版社1978年版，第16页。
② 范晔：《后汉书》，中华书局1965年版，第1360页。
③ 袁行霈主编：《中国文学史》第1卷，高等教育出版社2005年版，第222页。
④ 周振甫：《文心雕龙注释》，人民出版社1982年版，第201页。

而不杂,三则事信而不诞,四则义直而不回,五则体约而不芜,六则文丽而不淫。"① 王符的《潜夫论》就是这样一部熔铸儒家经典的政论性散文。尽管王符的《潜夫论》是批判性质的作品,但是问题的核心都是关乎国计民生的大事情,作者都是从经国、治世与政务的高度出发,为汉王朝的政治前途考虑,因而文章与文辞也是格外的庄重、严肃;文章中的雅语、古语、经典事例与国家的大事以及作者为社会开药方的写作意图契合在一起,也就是说,和庄重的奏议的语气有些相像,所以显得凝练醇厚,典雅温润,表现出一种宏博典雅的美学风格。《潜夫论》中大量引用儒家经典语句来论事说理。据刘文英先生统计,《潜夫论》"全书直接举出五经、《论语》书名,或完整引用其语录者,共 137 次。其中引《诗经》44 次,引《尚书》22 次,引《周易》经传 29 次,引《礼记》3 次,引《春秋》经传 20 次,引《论语》19 次"②。两汉是经学笼罩一切的时代,经有至高无上的权威。王符大量引用五经之言,无可辩驳地增强文章的理论高度与学术思想水准,既使其政治立论宏博而深刻,而且使作品具有了包容天地古今的政治历史文化视域,因而显得具有宏博典雅之美。这与王符儒者身份与学者视野有关。

二 醇厚和婉之美

在审美风貌上,王符《潜夫论》体现出与王充、仲长统、崔寔等人别样的风格与个性特点,具有醇厚和婉之美。《四库全书总目提要》将后汉三贤的著作进行了比较,认为"符洞悉政体似《昌言》,而明切过之;辨别是非似《论衡》,而醇正过之"。清人刘熙载说:"王充、王符、仲长统三家文,皆东京之矫矫者。分按之:大抵《论衡》奇创,略近《淮南子》;《潜夫论》醇厚,略近董广川;《昌言》俊发,略近贾长沙。范氏巩三子好申一隅之说,然无害为各自成家。"③ 这里说的"醇正"和"醇厚",就是王符散文"醇厚和婉"的审美特点,这一特点使得他在汉

---

① 周振甫:《文心雕龙注释》,人民出版社 1982 年版,第 18 页。
② 刘文英:《王符评传》,南京大学出版社 1993 年版,第 15 页。
③ 刘熙载:《艺概·文概》,上海古籍出版社 1978 年版,第 16 页。

末三子著作中颇具个性特色。相比较而言,王充的政论性散文因其善于独立思考,富于怀疑批判精神,通百家之学而未其拘囿,以"疾虚妄"自成一家。也就是说,王充的《论衡》充满战斗性,其风貌较之于《潜夫论》含蓄朴茂的风格,则思想与言辞要激切直露得多。而仲长统的《昌言》可视为典型的"发愤之作",其所发之愤在于腐败政治时俗,所谓"昌言",意谓正当之言、善言者也。较之于王充、王符,仲长统所身处的社会政治环境更加恶劣,又因仲长统为人"性俶傥,敢直言,不矜小节,默语无常,时人或谓之狂生"。所以,《昌言》之文"梗概而多气,语言尖锐泼辣,论事割切而有明快之风",故刘熙载评其文曰"俊发"。而王符散文则以"醇正、醇厚与和婉"风格取胜。由此可见王符文章的"温柔敦厚"的儒者风度与气质。

"汉末三子"创作的散文文本虽有共同之处,但其创作的审美风格与艺术个性则各具特色。不同文本语言修辞与审美风貌之形成既是不同历史时期下相异社会政治环境与文化学术影响的结果,更重要的是作者思想个性与气质禀赋的不同。正如刘勰所说:"各师其心,其异如面。"在他们身上鲜明地体现出了"文如其人"的特点。较之于王充的《论衡》、仲长统的《昌言》,王符的《潜夫论》则体现出一种明切醇厚的审美风貌。其主要原因有:一是由于王符思想构成的多元化,正史将《潜夫论》思想归为儒家,这是不确切的。王符的思想特征是"杂家",其文章的见识不拘一隅之见而显得融会通达,因而对问题弊病能够剖析深切、深悉洞明。杂家之杂,并非杂凑,而是融会贯通。二是由于王符具有儒者身上的温柔敦厚的气质与风貌,这与杂家思想个性并不冲突,只是将儒者修身功夫潜移默化地运用到了文本撰写中,因而《潜夫论》显得醇正、醇厚与和婉,给人以沉稳、平和与含蓄之感。正如有论者所说《潜夫论》文本具有"雍容有余而透彻精辟"的审美特点,就是对此而言的。

三　简洁朴实之美

所谓"简洁"就是指文章在立意上的高瞻远瞩、举重若轻、言简意赅,表达上的简单明了、干净利落与不拖泥带水。所谓"朴实"是指秉笔直书反映社会的真实情况时平实质朴，不虚伪、不做作。作为政论性散文，只有用简洁明了、质朴凝练的语言把意思明白晓畅地表达出来，才有助于问题的最终解决。没有"信"，满篇的空话、大话、假话是解决不了任何的政治问题的。《潜夫论》是针对东汉后期政治弊端与社会问题开出的药方，作者在表达自己对时局的立场、观点、态度或者是解决问题的对策方法时，肯定要表意真实准确，所以在内容表达上做到了简洁与朴实之美。《潜夫论》语言简洁平实，没有繁词缛藻和字雕句琢。如《浮侈篇》中说：

> 今民奢衣服，侈饮食，事口舌，而习调欺，以相诈绐，比肩是也。或以谋奸合任为业，或以游敖博弈为事；或丁夫世不传犁锄，怀丸挟弹，携手遨游。或取好土作丸卖之于弹，外不可以御寇，内不足以禁鼠，晋灵好之以增其恶，未尝闻志义之士喜操以游者也。惟无心之人，群竖小子，接而持之，妄弹鸟雀，百发不得一，而反中面目，此最无用而有害也。或坐作竹簧，削锐其头，有伤害之象，傅以蜡蜜，有甘舌之类，皆非吉祥善应。或作泥车、瓦狗、马骑、倡排，诸戏弄小儿之具以巧诈。

谈论浮华奢侈的社会现象，无法避开具体的描述。从表达效果来说，在这种情形下采用繁辞缛句更能达到呈现浮侈现象的效果，从而能更直接表明自己的批判态度。但在这一篇中，王符却并没有采取这种叙述策略，反而以平淡口吻、朴实的词句将当时浮侈风习毕露无遗地展现出来，这是间接的叙事，也是淡雅的素描，但表现对象却是作者所极力反对和不以为然的浮华奢靡。文笔自然，不事雕琢，人们能真切感受当时社会上从事"最无用而有害"的"繁盛"。而这样风格，较之繁缛笔法，文章反而显得更真实，又不会给人留下虚构想象成分。

四 哲理思辨之美

王符不仅是汉末一位著名的思想家，又是一位杰出的哲学家。他的政论散文《潜夫论》不仅具有现实的理性批判精神，同时，也具有极高的哲学思辨性。《潜夫论》中的文章本身就是思想性与哲学性的统一。作为思想家，王符的散文处处闪烁着思想、哲理与智慧的火花，表现出一个卓越思想家对现实深沉的哲学思考，上观宇宙之大，下察品类之盛。充满了思辨性与哲理美。有论者指出："王符《潜夫论》中的文字充满了哲学美，就是通过思维、分析、综合、抽象等方法，揭示宇宙、社会、人类自身的隐蔽结构和内在本质的那种潜在的激情、严峻的逻辑、深邃的智慧、天赋的伟力及其为人安身立命的功用。"① 在他的文章中，最引人注目的是他对"元气论"和"人道曰为"思想的哲学思辨论述，前者体现出了严密的逻辑性与思辨性，后者则高度弘扬了人类伟大的主体精神。《潜夫论·本训》开篇就提出了他的元气论思想。

上古之世，太素之时，元气窈冥，未有形兆，万精合并，混而为一，莫制莫御。若斯久之，翻然自化，清浊分别，变成阴阳。阴阳有体，实生两仪，天地壹郁，万物化淳，和气生人，以统理之。

是故天本诸阳，地本诸阴，人本中和。三才异务，相待而成，各循其道，和气乃臻，机衡乃平。

天道曰施，地道曰化，人道曰为。为者，盖所谓感通阴阳而致珍异也。

人行之动天地，譬犹车上御驰马，蓬中擢舟船矣。虽为所覆载，然亦在我何所之可。孔子曰："时乘六龙以御天。""言行君子所以动天地也，可不慎乎？"从此观之，天呈其兆，人序其勋，书故曰："天功人其代之。"如盖理其政以和天气，以臻其功。

是故道德之用，莫大于气。道者，气之根也。气者，道之使也。必有其根，其气乃生；必有其使，变化乃成。是故道之为物也，至神以妙；其为功也，至强以大。天之以动，地之以静，日之以光，月之以明，四时五行，鬼神人民，亿兆丑类，变异吉凶，何非气然？

及其乖戾，天之尊也气裂之，地之大也气动之，山之重也气徙之，水之流也气绝之，日月神也气蚀之，星辰虚也气陨之，旦有昼

---

① 王步贵：《王符美学》，《中国文化月刊》1994 年第 174 期。

晦，宵有大风，飞车拔树，偾电为冰，温泉成汤，麟龙鸾凤，蜇蟹蠓蝗，莫不气之所为也。

以此观之，气运感动，亦诚大矣。变化之为，何物不能？所变也神，气之所动也。当此之时，正气所加，非唯于人，百谷草木，禽兽鱼鳖，皆口养其气。声入于耳，以感于心，男女听，以施精神。资和以兆蚘，民之胎，含嘉以成体。及其生也，和以养性，美在其中，而畅于四肢，实于血脉，是以心性志意，耳目精欲，无不贞廉絜怀履行者。此五帝三王所以能画法像而民不违，正己德而世自化也。

这段话言简意赅地总结和发展了两汉以来的"元气论"的积极成果，把元气论提高到一个新的水平。首先，王符在时间上确立了"元气"为万物本原的理论，就是所谓的"气本体论"。所谓"元气窈冥，未有形兆，万精合并，混而为一，莫制莫御。"意思是说元气一片混沌，只是唯一的存在，是宇宙唯一的本原，是物质性的，而且其演变过程是自生自化的。王符用这种元气理论具体来解释宇宙和世界本原。按照他的观点，自然界的各种现象和特点都根源于气，都依赖于气。他说："天之以动，地之以静，日之以光，月之以明，四时五行，鬼神人民，亿兆丑类，变异吉凶，何非气然？"其次，他又认为元气可分为"清浊与阴阳二气"，而"道"就是阴阳二气交媾变化的结果。最后，他也谈到了"道"。他的道只不过是气的变化规律而已。他说："道之使也，必有其根，其气乃生；必有其使，变化乃成。""道者之根，气所变也，神气之所动也。"在这里，"道之使也"是元气自化规律的功能表现，由于自化，其结果必然是"其气乃生"，遵循这个"使"的规律，气发生各种运行变化。"道者之根"是来源于一种神气的运行变化。王符在这里的高明之处不是把"道"看作元气之本，而是元气是道之本，是道的依靠。如果说前面论述的是《潜夫论》的"天道哲学观"的话，下面我们来看王符的"人道观"。王符在他的"元气论天道观"的基础上提出了"人道曰为"的人道观，他的人道观主要受荀子的影响，但是和当时"天人合一"的哲学观念大不相同。他说："天道曰施，地道曰化，人道曰为。为者，盖所谓感通阴阳而致珍异也。人行之动天地，譬犹车上御驰马，蓬中擢舟船矣。虽为所覆载，然亦在我何所之可。……从此观之，天呈其兆，人序其勋，书故曰：'天功人其代之。'"不难看出，王符在文章中无论是论述"天道"或"人道"，都充满了强大的理性思辨性，具有一种哲学抽象与理性思辨之美。

五　骈俪化之美

王符的政论散文《潜夫论》气贯脉连，推理严密，常常破题以后，以对句分而论之，层层推进。其文字多以四字句或六字句对举的形式写成。姜书阁评价说："结构宏伟而严谨，语言文字颇为精审，通篇骈俪，偶对有极工者，遇着力处，还不时用韵，大似赋颂之体。"[①] 王符的散文说不上是骈体文，但是它骈俪对偶的形式特点是十分鲜明的。如《潜夫论·交际》篇云：

> 故富贵易得宜，贫贱难得适。好服谓之奢僭，恶衣谓之困厄，徐行谓之饥馁，疾行谓之逃责，不候谓之倨慢，数来谓之求食，空造谓之无意，奉贽以为欲贷，恭谦以为不肖，抗扬以为不德。此处子之羁薄，贫贱之苦酷也。

整段以五字句和六字句为主，节奏匀称，组组对偶，极具骈俪对偶与铺排之美。又如：

> 所谓平者，内怀鸤鸠之恩，外执砥矢之心；论士必定于志行，毁誉必参于效验，不随俗而雷同，不逐声而寄论；苟善所在，不讥贫贱，苟恶所错，不忌富贵；不谄上而慢下，不厌故而敬新。凡品则不然，内偏颇于妻子，外僭惑于知友；得则誉之，怨则谤之；平议无埻的，讥誉无效验；苟阿责以比党，苟剽声以群吠；事富贵如奴仆，视贫贱如佣客；百至秉权之门，而不一至无势之家。（《交际》）

[①] 姜书阁：《骈文史论》，人民文学出版社1986年版，第251页。

姜书阁评道："乃有意为骈偶整齐之句，虽不假修饰，不事雕琢，但理以正反对照而明，事以繁类并举而显，故多用同式句法二重叠反复，以加强其表达力量，而求语言感人的效果。"[①]《潜夫论》的句子夹杂三字句、五字句、六字句、七字句，每句喜欢用顶真格，已经颇具骈体文的特征。顶真和层递也是政论文章常用的修辞方法，它的运用使文章行文节奏连贯、气势充沛。所谓顶真就是用上文结尾的词语做下文的开头，是语句递接紧凑而生动畅达的修辞表达方式。顶真在形式上前顶后接，首尾蝉联，环环相扣，能清楚地交代上下句子之间的关系，可以完整地叙述事实，说明事理，抒发感情。使文段句句相连，顺流而下，如行云流水，气韵饱满，如珠落玉盘，轻重相间，语气连贯，节奏感强。如《考绩》中说："凡南面之大务，莫急于知贤，知贤之近途，莫急于考功。"开篇就用三个五字句前递后接，气韵饱满，一气呵成，有力地引出了文章的中心论题。再如《本政》："凡人君之治，莫大于和阴阳。阴阳者，以天为本。天心顺则阴阳和，天心逆则阴阳乖，天以民为心，民安乐则天心顺，民愁苦则天心逆。民以君为统，君政善则民和治，君政恶则民怨乱。"前呼后应，分提并承，环环相扣，节奏明快。

由此观之，《潜夫论》在语言修辞上大量运用对偶、排比、顶真与骈俪化等词句，使文章具有骈俪繁富之美，整齐美观，节律和谐匀称，读来朗朗上口。这与时代的文化与文人审美风尚有关。朱光潜先生说："文字的构造和习惯往往能影响思想……中国诗文的骈偶起初是自然现象和文字特性所酿成的，到后来加上文人求排偶的心理习惯，于是变本加厉了。"[②] 汉代是一个崇尚辞赋创作与追求文章骈俪美的时代，王符作为一代文章大家，曾游学于洛阳，与当时的许多辞赋大家相友善，这些大家在文章创作上的骈俪化审美追求与艺术爱好无疑对王符《潜夫论》的语言修辞的骈俪化审美追求是有影响的。

[①] 姜书阁：《骈文史论》，人民文学出版社1986年版，第251页。
[②] 朱光潜：《诗论》，生活·读书·新知三联书店1984年版，第207—208页。

六 结语

综上所述，从文本语言修辞与审美风格的角度考察王符《潜夫论》，发现王符《潜夫论》中的政论散文具有宏博典雅、醇厚和婉、简洁朴实、哲理思辨、骈俪化等修辞特点与审美风格。这种风格的形成，既是其自身遭遇及个性使然，又是其接受儒家诗教温柔敦厚文学观念影响的结果，同时也是东汉中后期士人文化心态与审美追求的一种折射。让我们用袁行霈先生在《中国文学史》第1卷中对王符的评价来结束本文的写作："王符不仅思想深邃，还继承了汉代文学的优良传统，有着高深精湛的文学修养。因为他终生生活在民间，对人民怀有深厚的感情，对社会生活有着深刻的观察和体验，见闻广博，观察敏锐，有丰富的生活创作源泉。他的文章非常优美，不但观点鲜明，逻辑严密，笔力浑厚，语言质朴，而且善于运用确切生动的比喻、排比、对偶等修辞手法，有时也采用韵文，使忧国忧民之情跃然纸上。"[①]

（责任编辑：张多勇）

---

① 袁行霈主编：《中国文学史》第1卷，高等教育出版社2005年版，第222页。

《柳湖书院志》《重修柳湖碑记》二误

张连举[*]

(平凉市地方志办公室　甘肃平凉　744000)

摘　要：《柳湖书院志》是平凉人朱愉梅于清嘉庆十八年（1813年）撰写的关于柳湖和柳湖书院的珍贵史料。《太平寰宇记》记载，蔡挺建避暑阁于柳湖，考诸史籍，《太平寰宇记》成书于雍熙四年（987年），蔡挺知渭州（今平凉）则在治平四年（1067年）至熙宁五年（1072年），此是一误。《整修柳湖碑记》是1988年整修柳湖时的一篇碑文，其文曰："同治十三年（1874年）左宗棠驻节平凉……更名'柳湖书院'。"考著魏光焘撰写的《重修柳湖书院碑记》，明显是魏光焘将平凉府的柳湖书院改成平、庆、泾、固四府（州）书院，不是更名"柳湖书院"，此是一误。

关键词：《柳湖书院志》；《重修柳湖碑记》；辨误

一　《柳湖书院志》之误

《柳湖书院志》是平凉人朱愉梅（字峒鹤）于清嘉庆十八年（1813年）撰就、道光九年（1829年）印行的记述柳湖书院的专门志书。今存，平凉市地方志办公室1983年与《崆峒山志》和本影印，这部书保留了柳湖和柳湖书院一些珍贵史料，是研究平凉教育史和名苑柳湖不可多

---

[*] 张连举（1940— ），男，辽宁海城人，历任平凉市（县）地方志办公室副主任，参编《平凉市志》（副主编）、《平凉地区志》（副主编）等。

得的地方文献。

朱愉梅在《柳湖书院志》"建革"卷中写道:"考寰舆记,平凉北门外有柳湖,宋太守蔡挺建避暑阁于其中,则知柳湖之名已久。"这一段记述,显然有错。"寰舆记"即《太平寰宇记》的简称,是北宋文学家、地理学家乐史编著的一部地理总志。该书着手于宋太宗太平兴国年间(976—983年),成书于雍熙四年(987年)。书名中的"太平"二字即标示其编著年代。而蔡挺知渭州(今平凉)则在宋英宗与神宗交替衔接的治平四年(1067年),于神宗熙宁五年(1072年)擢升调离渭州。这就是说,蔡挺来渭州晚于《太平寰宇记》成书80年,说前人的著作记载80年后的人和事,这是绝对不可能的。遗憾的是,不知朱老夫子何致出此谬语。

二 《整修柳湖碑记》之误

平凉《整修柳湖碑记》是1988年整修柳湖时的一通碑刻,碑文扼要地记述了柳湖的历史及重新整修的经过。从中可以看出,地方党政领导机关对整修柳湖这一工程是关切的、重视的;平凉市民对改善、美化城市环境是乐于做出奉献的。这对当代人和后世,都具有一定的垂范教益。

《整修柳湖碑记》对这一段历史记作:"考柳湖之历史……《环宇记》有'平凉北门外有柳湖,宋渭州守蔡挺设避暑阁于其中'的记载。"显然,"考寰舆记"也好,"考柳湖之历史"也好,都未深入细致地"考",致使不应有的错误又刻入今之"碑记"。至于前者"寰舆"的"舆",后者"环宇"的"环",虽字义相通,但属不规范的引述。

另外,"碑记"在"考柳湖之历史"的一段中还写道:"同治十三年(1874年)左宗棠驻节平凉……更名'柳湖书院'。"事实上,左宗棠是同治八年(1869年)进驻平凉的;同治十年(1871年)又"由平凉进驻静宁",十二年(1873年)秋曾亲临肃州督战,十三年(1874年)已去兰州。说他"同治十三年(1874年)驻节平凉"是与史实不符的。又说"更名柳湖书院"也不妥。

甲午战争(1894—1895年)名将魏光焘,在左宗棠任陕甘总督期间，随左宗棠办理营务、筹划粮饷，他先到了庆阳，再到平凉。在庆阳今天还保存他撰写的《重修庆阳府文庙大成殿碑记》、[①]《创建董志分县城碑记》等。[②] 同治十三年（1874年），原先驻在固原的平庆泾固道改为平庆泾固化盐法兵备道，驻地也移到平凉，魏光焘任首任道台。在平凉，魏光焘撰写的《重修柳湖书院碑记》，其碑今存平凉柳湖公园湖心亭，碑文亦清晰可辨。其文曰："余随左伯相督师入陇……爰请大府以遗址改建平庆泾固四属柳湖书院。……"[③] 魏光焘说"重修"，意思很明确，即原名就称柳湖书院。明显是将柳湖书院由平凉府的书院改成道台书院（辖平、庆、泾、固、化、盐六府州）。加之今天尚能见到清嘉庆十八年（1813年）朱愉梅所撰《柳湖书院志》。1988年《整修柳湖碑记》所说是左宗棠"更名柳湖书院"，谬误大矣。

指出上述史实错误，意在避免继续以讹传讹乃至积非成是。何况柳湖由山水、花木、建筑等组成的中国独有的传统艺术品——园林，虽不能与西湖或苏州拙政园等名苑相提并论，但它毕竟是平凉的名胜，是这一方本土文明的象征，应以历史真相面向世人。

（责任编辑：张多勇）

[①] 陆为公：《庆阳金石记》，油印本，第199页。
[②] 同上书，第205页。
[③] 平凉市志编纂委员会：《平凉市志》，中华书局1996年版，第831页。

【豳地文学】

陪一碗酒坐到春天（诗歌）

陈 默[*]

（庆阳市文联　甘肃庆阳　745000）

地坑院素描

谁从董志塬走过
踩下这么深的脚窝

五个脚趾
抠出五只朝南的窑洞
——生命走出了硬壳
木格格窗纸上
有一幅久远的图腾
崖畔上开花的杏树
是一首鲜艳的民歌

玉米架空了
鸡在下面卧着
渗坑睁着眼睛
树上有几只叫声

---

[*] 陈默（1950—），男，原名陈明华，《北斗》主编，先后兼任甘肃省文联副秘书长、办公室主任、秘书长、庆阳市作协主席。诗歌《安居乐业》1993年获得诗刊社举办的"人民保险杯"全国诗歌大赛特别奖；《雪落环县北》2000年获敦煌文艺奖三等奖。作品多次入选《中国诗歌精选》、《中国年度最佳诗歌》等多种选本。

狗咬断了的小路绕过黑夜
又在白天的大门口悄悄续上
平地坳心
一缕旺盛的炊烟
那便是穴居者
生命的蒸腾

毛 井

四月的风从清晨的毛井街上吹过
有几片塑料纸走走停停
鸡鸣声落到远处
成为满是浓霜的石头

几个拉驴的人
掩好皮袄
蹲在街角
正在用旱烟锅取暖
驴的响鼻驱走最后的夜
时而听见一声声的咳嗽落地

他们等待太阳出来
店门开了驮一些东西回去

太阳出来了
没有一个门店打开
一只狗被另一只狗吓跑
我和那几张纸走走停停

挑着空桶从毛井街外走来的村妇
两边的桶像她的两个姊妹

那种没有找到井的表情
是整个毛井的表情

山坡上死里逃生的庄稼和那些树
都生长在一年最好的节气里
却活得不好

毛井一天之后的傍晚
我住进一家冰锅冷灶的小店
外面的风
像一把生锈的锯子
把我的骨头整整锯了一夜

黄尘落定的地方

天空躲在一棵树的背后
山峁埋着九颗太阳的遗骨
又像时间的衣冠冢
乌鸦从一棵树飞向另一棵树
把干渴的喉咙挂上树梢

环江细得能穿过针眼
河岸垮塌的声音传得很远
羊为一株草跑遍环县
驴为一口苦水命丧途中

我发现黄尘散尽处
一棵老杏树
在厮守中站得地老天荒
村庄似乎十分遥远
窑洞成为岁月最初的眼睛

压在水窖上的一块石头
是生命至高无上的象征

那个提桶洗碾的老妇
把她沧桑的背影留给天空
一只鸟飞进火烧云里
为环县申请一场大雨

一个老头和一百零八只窑洞

一些破破烂烂的阳光
一些窸窸窣窣的秋风
一些野鸟的拍翅怪叫
一些朽而不腐的时间

人跟着炊烟都走了
只剩下他一个老头
和他佝偻的背影
和他无语的孤独
和他一根怎么侍弄也不会发芽的拐杖
是老村一百零八只窑洞
唯一的灵魂

他出现在每日的寂静里
从这一个荒院走向另一个荒院
经过一片蒿草走向另一片蒿草
脚下踩出比草更深的寂寞

有时会听见
他跟那一棵老树说话
跟那一棵老树咳嗽

跟那一棵老树听风听雨
很少看见他抬头看天
老是看见他低头想事
目光把地瞅成了一口深井

老村
只有一个老头
用时间这片大叶子
饲养着他的最后

冬夜华家岭

冬至之夜
华家岭
寒冷的海拔
高出我的体温
被寂寞重重包围的异地
我像失去恋人一样不安

裹着大衣
我独自在岭上伫立
周围是夜色填满的沟壑
华家岭比我更冷呵
打着寒噤的星光把我刺伤

朦胧里
一岭弯曲的树躯
像华家岭手中的强弓劲弩
却打不败今夜进攻的狂风
偶尔会听见一小撮风倒下的惨叫

一辆卡车的前灯
把夜烧出
一条公路
将载着黑压压的寒冷
偷卸在华家岭上
便发疯地跑掉

小店里的灯光
在旅人疲惫的脸上
写满冰霜的字迹

而我像一锭银墨
被风在夜的砚台上狠劲地磨着

惠安堡

这是陇东走银川
一个必经小镇
冬天
在这里已住了好久
看样子还没有离开的动静
污水成冰
是出示的证明

上无片瓦的土屋
在北风里蜷缩成一堆一堆的村落
像岁月没有咽尽的一些食物
孤苦伶仃的树
一刻不停地摇晃
而把阳光拨拉出声的
则是斜挂的酒幌

撒有驴粪和流行曲的街道
狗被飞扬的纸屑追逐
驴背上的红棉袄
是惠安堡冬天唯一的火焰
一转弯却成为灰烬

赶驴车的人
只把一顶小白帽
露给冬天
其余的都捂在皮袄下面
惠安堡的衣领竖得更高
只露出我的眼睛

夕阳下
惠安堡将面目转向夜色
然后
用一盏不旺的灯火将我拉近

赶驴的人

一个人赶着驴从头道边浅出
向二道边深入
四野八荒
静成一座孤零零的
烽燧

斜阳
把他和驴的影子
投射在很老的长城上
像演了千年的皮影还在上演——

驴
在细碎的石子路上
不声不响地走着
赶驴人扯出的野调子
落在身后
就成了一丛丛沙柳

被斜阳同时投射的几棵白杨
婆婆娑娑
将长城上的岁月
剥落得沙沙流淌
仿佛时间扯着历史的纸张
渐渐地
暮色像乌鸦的翅膀
经过我的头顶
向赶驴的人缓缓压去
我一直未看见
那个方向有灯火亮起

驴和赶驴人转眼间不见了
是长城把他吸食了
还是夜色把他吞没了
这最后一眼
我的确没有看清

一辆马车在贺兰山下缓缓移动

一辆沉寂的马车如一只小小的甲虫
在贺兰山下的河谷深处缓缓移动
经过树林经过落日隐入一片暮烟

马车驶过
衰草响起比天更高的风声

三千丈白发的贺兰山脉
于落日中站成西夏帝国肃穆的背影
岁月风尘擦亮的额头
在融金的火焰里闪耀着青铜的光芒
沧桑的明亮

马车将到达的地方比天远
一只白顶鹰追逐着马车与落霞齐飞
身背弓箭的人从岩画下来狩猎射雁
挥动宋朝的牧鞭
苏武放牧今天的羊群

成吉思汗的草原
雕已远行
空荡荡的天空
只有一轮独日的寂寞
九座斑驳不堪的土堆是李元昊的部落
刀鞘、头盔和梦想
落满千年灰尘

望着这多次移动在贺兰山下的马车
我产生了警觉和突如其来的想法——
这是不是一辆贼的马车在偷运历史
运走彩陶和金银
还是要运走国王的遗骨？

那些与马车背道而驰的树木和古刹
还有牧羊人和村庄都匆匆赶回原地

只见党项的后裔涉过黄河寻找失去的家园
当摸到九座土塔时泪已成冰

沉寂的马车吱呀吱呀碾过大漠尽头
落日留下贺兰山的阴影遮住我的面目
游人已经远归
西夏大地模糊不清
我又忧虑这最后一辆马车运走了什么？

朔月吹动
我一颗高悬的心还没有落地
而夜将它一袭黑袍悄悄披上我的肩头

凉殿峡

六盘山下
吃草的牛羊
将嘴埋在草的深处
犄角闪亮的地方
一丛丛马莲花的芬芳
覆盖了牧人的梦

凉殿峡战后的宁静
狼烟已经化作千年的彩云
灰色的悬崖
裸出干透的肋骨
块块血石使我想起
死于一支毒箭的英雄

散落在峡谷的箭头和马骨
用今天的手触摸

比石头还冷

一只老鹰蹲在岩石上
像埋名隐姓而流落民间的王
两眼含满孤独的泪水
我又想这是不是一代天骄
弯弓射落的那只大雕

而一只怪叫的鸟
向凉殿峡猛然地俯冲
那拍翅的怪叫
使满峡谷的风
在树叶和草尖上站定
站定的还有我
既不敢妄动
又不敢做声

许久
我看见一棵大树背后
倾斜的天空还没有恢复平静

萧关二月

二月,该是血沿着躯干
在枝头上绽出花朵的时候
朔方的萧关还躲在春天的背后
迟迟不肯露面

昨夜西风
又落下一场大雪
使白草更白,石头更硬

河水与鸟的叫声一同结起薄冰
曾经的满树繁花
聆听春雨的杏林
至今将带血的骨朵攥在手心

在唐诗里
曾赞美黄昏和夕阳的那只乌鸦
栖在树上为一粒粮食痛哭不止
覆盖着白雪的沟壑
如同敷了一层云南白药的伤
咬牙忍受着巨大的疼痛

挂满干菜和玉米的村庄
如陈年的草垛
又像风中的老树
一个人从井台走出村口
肩挑的木桶
像古寺里两口冰冷的铁钟
在一阵阵围剿的大风中
他脚步踉跄

一只黑山羊的叫声
犹如一把刀子
经过二月的喉部
使风疼痛地吼叫
时续时断的炊烟
有气无力地向我诉说
他们都是些苦命的苍生

我看着萧关
老了许多

像黑夜里的我面目不清
但我听见
岁月的斧头又在萧关身上剁出了三声

山塬上一个穿白戴孝的人

山塬上
一个穿白戴孝的人
两行清泪，踽踽行走
风雪在他的一侧呼啸怒吼

山塬显示出从未有过的沉寂
风的面孔比那人的面孔更为难看
唢呐呜咽
揪住世界的胸口

那人心中的风雪比天上的风雪更大更猛
那人心中的痛苦远比脸上的痛苦更痛苦
风雪苍茫
无节制地怒吼

那人背着夜色和风雪
从塬上走过
然后
跌进一片很深的哭声

我和柿子多像一娘所养

深秋霜重
帝王的骨头已藏得很深

唯有柿子还挂在风的路口
像大风永远吹不灭的灯笼

柿子来到我们的嘴边
已经没有了骨头
薄薄的肌肤
裹着糊状的太阳的血浆
现在
它亮在枝头
是给朔风一点颜色

柿子呀
你和我多么像一娘所养
硬的时候,能饮尽一个季节的寒露
软的时候,却咬不碎一颗小小的眼泪

入冬了
我家门口的树上还有一个
像是在说
我想试试冬天的刀子有多利

有关春天的长短句

1

与今年的春天相比大同小异
只是一树桃花少开了三朵
一家柴门上高挂的大红灯笼
被风吹得比去年稍微斜了一点

2

一点三十分立春
一点三十五分
我看见
两只灰色的斑鸠
将各自衔在喙上的草节
架上高高的树杈

3

燕子是春天放飞的第一只风筝
她将清水噙着给原野
然后从很远的地方
将油菜花金黄的芬芳
送至桃林掩映的屋舍

4

春天来了
应该做些什么
是抱一壶老酒醉醉地睡去
还是擦亮犁头
珍惜每一滴春雨
古人云:一年之计在于春
我得把这句话和布谷的叫声
先种在心里

5

清晨
我在院子里一棵有雪的树下
一边走动
一边默诵孟浩然的《春晓》
诵过第一句
枝头的雪就成了花朵
诵过第二句
我听见几声明亮的鸟叫
诵过第三句到第四句时
看见村外的桃花向天空热烈地燃烧

6

春雨细细地下着
一滴滴在麦叶上
一滴滴在桃花上
一滴滴在鸟鸣上
其余挂在柳丝上
掉在河里的
顺水去了远方……

7

子夜
屋外的细雨丝丝缕缕

像蚕吐丝

编织着我的薄梦

梦中我望见故乡那片杏林深处的小径上

有一朵蒲公英的笑脸

和一把挖马姜姜的小镢头

（责任编辑：武国荣）

黄土高原十二咏

石 松*

(镇原县一中　甘肃镇原　745300)

咏 树

春来赏叶更观花,情恋寻常百姓家。
抗旱防风留水土,腾云致雨蔽风沙。
夏消酷暑秋呈果,晨沐朝晖夕挽霞。
随遇而安听造化,根深枝茂遍天涯。

咏 云

偶狗还羊目已穷,谁知变化万千重。
神闲意旷游深谷,貌美情柔护险峰。
日出阳骄擎作伞,风来雨霁幻成虹。
雷声陡响如群马,倒海翻江势更雄。

咏 雨

春来喜降贵如油,夏去邀云送好秋。
吐郁含芳常润物,排江倒海偶添愁。
夕编暮影时光迫,晨弄朝霞岁月稠。
警世呈言随闪电,炎凉看尽择清流。

---

* 石松(1963—),男,本名刘金玉,甘肃省镇原县镇原中学美术教师,中华诗词学会会员,中国书法家协会会员,镇原县诗词学会会长,镇原县书法家协会副主席。

咏 风

冬肆寒流夏带凉,身轻体健尚游方。
何求乐土安长足,不问乡音走异邦。
春至妆花常点绿,秋来酿果又牵黄。
勿言浮世唯余累,更恋卿卿日夜忙。

咏 露

四季牵缘数我长,任凭万卉说风凉。
素怀待展冬难尽,壮志将酬果最香。
夏酷青芽妆紫黛,秋酣碧树点金黄。
云山浩气从容览,愿借霜情喻月光。

咏 雾

似诉沧桑守四时,春秋梦显亮清姿。
冬来貌逊冰和雪,夏至身融夜与曦。
每遇冷嘲成雨露,偶逢热讽遁泥池。
江天有我开诗境,幻化为虹更叫奇。

咏 霜

守牢岁杪促收藏,枫叶赧颜笑我忙。
夏日骄阳嫌杀景,秋天暗夜再呈光。
诗人屡约愁怀起,百卉难违菊首昂。
疾恶如仇轻媚态,助君吟月把墀墙。

咏　雪

无派无门不入渠，心花语絮任风疏。
一年叶落多讥我，三季人临不晓余。
大气调温君识早，蛇虫咒梦雁来徐。
王祥奉母难相报，曾劝天公赐活鱼。

咏　日

万物生荣靠太阳，传温送氧逐炎凉。
朝携春笔描新绿，暮隐秋山酿熟黄。
夏至邀风吟岁月，冬来遣雪覆沧桑。
德将后羿前仇泯，更赐人间九色光。

吟　月

芳名自古曰婵娟，玉洁冰清笑影妍。
万里柔情消寂寞，三人对酒醉诗仙。
花间屡化千愁结，榭下时逢一世缘。
多少风云收眼底，牵心游子夜难眠。

咏雷电

飞龙亮剑破天门，掩尽穹隆日月痕。
震慑冬虫辞伏蛰，光惊墨吏醒庸昏。
惩贪警世声尤厉，赐雨安民意更温。
自古英雄谁与比？一身正气定乾坤。

咏　星

当空闪烁似银钉，无电无波若在荧。
空谷风来观转斗，长宵露落品悬瓴。
疑闻楚汉敲车马，蓦见仙人渡舫舲。
脉脉含情时眨眼，不争日月着衣青。

（责任编辑：张多勇）

大原长歌（诗）

赵玉发[*]

（中共庆阳市委　甘肃庆阳　745000）

这里就是那个大原
那个黄土高原面积最大
保存最完整的黄土大原
那个出土了黄河古象
发现了中国第一件旧石器的大原

这里，就是那个大原
那个医祖岐伯尝过百草
始祖黄帝论过医道的大原
那个公刘播撒五谷
梦阳吟唱豳风的大原

这大原就在庆阳
这里有
肥沃的土地
秀美的山川
勤劳的人民
丰富的物产

这大原就是庆阳

---

[*] 赵玉发（1962—），男，大学文化，庆阳市委副秘书长，庆阳市荒漠化研究中心副主任。主要从事区域研究、政策研究，创作歌词多首。

这里有
历史的悠久
人文的璀璨
大山的敦厚
平原的坦然

此时，站在大原之上
多么希望我就是那只
驮载不窋的凤凰
飞越四千年时空
俯瞰那蜿蜒的高速公路
在峁梁沟壑间穿梭
倾听那连接古丝绸之路的高铁
在陇东大地回响

此刻，站在大原之上
多么希望我就是那缕
吹拂芈月公主衣袂的长风
穿越唐肃宗驻跸的彭原
停留在蒙恬屯军的山梁
拥抱秦皇北巡的直道两旁
陪伴再造的子午岭
在这片神奇的土地上快速生长

我还希望是那高高的钻塔和风车
矗立在王昭君出塞的打扮山梁
任斗转星移
用环灵大道的轻风
把母亲昏黑的窑洞点亮
看沧海桑田
用鄂尔多斯盆地的黑石

托起能源之都的梦想

我也希望是马莲河上的一只水鸟
这一生就依恋着美丽的河床
伴高峡平湖
汲水浇灌塬上
那农民焦渴的希望
听花开花落
在明镜般的池塘里游弋
把保塬固沟的绿色与乡亲们分享

相信我吧
只要你站在大原之上
你的心胸会豁然开朗
你的脊梁会挺拔坚强
因为在你的脚下
是中国原始农业的发生地
农牧融合的能量会顺着你的经络
浸入骨髓，直抵胸膛

是啊是啊
只要你走进大原之上
你的头脑会更加清爽
你的灵魂会更加安详
因为扑面而来的清风
经历了南梁那片美丽梢林的梳洗
带来大顺城始见的羌山杏花
踏石留印，书写辉煌

站在大原之上
面朝温暖的阳光

吼一嗓古老的道情
举一碗久藏的醇酿
祈愿我脚下的土地春色常在
祝福我家乡的父老如意安康

（责任编辑：张多勇）

豳风庆阳（组诗）

申万仓[*]

（庆阳市住房公积金管理中心　甘肃庆阳　745000）

驿马关

打马经过
驿马关

没有看见
汉唐的红颜

垂柳依依千姿百态
前行的古道
似一册百读不倦的经卷

路途的景象
像给历史标点
又像给心灵导航

马蹄声声

---

[*] 申万仓（1967—），男，大学文化，甘肃镇原人。中国诗歌学会会员、中国作家协会会员、庆阳市作协副主席。出版诗集《心灵的微笑》、《心灵的天空》、《心灵的拓片》、《心灵的家园》。作品曾在《诗刊》、《星星诗刊》、《诗选刊》、《飞天》、《朔方》、《绿风》、《语文教学与研究》、《人民日报》等报刊发表。曾获梦阳文艺奖、甘肃省优秀杂文评选一等奖、第三届《上海文学》诗歌大赛三等奖、《诗刊》全国征文优秀奖、第三届和第四届甘肃省黄河文学奖。

空谷回音

车来车往车堵人涌的路上
一匹马一个人似乎来自遥远

与一粒盐对视

蓦然回首，与一粒来自盐池的盐对视
我看见我的前身

我赶着一头疲惫的毛驴走在驮队中间
肩上背负的盐袋越来越沉
脚下的路越走越长
大山里行走绕不过六百里的艰辛

我和我的毛驴走出陇东
从盐池往回走
给村庄一片片小树林，一孔孔窑洞
驮回一驮盐，驮回一些精神
那一缕缕青烟和微风
是窑洞里挪动的盆瓢碗碟的响声

一粒盐，一粒来自盐池的盐
给过我多少欢欣和痛苦
我记得那头留在古老盐道上的黑驴
曾经使我多么自豪和幸福
它，在盐道上放下生命
送盐上路
我在前面走
若不是常常回头
看黑驴走在路上的亡魂

就找不见回家的路

柳州城

这是一块水环山拥的高台
是一块飞鸟和鸣虫的乐园
蒲河和清水河像它的左手和右手
随意率性地环抱一代代口授的传说
在城子山下保持经久的沉默
兰宜公路一刀切下去
有人看见了
北宋的铁柜,谷种,灰坑
有人想倾听这块土地上久远的声音
有人想寻找这块土地下埋藏的黄金
春天如约而来,时间像一位永远的谶人
把识别的密码藏在青青的草上
眼睛无法顺着根系抵达深处
双手接过刨根问底的重任
石头和瓦片抵挡过多少利刃的刺探
千年风雨,盛满一只豆青瓷碗的约会
探宝的镢头落下时
北宋的饭碗又一次破碎了
传说的柳州城
只能用一堆又一堆碎砖烂瓦证明传说的真实
抚摸过铁柜,谷种,宋瓷的人
怕行人挤垮通往果园的独木桥
独守秋天飘香的秘密
柳州城,春天的柳州城
在一只只忙碌的小蜜蜂看来
是真实的油菜花,是遍地的黄金

向天地谢恩

阳光像一位唯美的铁匠
使出浑身的光芒
锻打一枝麦穗的光亮

大塬里出没的我,看见
苜蓿拿出一地紫色的微笑
向我述说,长在黄土塬的荣耀

蝴蝶张扬的翅膀上
驮着我和庄周的思绪
在天地之间往来
割麦的母亲没有看见飞翔的美
甚至顾不上擦一把汗滴的苦和咸

碾麦场的微风送来花的香
扬场的父亲正在扬起满怀的希望
落下的麦粒填满空荡荡的心房
割苜蓿的哥哥背回一槽牛的喜悦
天地轮回
炊烟柱天

再访长城塬

站在长城塬的高处
我看到矮下来的
矮到地平线上的秦长城两边
青幽幽的麦田
完全淹没了蜿蜒纵横的

一代霸主雄伟的蓝图和胸田

巡查庄稼的老农
一柄长锹在肩
右脚轻抬
左脚落下时
一个被长城恣意分割的大塬
又被跨越长城的脚步复原

农牧交界线上构筑的彩虹
终究是烟消云散
大塬指认
有多少高地
随小小村庄升起的袅袅炊烟
起起伏伏

（责任编辑：张多勇）

驿马关（散文）

第广龙[*]

（长庆油田新闻中心　陕西西安　710081）

　　董志塬上的驿马，是个镇子，很早，属于交通要害。往南，快出镇子了，一片开阔的空地上，有一座两人高的土丘，上头支着一个四棱空心木塔，下头粗，上头细，在最顶上收成一个尖角。木塔是木头椽子结合成的，没有上色，十分老旧，也显得平常。由于高于镇子上的所有房屋，才容易被发现。我1980年头一回来驿马，就留意到了这个木塔。

　　我看不出木塔有什么实际用途，或者能担负其他方面的什么功能，奇怪的却是一直立在土丘上，一年四季，风吹雨打，总保持着一个样子。我看到之前立了多少年，我不知道，20年后，木塔还在老地方，还没有腐朽、倒塌，我路过驿马，还能看见。在我看来，这如同一个奇迹。因为记住了木塔，远远的，木塔进入眼界，就知道，驿马快到了。我在心目中，把木塔当成了驿马的一个识别标志。

　　木塔的消失发生在2003年，那一年，修建高速公路，驿马镇走向依然，布局改变，随着周围房舍的拆除和重建，木塔终于和土丘一起被清除，原地成了一家旅社的后院。

　　有木塔在，我经过时，联想起过去的事情多一些，没有木塔了，我也没有什么遗憾的。世上没有了的东西多了，少一个木塔不算什么。何况它仅仅是一个木塔。何况我近年已经很少再走这条路，自然也不经过驿马了。

　　过去，我对于驿马，不仅仅是熟悉。由北向南，驿马南面的镇子是

---

[*] 第广龙（1963—），男，甘肃平凉人。中国作家协会会员。参加《诗刊》第九届"青春诗会"。已结集出版六部诗集、八部散文集。甘肃诗歌八骏。获首届、第三届中华铁人文学奖、敦煌文学奖、全国冰心散文奖。中国石油作协副主席、西安作协副秘书长。

彭原，北边的镇子是白马，驿马最大。驿马镇东北方，大约 5 里地远，还有一处比驿马小的地名，叫后官寨，在这里，有一所占地五六百亩的技校。我来到驿马的土地上，与这里发生关联，还记住一个木塔，都是因为这所技校。的确，只有我这样的人，才对木塔给予关注。本地人，偶尔路过的人，怎么会在意废物一般的木塔呢？也许在有的人眼里，木塔的价值，便是冬天天冷得不行了，可以当柴火烧。当年，17 岁的我，内心烦乱，觉得自己也是社会的多余人，更不明了今后的路咋走，由着命运的安排，也是我自己的选择，我来到了驿马。我来到驿马时，正是收获的秋天，许多日子，天空的蓝看不到边际，空气里蕴含着苹果成熟的味道，我的心情应该明亮如阳光，敞开胸腔呼吸，可是，我的正在生长的身体，却脆弱而敏感，对于驿马有太多的不适应。既有生理上的，也有心理上的。我的扁桃体发炎，反反复复多日，喉头间似乎卡了一粒着火的煤球。

以前，我没有出过远门，也从没有离开过父母。来到驿马，我的人生不一样了。未知的内容，不管我是否情愿，都一一出现，而这些我又必须承受。记得当时时间紧迫，赶路匆忙，没有带上粮户关系。在技校报名处，一个额头上有一片红色胎记的要我回去取。几百公里路，哪有这么随意。我口笨，一着急说不出完整话，脸都涨红了，又想不出办法。旁边一位瘦小个子，看模样也是学生，注意到了我的困窘，过来问我是新来的，我说是，说跟我走，就带我直接找我的班主任。班主任姓李，听了情况，给我安排了住的地方。我说我得给家里拍份电报，瘦小个又借来自行车，带上我去驿马镇。邮局就在木塔对面的街边，拿来电报纸，我填了四个字：速送户口。折腾到下午，才回到宿舍。帮助我的瘦小个姓马，我后来离开技校，专门到他宿舍去，送他一本影集留念。如果不是他的帮助，也许我的人生，会走到另一个方向去也说不定。

宿舍就在马路边，是一排青砖箍窑。一间住六个人，支了三张分上下的铁架子床。就剩下最靠外的一张了，我急忙安顿，一边铺褥子、叠被窝，一边留意他们，都不认识。一会儿，互相扔纸烟，才知道四个都来自平凉，两个来自平凉郊县，都和我一样，是从地方上招来的。刘波，父母上海人，支边西北，在平凉生下他，红脸，那种风吹下的红，看相貌看不出有南方血统。但刚接触，我就感到了他的自负，也感到了他的聪明。还有话少的张小明，脸上挂着冷笑。戴眼镜的王庆民，似乎怀有心事。另两个，杨宁生说话女声女气，刘振辉眼泡突出，总用手揉眼窝。我们这就成了一个屋檐下的人了，后面的日子，是漫长的，也是难熬的。董志塬早晚气温低，房子里已经安装了火炉子，堆了一堆煤炭。我们生着火，围着烤了一阵，就钻进了被窝。头一回，没有在家里的炕上睡，我应该失眠才对，可是，我竟然早早睡了，睡得很死。早上，刘波说我磨牙，还说胡话。我难为情，没有接他的话。我从小就磨牙，说肚子里有蛔虫，吃宝塔糖，蛔虫打下来了，还磨牙，人在梦里，控制不了。

  第二天上课，教室像仓库，又动手生炉子，清冷的空气里，青烟弥漫，呛得你一声我一声咳嗽。同学来了30多个，多数是矿区子弟，和地方上来的不太一样，都说普通话。后来我才领教了他们的厉害。现在个个客气，本相还没有暴露。不欺负地方上来的矿区子弟，回忆起来，仅有潘万庐等很少几个。九点多，李老师来了，发书，发餐票，讲注意事项。同学乱糟糟坐下头，有几个，还点上烟抽，李老师的眼光看过去，没有制止，继续说他的。我就觉得，虽然是技校，和中学到底不同。大学是不是也这样，我不知道。我以为李老师讲完，就要学课文，却没有，让我们回宿舍。临走，李老师叮咛我抓紧把粮户关系办来，我点着头，心想还不见来，再去镇上发电报。

  吃饭要过马路，对面还有一个校区，比这边大。食堂里挤满了人，有许多女学生，漂亮的起码占一多半，让我有些走神。我的这个班没有女生，全是男生。听别的同学讲，毕业后，干的都是出大力气的活，女生干不了。我当时没在意，后来，成天搬铁疙瘩，一身土，一身油，我只能认命，没有别的路走，累死我也得受着。排队快到我跟前了，前面是一个女生，刚洗过头，头发散发清香。我明明听她要一份两毛钱的素菜，打饭的却给打了一勺肉菜，收进去两毛的菜票，找回来成了五毛，女生奇怪呢，打饭的使个眼色，嚷嚷说下一个，女生就转身走开了。我就没有这么好的福气了。食堂里没有餐桌，我们走回去吃，可肚子饿，边走边吃，走回去，铝饭盒吃得空空的，感觉像没有吃一样。

  晚上，我们的宿舍里，先来了一个大家都叫赵鬼子的同学，闲说了一阵，见我箱子上放罐头瓶，问是啥，我说是从家里带来的肉臊子，他说尝一口，我就让他尝，他连说好吃，走的时候，就拿上走了，似乎很随意的样子。我脑子一时转不过弯，直发愣。想明白过来，就有些生气。一会儿，又来了一个叫何全的，他细长腿，眯眯眼，从他的言语中，听来是说有事找他，不要跟谁谁来往，有些表明老大身份的意思。洗脚睡下，杨宁生小声说，这技校是啥技校啊？王庆民在铺上坐起来，高声说，都把身放正！这里不是白区！话音未落，木门咚一声，不知外头谁扔了什么。王庆民赶紧趴下，再不说话了。

这一夜，我没有睡好。

中午吃完饭，我正要睡觉，我哥找来了。我和我哥出去，到路边的一片玉米地畔说话。我哥办妥了我的粮户关系，也带来一个消息，说开始征兵了，家里给我把名报上了，我如果不想上技校，就一起回，回去当兵去，由我定。这我没有想到，思想一下就斗争上了。玉米地里的玉米已经收了，只残留下凌乱的短茬。我拿脚踢着，一口一口抽烟。我那时候，除了上大学，出路还是挺多的。像我虽然没有考上大学，但可以选择的技校就有五六所，煤炭、林业的都要我。到驿马来，是我自己选的。什么原因？有，又似乎没有。当时就这么选了。人也是怪，走出一步，轻易不愿收回来。我犹豫了一阵，给我哥说，不回去了，就在这里，瞎好都在这里。这也说不出原因，反正我下定决心了。

平凉招的那一批兵全分到了四川江油，驾驶兵。我有时想，如果要是当兵，我的人生，会是什么样子呢？复员回老家，开班车，开货车，开出租车？和现在不一样，这是肯定的。但是，人生没有假设。

渐渐了解到技校的一些情况。这个矿区，下面分了许多单位，每个单位，都开办技校，主要是解决职工子弟就业。驿马技校规格最高，由矿区直接管理。相应的，学生的层次也就高一些。驿马技校分了各类班，压裂班，水电班，机械班，以后的工作环境好，高分才能进去。我待的这个班，是井下作业班，最差，子弟参加矿区考试，平均分数20分的分到这个班。地方上招来的，没有组织考试，是用高考落榜的分数报名，200分以上就可以。这个分数，在当时，和录取上大学的差距也就十来分，算高分了。我就是这样来的。也正是地方上来的，便只能进最差的班。和这些没有正经念过书的子弟在一起，我有些憋屈，一个宿舍的也常在晚上发牢骚。还没有完全步入社会，就遇到了不公，我们的力气是微弱的。改变不了已经形成的事实，只是私下说说。

王庆民被宣布为班上的团支部书记，却也说明，在严酷的冬天，动脑筋的人，不会让手冻僵了，能寻着火塘，烤上炭火。据说，有个身份，分配时，对自己有利。记起一次老师了解谁是团员，结果地方来的都是，王庆民说他在中学是团总支书记，自然就被考虑上了。王庆民除了上课，常出出进进，手里有时拿着档案袋，有时拿着报纸，我在路上还遇见他和另一个班的女团支部书记一起走，说说笑笑的，显得和我们有了区别。在隐隐的感觉中，我们似乎还在黑路上走，而有的人手里拿着地图，知道哪里拐弯，哪里停。然而，不久刘波有事请假回家，回来说，他了解了，王庆民根本就没有当过中学的团总支书记。说着说着来了气，恰好王庆民到校团委汇报去了，狠狠地用小刀在王庆民的褥子背后划了几道口子。刘振辉似乎不甘心这样的命运，他每天晚上睡觉前，都抱个小收音机收听英语广播，一句一句跟着学。他说，有机会，还要再考，实现当翻译的梦想。过了一些天，刘波在平凉教书的父母来到技校，和校领导见了面。因为都从事教育工作，共同语言多，似乎也有某种效果体现出来：我看到，一次校办主任对刘波说：你父母有气质。杨宁生和我在一起，叹气说，复杂啊。张小明对我说，你咋没动静？我开玩笑说，不急，我正找机会呢。

　　不过，我真还遇到了一个关心我的老师。那是技校组织的一次征文比赛，我写了一篇，得了奖。负责的张镇宇老师约我到他宿舍，鼓励我，还说想看啥书就过来。他单身，桌子上有一只书架，挤满了书籍。我就经常找他，借上一本，看完了，还书时再借一本。因为有书看，许多难熬的晚上和无聊的星期天，我过得快了一些。我和张老师的交往一直持续下来，离开技校，还保持通信。技校生活单调，闲下来，我不是想吃的，就是想女人。前者具体，蒸馍，肉菜，肚子里一直欠缺；后者抽象，那时不知道电影明星，脑子里没有替代的。吃饭前，想吃的，吃完饭，想女人。我虽然不到20岁，可身体发育，荷尔蒙操纵，我也阻止不了。还想家。家远，不是想回就能回。我还真喜欢上了水电班的一个女生，不敢表白，路上遇见偷偷看，以为真的和我有关系。后来让张老师给说说，却没有结果。体验到的只有淡淡的苦涩，以及我这个年龄段才有的在意。这么多年过去了，也该忘却了。

　　平日里，我也把许多时间，消耗到了驿马的周边。每天晚饭后，我都走一走。从技校外围的任意方向，都能走出一条乡间小路，走向开阔的田野。黄昏颜料般浓烈，野鸽子以半圆的阵列飞过，灰色的身体镶上了金边，似乎要投入到如染缸的夕阳里去。宽一些的土路两旁，挺立着高大的白杨，在远处收拢，变细。遇见背着一口袋刚从磨子上磨好粮食的人，步子吃力；架子车驮着大水桶到机井拉吃的水的人悠闲，晃荡着走，走得不紧不慢；骑自行车赶路的人，都弯着腰，勾着头；骑毛驴走亲戚的人，身子颠上颠下，毛驴脖子上的铃铛发出脆响。树木集中的地方，往往就是一户人家所在，过去，却不见房舍，再看，地面陷下去一个深坑，切割平直了，在土壁上凿出窑洞，一头圈成地道形状，成为出入口。几乎一间窑洞顶上伸出一管烟囱，烧炕，做饭，烟就冒出来。我一次使坏，揪了一把蒿草堵住做饭的这一孔，然后躲一边，一会儿，下头的窑洞里咳嗽着出来一个女人，抬起头往上看。我赶紧跑了。等心跳平息下来，我觉得挺愧疚的。

　　也到驿马镇上去，走路也就十多分钟。逢集的日子，人挤人，侧着身子，也挤。看看热闹，就回去了，很少买东西。平时去，主要是买牙膏，寄信。还去西峰，坐班车。西峰是地区，新鲜多。那时的青年，流行穿喇叭裤，技校学生都穿，我也做了一条。还穿带鞋后跟的布鞋，以前都穿平底鞋。鞋跟就两指高，感觉不一样了，是跟上潮流的感觉。还留长发。就是长时间不理发，也是一种时髦。在校园里，看着还正常，出去，和乡下人的穿着一对比，就显得特别扎眼。有的学生，提着收录机，大声放出流行音乐，在街上招摇。行人都避让，目光或者惊疑，或者轻蔑。类似这样的情景，持续了四五年，才渐渐衰弱下去。那个年月的青年，以这种外在的方式张扬自己，表现叛逆，像驿马这里，远离城市，接触信息少，天黑了只能听见狗叫，就放纵、宣泄，结果使内心更加空虚。我就处在这样的状态。

　　驿马的当地人，常把驿马叫驿马关。我没有调查，听老人说，从字面琢磨，过去应该是一条重要的通道，由于往返辛劳，需补充脚力，这里便成为驿站。一定饲养了大量善走的马匹，随时调遣使用，粮产的丰盛，也可以进行有效供给。董志塬有陇东粮仓的别名。地理上，南边接近关中，北边挨着塞外，我猜想，百十年前，军事的对峙、冲突，也会经常发生。驿马又是一个缓冲地带，所以此地成为关隘，战略上扼守和制衡，进退都容易主动。可是，我在驿马，没有发现任何金戈铁马的遗迹，只是看到了一个无用的木塔。它是久远的岁月传递过来的吗？

可是，驿马对我来说，的确又是一个关，我绕不过去。既然选择了这里，就不能逃避，这一关我得过。

课程在进行着，猫头、吊卡、封隔器，我认识着这些器具，和内心的苦涩，搅拌在一起，发出哐当声。以后，我接触的将是实物，是生硬的铁。我不知道，我能否承受得了。制度，告诫，似乎对矿区子弟没有约束力，课堂上，练习划拳的吼叫，大过老师的嗓门。桌子上的来回跳跃也经常出现。老师制止不住，有时，实在进行不下去，夹起书本，摇头离开。教室里立刻爆响欢呼声。自然，他们也不会追求进步。王庆民非常失望，没有一个人递交入团申请。张镇宇老师对我说，别学那些捣蛋学生，你们地方上的学生，和他们不是一路人。但我觉得，除了没有矿区子弟的优越，除了老实，除了不乱花钱，我们之间没有区别。但是，我这样想，矿区子弟却是另一个结论，认为这些地方上来的不合群，有想法。是有意和他们拉开距离，来显示自己是听话的乖学生。何全过生日，就有随从到我们住的房间来收贺金，一人五块。钱出了，吃饭我们都没去。晚上，何全提着红酒瓶子来，都睡下了，强叫起来，给我们一人灌了一茶缸。还有一次，我被叫到另一间房子，进去，中间一个大汉坐椅子，我认出是食堂的炊事员，两边站着打手模样的，是我们班和其他班的厉害人。这场面，似乎是威虎山上土匪审问外来者的浓缩版。盘问了一阵，问我要钱，我翻开口袋让看，没有，就放我回宿舍了。

矿区子弟也分成三五个帮派，相互之间难免发生许多争执，都是说话不合适了，见了没有打招呼了，喝酒占了上风了这些小事，但积聚的次数多了，关系到脸面和声望，激发出了仇恨，就谋划通过暴力手段征服对方。隆冬时节，天刚擦黑，一次大规模的打斗，终于在技校爆发。说起来也就十七八岁，却适宜冒险，敢于冲突。不到半个钟头，卷入学生三百多，门窗、玻璃、电灯泡被摧毁，头打烂的、胳膊摔折的、肋骨断裂的都有。讯息传来，我们几个陷入极度恐惧，当即决定逃亡。许多学生都在路上挡车，一些女学生哭哭啼啼，有的家长已经过来接自己孩子了。那时候一天只有早上有过路班车，平时没有交通。等不来车，好不容易来一辆过路的，卡车司机看到这种情况，怕有意外，都加速通过。

商量了一下，我们决定走路，走到西峰去。

这一夜，有月光，冰冷的月光。走到驿马，看见木塔白色的身子，似乎感觉不到冷，也不知道发生了什么。我只是匆匆走过去，把木塔留在我的身后。脱离了险境，我们竟然兴奋起来，说着笑话和平日里的趣事，在路上蹦蹦跳跳。路上没有行人，也没有车辆。只有我们几个，身影一会儿飘到路边，一会儿飘到路中间。天上的月亮，跟着我们走。月亮很小，很高。走了两个钟头，中间有三辆汽车过来，大灯把柏油路照得雪白。我们吼叫着拦挡，汽车似乎要停，我们高兴着朝车跟前走，汽车却轰一脚油门，呼啸着开走了。我分析，汽车不会停下的。我要是司机，黑天半夜的，看到几个扎堆走路的人，心里还害怕呢。这时，我的肚子叫唤了一声，才记起下午没有吃饭。问谁有吃的，都说肚子在叫唤呢。

驿马到西峰，30多里地，走到后半夜，步子明显慢下来了。都想歇歇，都不敢。周围是深不可测的夜色，间或传来农家的狗吠。我们高声说话，给自己壮胆。又过来一辆车，看着是一辆手扶拖拉机，我们又吼叫，招手，拖拉机有意思，不愿意停，我们又在靠近，为了躲开，竟然在公路上绕了一个大大的S形。看这形势，坐车没指望了。牙咬住，憋足气力走吧。我的脑子就走神了，就想到了父母，想到了哥哥和弟妹。身上一下温暖起来。本来，要回家得等到放假，那还有一个多月。由于学生打仗，可以早些回家，这得感谢打仗的学生。我多么想回家啊！

凌晨四点半，才走到西峰。活这么大，这是我走的最长的夜路。这似乎也暗示了我今后的人生，将充满艰难、意外和坎坷。但在当时，我只是着急往车站赶，买上一张早班的车票。至于将来，似乎是清晰的，分明又是模糊的。经历了技校发生的这一次事件，我选择的路，还能走下去吗？

在平凉待了三个月，我的心情发生了异样的变化。还是我熟悉的街道、楼房、桥，我却有外人的感觉。在家里我应该安定才对，我却张皇不安。几次约上刘波，到张小明家、王庆民家走动。张小明家在自由市场的偏巷子里，一家一个大院子，养了两只鹅，见生人，叫着过来驱赶，我惊慌着满院子奔跑。张小明也不制止，在一旁得意地看热闹。还一起去照相馆，照了一张合影。一天天的，都关心驿马方向传来的消息。终于，技校来电报了，通知让还校复课。这时，春节已经过了许久了，我早就急着回到驿马去，再把木塔看见，再让董志塬的风吹乱头发。

车上董志塬，山塬还高低起伏，山窝子里，柳树冒烟，杏花开了个头。一片一片油菜花，金黄的颜色，是从泥土里奔涌出来的。到了塬顶，平展展的塬面上，气流般的绿色，一团一团的红晕，浮动于远近，土地也是熟透的颜色，潮湿的气息从车窗钻进来。这样的季节，容易让人昏睡，我却非常精神，连晕车的毛病也没有犯。当木塔映入眼帘，我的心跳猛烈起来了。是的，我有回到课堂的渴望。我不愿掉头，我要在未知的路上，走下去。

全校学生参加了开学典礼。主席台上的领导，个个神色严峻。有的学生受表彰，王庆民就得了个优秀团干部的奖状。为了领奖，他专门理了个小分头。许多学生受到处分，开除了不少。还通报了被逮捕法办的，我们班有一个。还有一个，是那个食堂的炊事员，我这才知道他姓刘。有了这么一次变故，学习、生活似乎步入了正轨。而且，我们的宿舍，也调整到了对面校区。上课也在新盖起来的楼房里，大窗户，墙根立暖气片，头顶吊风扇。

但是，我知道，在这里我只是短暂停留，只是一个过渡，一个中转。当时间到来，吸收我的，是远处大山那掌纹一般的褶皱，每一个细小的隆起或者凹陷，都等待着我。那个领域我还陌生，但肯定会被我熟悉。不论如何，把我的一生划分阶段，在驿马，我有了一个新的起点。虽然，在这片辽远的土地上，我居住的时光，不会太长。

在过剩的雄性激素作用下，我亢奋又失落，每一天的日子，是快乐的，也是难熬的。当又一个秋天到来时，我就要离开驿马了。本来，按照学业计划，我这个班还有半个学年。由于这一批学生不好管理，爱生事，学校头疼，就结束了我们的课程，让提前下厂实习。我已经知道，我要到在庆阳三十里铺扎营的179队去。班里的其他学生，大多也都被分配到编号不一的井队。只有刘波被安排到矿区职工学校去当老师。王庆民白忙活一场，鼻子都哭红了。

又是多年过去，技校和我一个班的同学，各自走着不同的路，在井队挣扎、受苦、找寻机会，靠本事变换环境。我已离开井队20多年，换了四五个岗位，平淡地生活着。刘波现在是一家酒店的经理，给我打过一次电话，没有别的交往。张小明很快调动回去，在政府部门上班，也失去联系了。王庆民从井队出来，在子弟学校担任专职团总支书记，这一回是真的，一个人一间大办公室。但他因为谈对象，每月都回平凉，经常一个月不见人，被单位处理，重新回到了井队。他接受不了，他父亲来到矿区，到处找关系，终于把他调回去了。不久，我听人说，回去后，开始还可以，后来厂子倒闭，成天和媳妇吵架，想不通，跳楼摔死了。杨宁生在矿区子弟学校教书，我已有多年未见了。刘振辉英语好，真的派上用场，保送出去深造，后来在伊拉克担任矿区劳务集团翻译。同学中的矿区子弟，我几乎都没有联系。我记得外号叫黑冒烟的一个，当了一个团伙的头头，参加工作不久，在庆阳街头被人拿刀子捅死了。在学校时，倒没看出他有这本事。赵鬼子修井时被钢管夹断手指，上不成班，就一天待在队部，当留守人员，一次喝醉酒从二楼栽下，成了傻子。何全是司机，开身形庞大的压裂车，我以前老在街上碰见，后来再没见过。去年，潘万庐到西安找我，说他离职自己干，干不下去，看我有没有办法，另给他寻个事情。我自然办不到。我就知道这几个的情况。

秋末，听说矿区把驿马技校交给了当地政府，就感觉到，我和驿马的联结，也许就此便中断了。因为，五年前，驿马技校就剩下一个校园，已经没有学生、没有老师在里面了。我上学每月还发 15 块生活费，后来的学生，生活费自理不说，还要给学校交钱，一年六七千。就这，随着企业不断改革，培养的学生，已无从安排，终于办不下去了。想一想，我还挺幸运的，就收费一项，当年要这样，以我们家的经济条件，绝对供不起。技校失去功用，还得维护，保留着也真没多大意义。所以，移交给当地政府，也许还能做养牛场、养鸡场。如今我要是再去，看到的只能是另一个驿马技校，也许是一个无从辨认的废墟。但是，驿马留给我的印记，是磨灭不了的，这印记，在心口子上。我就想起，我原来还隔上一年两年去一回驿马技校，在校园走走，看望张镇宇老师、班主任李老师。算算五六年没有去过驿马了，我也不想再去了。对于驿马技校，我的印象，更多停留在过去，停留在与我有关、有我在的日子。

驿马的木塔消失了，驿马技校也快消失了。人经历过的事物、场景，打过交道的人，更多的，留存在记忆里。木塔无用，却出现在驿马。难道一定要有理由吗？出现就是理由。也许正因为无用，木塔才能长久地存在。同样，木塔的消失，也不值得奇怪。也许，木塔是过去的瞭望哨，在缺少高地的董志塬，还真需要一座木塔，但世事变迁，终于失去作用，没有瞭望下去。如果不是修高速路，木塔也许还能在土台子上。可是，世上就没有这样的如果。我和木塔比，有什么共同之处吗？或者，木塔给我暗示了什么吗？我说不清楚。

（责任编辑：武国荣）

无法分辨（小说）

杨永康[*]

（陇东报社　甘肃庆阳　745000）

　　我一直梦想着，扛一把巨大的木梯，拖着僵硬的、机械的身躯，在繁哈尔的夜晚奔跑，不觉得饥渴，不觉得累，分辨不出任何东西。多么丰沛的夜晚，多么丰沛的时间。有足够的夜色供你奔跑，有足够的夜色供你挥霍。许多失眠症患者都这样的。熬人的夜，呛人的烟。我能分辨出夜与烟。不是那种呛人的烟，是繁哈尔傍晚袅袅的炊烟，缭绕于繁哈尔茂密的树丛与牵牛花间。借助茂密的树丛与牵牛花可以分辨出繁哈尔丰沛的阳光，丰沛的雨水，丰沛的芬芳，繁哈尔的萝卜与木梨。许多年前，繁哈尔丰收过一次萝卜与木梨，我与叔母在松软的泥土里，拔呀拔，搬呀搬，整个秋天都在拔、都在搬比我的个头、比叔母的个头还要大好多好多的萝卜与木梨。叔母一会儿喊我的名字，一会儿喊萝卜的名字，一会儿喊木梨的名字。繁哈尔的一切都有名字，包括木梨，包括萝卜，包括每一朵花，每一种汁液，每一种丰沛。声音越过繁哈尔的茂密树丛与牵牛花，遥远、神秘、清晰。我最喜欢的是牵牛花，长长的一串。奶奶老说这种花摘不得的摘不得的，一摘，吃饭的时候，碗就会无缘无故地掉在地上，可是孩子们还是喜欢那种花。闹饥荒的那些年，叔母与奶奶就整天带着我满山满野地找野菜。全村人都找，自然这野菜比金子还少，叔母就摘了好多牵牛花。叔母吃，奶奶吃，我也吃。吃后肚子奇胀，叔母就煮熟了给我们吃。许多年后，叔母头巾里还包了许多牵牛花呢，芬芳无比，走到哪都在衣服里面掖着。我问叔母，还在吃花吗叔母？叔

---

[*] 杨永康（1963— ），男，甘肃西峰人，先后就读于陇东学院中文系与陕西师范大学政教系，散文曾获第一、二、三届黄河文学奖，第四、五届敦煌文艺奖，第三届冰心散文奖，第二届在场主义散文奖等。《黄河文学》《中国当代知名散文家新作展》栏目主持。

母说，不吃了不吃了。不吃了还掖在衣服里？掖着心里踏实呗。怎么个踏实法？你闻闻就知道了。找到一朵牵牛花，就可以找到整个芬芳无比与整个繁哈尔。

叔父正安静地坐在院子里。有一次我们吵吵嚷嚷着闯进一座空旷的院子，院子有一棵巨大的木梨树，我们在树上树下摘啊吃啊吵啊嚷啊，闹够了，才看见树下坐着一个安静的人，书页在哗啦哗啦地响。孩子们都吃惊不小，嘴巴一下子愣在了那里……那些张开的嘴巴许多年后还那么汁液丰沛纹路清晰。安静的人偶尔过来与爷爷一起喝喝茶。爷爷一辈子都喜欢茶，熬得像油似的茶。一年四季都在喝，茶香在村子里飘了许多年许多年。常看到过路的客商坐下来喝一会儿茶，纳一会儿凉，陪着爷爷天南地北地说着话，我在一旁给爷爷扇着扇子，蒲叶做的那种。客人重新上路的时候行囊里全是淡淡的茶香了。闹饥荒的那些年，村里到处都是红薯干的气味，到处都是饿得发慌的人。有一个人晚上去偷吃村里的喂牲口的萝卜叶子，吃了一晚上，拉了一晚上的绿水，不长时间就死了，听说死的时候整个肉体都透亮透亮的。还有一个人偷吃玉米棒子的芯子，吃太多，排泄不出来，像牲口那样哭号了几天几夜，死了。爷爷一直安静地坐在自己的茶房里，喝那熬得像油一样的茶，爷爷常留点吃的给我，怕我饿着。爷爷说，他有茶就行。爷爷晚年半身不遂了，起居勉强能够自理的时候，茶照喝，去世之后许多年爷爷住过的屋子里仍然满是茶香。与爷爷不同，安静的人喜欢喝很淡很淡的茶。喝茶时很少说话。喝完茶，就重新回到那棵巨大的木梨树下，安静地看自己的书。那些年代谁不饿呢？安静的人也饿。每次饥饿难耐的时候树上就会落下许多金黄金黄的叶子。安静的人去世了好多好多年，那些叶子依然金黄如昔，灿烂如昔，安静如昔。

我一直想看看真实的叔父与真实的叔母，他们的照片开始在一面墙上，后来挪到一个镜框里了，再后来就怎么也找不见了。我问过奶奶，奶奶说哪能说得准呢，那么多年了，也许散落在草里了，也许在哪个柜子里面。我翻遍了几个柜子，找到一张照片，照片里的一个戴红花的人多么像我。许多年前繁哈尔曾举行过一场隆重的婚礼，宾客们站满了院子，戴着大红花的新郎新娘，一鞠躬二鞠躬三鞠躬，直到繁哈尔的暮色来临。村子里到处都是喝醉了酒摇晃着回家的人，到处都是唢呐声……

酒是母亲亲手做的，乡亲们都喝得摇摇晃晃。我也喝得摇摇晃晃，隐隐约约记得自己先是撞在一面墙上，接着撞上了一堆坛坛罐罐，接着坛坛罐罐与空空荡荡剧烈相撞，空空荡荡与一架巨大的木梯剧烈相撞……

对，木梯，现在我正如愿以偿扛一把巨大的木梯，在繁哈尔的夜晚奔跑。总有一些事物比我跑得更快，比如白蚁，比如时光，可以眨眼间让整个繁哈尔物是人非……我们不可能比白蚁比时光更幸运，无法看到更多。偶尔可以看到一些散落在草里的坛坛罐罐。我隐隐约约记得自己先是碰在一面墙上，接着与一堆坛坛罐罐剧烈相撞。母亲为我们的婚事准备了那么多酒，几乎装满了繁哈尔的每一只坛坛罐罐。每年入冬，母亲就开始为年节酿酒了，院子里摆满许多坛坛罐罐，有自家的，也有邻家的，院子里整天都是米酒的香。这种酒大人小孩都可以喝。有一个叫小利的，一口气喝了多半碗，爬上了一棵树，在树上唱了一个晚上的红灯记。一会儿李玉和，一会儿王连举，一会儿李铁梅，唱谁像谁。家里人怕出事，怎么喊小利就是不下来。那一夜许多人在雪地里酣睡，许多人变成了小矮人，一个比一个矮。

小利比我小一岁，我们两家住得很近，我年轻的时候，喜欢点着灯通宵地看书，他有时候过来在我身边坐一会儿，带点他家里的果子什么的。两家间有一段不长的小坡路，若是在深夜，他就一路唱着王连举回去，王连举是坏人，坏人的胆子大，给自己壮胆。小利力气特别大，胆子特别小。我知道他胆子小，在他回去之前，故意给他念一段书里的鬼怪故事，听得小利身体一个劲地往衣服里缩。小利是单亲，父亲"文革"中是村里的出纳，挪用了村里的钱，上吊了。小利的母亲嗓门特大，骂小利的时候，全村差不多都听得到。小利的母亲开骂的时候，小利就偷偷窜我们家来了。我有时候不忍心，也送一些东西给小利，大半是小人书或者铅笔头什么的。小利不喜欢书，学上着上着就上不下去了，书里有好人的他全撕下来糊墙了，只留着那些坏人，比如王连举什么的。小利说，好人没有啥用，坏人吃得香。铅笔嘛，小利折成几截埋在村里的向日葵地里了。活该小利倒霉，那正是向日葵成熟的季节，小利正蹲地里埋几截的铅笔头呢，让老虎给逮住了。老虎远远地看见小利鬼鬼祟祟在向日葵地里转悠，猜想小利不会干什么好事，一逮还真逮了个正着。

村里的向日葵全由老虎看管，老虎姓韩名虎，我们都叫他老虎。那一年干旱，村里集中了许多丁壮劳力挖井。挖了几十丈深，总算挖出水来，清洌的井水一桶桶汲了上来，你一口他一口抢着喝。老虎没注意掉进刚刚出水的井里了。老虎住了好长时间的院，一条腿残疾了。一般活干不了，就给村里看管这眼机井。井慢慢干涸了，老虎没事干了，村长就把村里的向日葵地交给老虎了。老虎此后就认认真真地看起村里的向日葵地来。也许是在向日葵地里转悠久了，老虎的脚也慢慢没有那么臭了。老虎有点失落，整天打不起精神来。没有多长时间老虎长出一对大门牙来，村里人说那是老虎偷吃村里的向日葵子多了。向日葵地靠着公路，经常有卡车路过。那些年卡车司机备受女孩子们的青睐，卡车司机也特别青睐女孩子，一招手准停。路长，解解闷。向日葵地多好啊！远远地望去，一片金黄。老虎对卡车司机的歪脑子掌握得一清二楚，这么说吧只要你在这片向日葵地里动个什么手，动个什么脚的，一准让老虎逮个正着。好汉不吃眼前亏，给老虎散根纸烟，老虎一般都高抬贵手了。开始起些作用的，后来碰到这种事，老虎不买账了，卡车司机连话也搭不上了。卡车司机的女朋友有聪明过人的，便一个劲赞美老虎的两颗大板牙来，说她刚好有个妹子对大板牙男人特着迷，她虽然与老虎不沾亲不带故的，这个忙是一定要帮的。老虎听了高兴，那么漂亮的女人说他的大板牙长得好，肯定好呗。要不是在向日葵地里倒霉地碰上小利，老虎会与他的大板牙一直美好地等下去的。

　　小利把我给的铅笔折成几截埋在村里的向日葵地里，过几天想那些铅笔了，就溜进向日葵地里挖出来看看，过几天烦了又埋进向日葵地里。小利刚在向日葵地蹲下身子，老虎就一把抓住了小利的领口。干啥呢小利？小利说没有干啥。没有干啥怎么蹲在村里的向日葵地里？接下来就是许多难听话了。老虎走出向日葵地的时候一对大板牙没了。老虎咽不下这口气，回家找出一杆土枪来，里面装满了火药与沙石，对准小利家的烟囱就是一枪，尘土飞得老高老高的，小利憋气一斧头砍倒了老虎家门口的一棵参天大树，惊得树上的乌鸦在村子里盘旋了好多个下午……

　　许多年后我问奶奶，老虎的门牙真给小利打掉了？老虎真的开枪了？乌鸦真的在村子里盘旋了好多个下午？奶奶只是笑笑说，老虎的命不错的，老虎后来娶了媳妇生了子。小利的命也不错，媳妇给小利生了一儿一女，儿子上小学了，得了脑炎，最后伤了。再后来小利又生了第二个儿子。小利力气大，父亲在世的时候，常叫小利来我们家帮帮忙，干干特需要力气的活，比如推着石磨磨磨面、搬搬麻袋什么的。小利干什么都一声不吭，与他一起干活特别闷，特别是磨面这种活，本身够闷了，再加一个一声不吭的小利，简直能闷死人。有一年正与小利推着石磨在我们家磨坊里磨面呢，地震了。我把手里的推磨棍一扔就跑到磨坊外面去了，在村口待了大半夜。回磨坊一看，小利还在一圈一圈地推磨呢！昏暗的煤油灯在磨坊里一闪一闪的，小利的影子在地上拖得很长很长。父亲与小利倒挺投脾气，小利干完活，父亲早温好了一壶酒，一杯酒下肚，小利的话就多了起来，一说就是好长时间。夏夜麦子打碾时节，父亲躺在我们家的麦场上，小利躺在他们家的麦场上，常常会说一整夜话，月光照在父亲进入梦乡的脸上、小利进入梦乡的脸上，及麦垛旁一把小小的木梯上。夏天的后半夜露水多，我一直想替父亲守守麦场，父亲总是不肯，小利也不肯。我曾代替父亲守过一夜的，我躺在我们家的麦场上，小利躺在他们家的麦场上，月光照在我进入梦乡的脸上，也照在小利进入梦乡的脸上，及麦垛旁一把小小的木梯上，就是一夜无话。小利沉闷，我也沉闷。父亲说还是他守麦场吧。小利外出打工了，我们家的麦场还是由父亲守。我说还是我守吧！父亲说还是他守的好。小利在还可陪你说说话，小利打工去了，还是我陪你说说话吧。父亲说，有明明亮亮的月光呢。我不放心父亲一个人守麦场，抱出了院子里的小狗，这样月光下就有许多东西陪父亲了，明明亮亮的月光，安静的小木梯，安静的麦垛，安静的小狗，如果再加上一壶酒与小利就完美无缺了。他们中的任何一个都可以让城里人耿耿于怀许多年的。

　　父亲一辈子吃得香，睡得也蛮香，头一挨枕头，就呼噜打得震天响。父亲进入梦乡的时候全村人都进入了梦乡。月光多亮，父亲呼噜照打不误。太阳多烤，父亲还照睡不误。一秒两秒钟都可以睡得很香。只是睡觉见不得小狗的，不是见不得小狗叫，而是见不得小狗睡在自己的旁边。我回家总提醒父亲身边有个小狗多好，好歹是个伴。有个好人歹人的，总可以给你提个醒。父亲睡觉总要大开着门户。有一次窜进一个小偷来，那小偷见我们家门户打开，主人呼噜打得震天响，开始以为是个圈套，在院子里东张西望了许久，发现除了打呼噜的主人外空无一人，便胆子大了起来，干脆登堂入室了，见父亲还是呼噜如故，故意咳嗽了一声，父亲的呼噜仍然是那么响。小偷不好意思下手，就自己找来一袋烟，直到满屋子烟雾缭绕了，又使劲咳嗽了一声两声才笑着离开。父亲听见笑声醒来了。父亲脑溢血后，躺在病床上打点滴，还是平时睡觉的那习惯，呼噜照打，只是永远也没有醒来。作为儿女，我们都希望父亲还像从前那样睡得香。村里人也一样，都希望父亲呼噜打得震天响，世道不靖，有父亲的呼噜在，安全。

听奶奶说，父亲去世后小利得了失眠症，整夜整夜地在村里跑，跑得精疲力竭还是睡不着，眼睛通红通红的，像喝了人血似的。有一个晚上拿着斧头砍光了村子里的所有胡桃树，大树小树一起砍，砍得手里的斧子像掉了牙的锯齿似的。据老虎考证小利不是因为我父亲的离开才得了失眠症，才眼睛通红通红的像喝了人血。老虎说，想想看，高速公路、铁路、普通公路，那得毁掉多少房子砍掉多少树啊。越多赔偿的钱就越多呗，那一穷二白的小利还不成财主了？小利贪啊，小利看见钱眼馋啊，眼一馋眼能不红通通吗？老虎的话我一直不信的，不过有一点是可以肯定的，小利完全应该有一张红扑扑的脸而不是一双红通通的眼睛才对。前几天我参加一个活动就碰到过一张红扑扑的脸，我是说应该碰到的是一张红扑扑而不是红通通的脸。我们的市长，赶过来为我看酒，市长说他学生时代最喜欢我的乡土诗了，我轻轻拍了拍他的肩膀，不知道说什么好。许多年后乡土诗与乡土一样将在整个繁哈尔彻底绝迹。我在电视里看到市长亲手为整个繁哈尔绘制的宏伟蓝图了，好多村子要集中到小镇上一起住了，一起城市化、一起都市化了。说心里话我不怎么喜欢电视里的这张脸，过于盲目、过于自信、过于专制。与电视里的这张脸相比，我更喜欢那张红扑扑的脸与红通通的脸。我相信许多年前市长一定与我一样与小利一样有一张红扑扑的脸，就像一首诗里的高粱或者小麦一样。许多年前在麦地里，在高粱地里，面向全世界的好兄弟背诵各自的诗歌。"全世界的兄弟们，要在麦地里拥抱，东方，南方，北方和西方，麦地里的四兄弟，好兄弟，回顾往昔，背诵各自的诗歌，要在麦地里拥抱，有时我孤独一人坐下，在五月的麦地，梦想众兄弟，看到家乡的卵石滚满了河滩，黄昏常存弧形的天空，让大地上布满哀伤的村庄，有时我孤独一人坐在麦地里为众兄弟背诵中国诗歌，没有了眼睛也没有了嘴唇。"

就如同诗里写的那样，许多年前我们都是好兄弟，热爱诗歌的好兄弟，热爱繁哈尔的好兄弟。我们历尽千辛万苦为繁哈尔修建了机场、高速公路、铁路等，还要历尽千辛万苦让整个繁哈尔城市化、都市化，甚至国际化，直到那个叫繁哈尔的小村子变为一座到处都是高楼大厦，到处都是烟囱的大都市、大都会，而那个叫繁哈尔的小村子在历尽千辛万苦之后将就此终结就此消失。小利的孩子、老虎的孩子、我的孩子，我们的孩子的孩子乘坐人类已知的任何交通工具，包括市长历尽千辛万苦为繁哈尔建起的机场、高速公路、铁路，再也无法抵达那个遍布牵牛花、遍布黄葵、香气弥漫、我们都叫它繁哈尔的小村子。

几天前孩子从外地打来电话说，他梦见爷爷了，爷爷还守在我们家的麦垛旁。我问有无月光，孩子说有，很明亮很明亮的月光，月光下是安静的麦垛与同样安静的小木梯。只是老家的院子因为长期无人看管，十分荒凉。锈迹斑斑的锁、倾颓的屋顶，半截木梯年久衰朽散落在虚空里，像一只伸向虚空的手，等待风干……孩子希望我有时间回老家看看，找人清理清理。我理解孩子的感受，我做过许多次这样的梦了。与孩子的梦不同，我的梦里到处都是干净的木梨与萝卜，只是梦里怎么也叫不上那些萝卜与木梨的名字。说明即便那个叫繁哈尔的村子衰败了终结了消失了，一个叫繁哈尔的国际化大都会诞生了（应该是另一个繁哈尔，另一个），我与那个叫繁哈尔的村子千丝万缕的联系仍然无法割舍。一个喜欢喝茶的人埋在那里，一个喜欢打呼噜的人埋在那里，一个安静的人埋在那里，一朵芳香无比的牵牛花埋在那里。那里月光皎洁，遍布黄葵、萝卜与木梨。

我最热爱的叔母也埋在那里。我整天在一棵树下徘徊，怀揣一枚巨大的木梨或者萝卜。老盼着发生一场大水，最好是洪水，一望无际的洪水，让叔母惊慌的洪水，这样我好跋山涉水义无反顾地去救叔母。叔母年纪轻轻就患了肝病，去世前的一个黄昏我去看她。叔母眼睛深陷，脸色蜡黄，躺在一座黑暗的屋子里，屋子里光线暗淡，床头盛满夏天的水果，有几枚桃子开始腐烂，旁边是一只透明的杯子，里面是一些浑浊的液体。借助浑浊的液体，可以看见干瘪的乳房，可以看见一个行囊简单的旅人，一个问路的旅人。旅人，你在找回家的路吗？是的。说说你看见了什么？浑浊的液体，干瘪的乳房，还看见了什么？一只透明的杯子，几枚正在腐烂的桃子。那么摸摸它。曾经的充沛……曾经很充沛，如同那些巨大而汁液丰沛的木梨与萝卜。有一年夏天暴雨过后，沟沟坎坎都是水。孩子们扑通扑通跳进了小河里，跳进了雨水四溢的坑坑洼洼里。一个猛子扎下去，只有屁股露在外面。应该就在这时候我看见了叔母，新娘一样的叔母，我不知道叔母是否看见了我，叔母肯定看见了满河、满渠、满洼、满沟沟坎坎涂满泥巴的屁股。我义无反顾地怀揣一枚巨大而汁液丰沛的木梨或者萝卜冲向了新娘一样的叔母……

多年来我一直想告诉叔母，传说中的洪水并没有到来，我们历尽千辛万苦为繁哈尔修建了机场、高速公路、铁路等，还要历尽千辛万苦让整个繁哈尔城市化、都市化，甚至国际化，可是我们并不幸福。昨天下午单位的办公室主任笑嘻嘻地拿出一叠表格，告诉我，为了怕我麻烦，他已经代替甲方、乙方与乙方签约了，合同上说，有下列情形之一乙方将被甲方解雇。一在试用期间违犯甲方的工作纪律，连续旷工超过十个工作日，或一年内旷工累计超过二十个工作日的。二试用期内，考试不合格。三违反工作规定或操作规程发生责任事故或失职渎职造成严重后果的。四未经甲方同意擅自出国或出国不归的。五未经甲方同意在外兼职影响本职工作的。六在聘期内被判刑或劳动教养的。七严重扰乱工作秩序，致使甲方或其他单位无法正常进行的。八符合其他法定事由的。非常完美，只是有一点未被提及。如果我就是那个失眠症患者，拖着僵硬的、机械的身躯，扛一把巨大的木梯在繁哈尔的夜晚奔跑，是否会被解雇？我想那个月光皎洁，遍布黄葵、萝卜与木梨的繁哈尔总有一天要像我一样前途未卜。总有一天那些扛一把巨大木梯奔跑的失眠症患者，会遍布整个繁哈尔。这一天到来之前，我不会阻止任何人奔跑，任何人失眠，任何人吸烟，任何人拿着锯齿样的斧头砍一棵树。更不会在这一天到来之前阻止任何关于那个月光遍地、黄葵遍地、萝卜遍地、木梨遍地、阳光丰沛、雨水丰沛、芬芳丰沛小村子的怀念，对芬芳无比、牵牛花与叔母的怀念。我最热爱的人就是叔母。我整天在一棵树下徘徊，怀揣一枚巨大的木梨或者萝卜，老盼着发生一场大水，最好是洪水，一望无际的洪水，让叔母惊慌的洪水，这样我好跋山涉水义无反顾地去救叔母。而叔母此时脸色蜡黄，眼睛深陷，躺在一座黑暗的屋子里，屋子里光线暗淡，床头盛满夏天的果实，有几枚桃子开始腐烂，旁边是一只透明的杯子，里面是一些浑浊的液体。借助浑浊的液体，可以看见干瘪的乳房，可以看见一个行囊简单的旅人，一个问路的旅人。旅人，你在找回家的路吗？是的。说说你看见了什么？浑浊的液体，干瘪的乳房。还看见了什么？一只透明的杯子，几枚正在腐烂的桃子。那么摸摸，摸摸曾经的充沛，摸摸繁哈尔曾经的巨大而汁液丰沛的所有萝卜与木梨，摸摸整个芬芳无比。

一切都比我们想象的要快。许多东西在我身后发出空空洞洞的响声。无法分辨。

（责任编辑：武国荣）

稿约、撰写要求及体例

《豳风论丛》每年出版1辑。本刊本着宁缺毋滥原则，以论文质量为唯一刊用标准，希望国内外学界同人惠寄大作，一经刊用，寄赠当期刊物两册，并薄致稿酬。来稿须符合《豳风论丛》以下撰写要求与体例：

一 来稿须知

（1）研究性论文一般以1万—2万字为宜，非常优秀的论文不受此限。

（2）凡投《豳风论丛》的稿件，编者有权对来稿按稿例进行修改。不同意修改者请在投稿时注明。所投稿件寄出三个月内，未收到《豳风论丛》刊用通知者，可另投他刊；凡被刊用稿件，其观点并不代表《豳风论丛》的观点，作者文责自负，著作权归《豳风论丛》所有，未经书面允许，不得转载。

（3）来稿请附作者署名、真实姓名、所属机构、职称学位、学术简介、通信地址、电话、电子邮箱地址，以便联络。

二 撰写体例

（一）行文基本规范

（1）标题层次：一级标题用"一、二……"，二级标题用"（一）、（二）……"，三级标题用"1. 2. ……"，四级标题"（1）、（2）……"。相关制度中的"章、条……"等保持原样。

（2）字体：正文标题为三号黑体；一级标题为四号仿宋、加粗；二级标题为小四仿宋。其他及正文为五号宋体。

（3）注释：采用脚注。脚注序号统一用①②③，采取每页重新编号方式；脚注中文字体为小五宋体，英文字体为 Times New Norman。

（二）注释与参考体例

1. 中文引文注释

首次引用时采用的标注次序是：著者姓名（多名著者间用顿号隔开，编者姓名应附"编"字）、文献名、卷册序号、出版单位、出版时间、页码。例：

（1）张一兵：《无调式辩证想象》，生活·读书·新知三联书店2001年版，第1页。（适用于专著）

（2）林拓等主编：《世界文化产业发展前沿报告》，社会科学文献出版社2004年版，第1页。（适用于编著）

（3）［英］汤林森：《文化帝国主义》，上海人民出版社1999年版，第1页。（适用于译著，作者姓名前要加国籍）

（4）俞可平：《观念的碰撞与社会的进步》，《马克思主义与现实》2005年第3期。（适用于期刊文章）

（5）符福渊、周德武：《安理会通过科索沃问题决议》，《人民日报》1999年6月11日第1版。（适用于报纸文章）

2. 英文引文注释

首次引用时同中文一般著作注释一样，需将资料所在文献的作者姓名、文献名、出版地、出版时间及资料所在页码一并注出。例：

（1）Kenneth N. Waltz, *Theory of International Politics*, New York: McGraw-Hill Publishing Company, 1979, p. 81.（文献名用斜体，适用于专著）

（2）David Baldwin, ed., *Neorealism and Neoliberalism: The Contemporary Debate*, New York: Columbia University Press, 1993, pp. 106-108.（如编者为多人，须将 ed. 写成 eds.，适用于编著）

（3）Stephen Van Evera, "Primed for Peace: Europe after the Cold War", *International Security*, Vol. 15, No. 3, 1990/1991.（文章名用双引号标注，期刊名用斜体，适用于期刊）

（4）Robert Levaold, "Soviet Learning in the 1980s", in George W. Breslauer and Philip E. Tetlock, eds., *Learning in US and Soviet Foreign Policy*,

Boulder, CO：Westview Press，1991，p. 27.（文章名用双引号标注，文集名用斜体，适用于文集中的文章）

3. 引用同一资料的注释相邻

再次引用同一资料时，如注释相邻，中文注释可用"同上书"或"同上"、英文注释可以用"Ibid."代替作者姓名、著作名。例：

（1）同上书，第1页。（注释相邻，页码不同）

（2）同上。（注释相邻，页码相同）

（3）Ibid.，p. 1.（注释相邻，页码不同）

（4）Ibid..（注释相邻，页码相同）

4. 专业术语

人名地名专业术语，参照商务印书馆《英语姓名译名手册》等相关工具书，其他法律或政治术语请参照相关国家标准。专业词汇要保持统一。